ゼロから考える経済学

リーアン・アイスラー 著
Riane Eisler

中小路佳代子 訳

英治出版

わが子のために。　わが子の子供のために。
そして世界中のすべての子供たちのために。

THE REAL WEALTH OF NATIONS
Creating a Caring Economics
by
Riane Eisler

Japanese translation rights arranged with
Berrett-Koehler Publishers, Inc., California
through Tuttle-Mori Agency, Inc., Tokyo

ゼロから考える経済学◈目次

第10章 思いやりの革命 313
The Caring Revolution

序章

より良い世界のための経済学

Introduction

私にとって人生の大半は探求だった。それは、子供の頃、ナチスから逃れるために、祖国オーストリアのウィーンを両親と共に脱出したときに始まり、亡命先であるキューバの首都ハバナのスラム街、そしてその後の成長期を過ごしたアメリカでも続いた。探し求めていたのは、ある根本的な疑問への答えだ。

「私たち人間にはこれほど偉大な思いやりと理性と創造性があるのに、なぜ私たちの世界では、これほどまでに多くの残酷で無神経な行為や破壊が行われてきたのだろうか」

探求を続ける過程で、私は心理学、歴史、人類学から教育、経済学、政治学まで、さまざまな分野で答えを探した。そして何度も何度も経済学に立ち戻った。なぜなら、私たちが、そして子供たちや将来の世代が生き残って繁栄を続けようとするには、現在の経済システムを変えなければならないと考えたからだ。

時が経って、子供を授かり、さらに孫が生まれるにつれて、私の探求への情熱はいっそう大きくなった。そして経済学にますます重点を置くようにもなった。

私は自分の孫たちを見るとき、同じこの世界に生まれた大勢の子供たちに思いを馳せずにはいられなかった。彼らは皆、生命の危機にさらされ、愛と喜びに飢える状況に生まれつき、早すぎる死や、無用の苦しみの中での生活を余儀なくされている。原始のまま変わらぬ海と多くの人が住む沿岸部の都市の壮観な姿を思うとき、私は、現在の経済の原則や慣行によって引き起こされる気候変動がもたらす脅威のことを考えた。自分の周りの日々の現実に目をやると、家族のための時間を作ろうとしてもなかなかできない人々のストレスや、私たちの生活を良くするために使われるはずだった新技術のために職を失った人たちの痛みが見えてきた。そうしてまた私は経済学に立ち戻った。

互いが密接につながり合っているこの世界では、飢えや極度の貧困や暴力が鎮まらない限り、私たちの誰ひとりとして、不安のない未来を手に入れることはできないと、私は気づいた。現在の経済システムは私たちの美しい地球を略奪し使い果たそうとしているのだ。何よりも不可欠な人間の仕事、つまり自分や他人や母なる地球を思いやる仕事に十分な価値を置くことができない経済の原則や慣行は、根本的に何かが間違っていると思った。

やがて私は新たな観点から経済学を探求し始めた。現在の経済モデルのもつ最良の要素を保ちつつ、それだけではなく、真の意味で人間のニーズを満たすかたちで私たちが生活したり生計を立てたりできるような経済学が必要だと感じた。また、経済学にはもっとずっと幅のあるアプローチが必要だとも思った。より広範囲の社会や自然に関する背景を考慮に入れて取り組む必要があると思ったのである。

読者の皆さんにも、私といっしょに経済学に対するこの新しい見方を探求してもらいたい。私たちの考え方を狭めてきた前提を忘れてほしい。なぜなら、私たちがこれから見ていくものは、一般的に考えられている経済学の範囲を超えているからだ。もう一つお願いしたいことは、読み進める際に、皆さんが自分自身の生活で最も大事に思うもの、最も必要とするものを頭に置いておくということである。

本書では、私が「思いやりの経済システム」と呼ぶものがもつ胸躍るような可能性を明らかにする、広角のレンズを通して経済システムを見ていく。「経済システム」と「思いやり」を一つの文章に入れることがすでに従来の考え方とは異質であることは承知している。だが、従来の考え方をしている場合ではないのだ。よく使われる言葉だが、「既成概念にとらわれずに考える」こと、つまりこれまでに**ない**考え方が緊急に求められているときだ。

経済のグローバル化が加速し、金融や技術の国際的な流れを支配する企業が依然として思いやりのない原則に従った行動をとっている今、思いやりの経済がかつてないほど緊急に求められている。本書は、「経済とは何であり、何になり得るか」について、新たなビジョンを提供するものだ。私たちのプラスの可能性を最大化し、マイナスの可能性を最小化するような方法で、経済の構造と手法と政策を再構築するための第一歩となる。

今日の世界が必要としていることに対処するため、私たちは多くの分野から知識を結集させなければならない。そこで私は、社会科学と自然科学の双方における進歩も含め、経済学だけでなく多くの分野を基盤にする。また、経済と社会のシステムをプラス方向に動かすための現実的なステップを提案する。

本書で紹介している、経済システムについての新しい観点は、社会システムに進化的システム科学を適用してきた、過去三〇年にわたる私の研究から生まれたものである。この間、私はカオス理論や複雑性理論におけるパイオニアたちと深く関わるようになり[1]、私たちの時代の現実世界における問題に対してこれらの画期的な新しいアプローチを適用した多くの書物に寄稿した[2]。私自身が著した本の中では、『聖杯と剣――われらの歴史、われらの未来』（野島秀勝訳、法政大学出版局、一九九一年）で、社会システムを理解し、いかにしてより公平で持続可能な世界の基盤を築くことができるかを特定するための新しいレンズを紹介した。

このレンズというのは、私が書いたすべての本や論文に一貫して流れている分析的な枠組みのことで、**パートナーシップ**（つまり相互尊重）のシステムと、**支配**（つまりトップダウン型制御）のシステムとを分析する。この二つの社会カテゴリーは、私が前著の中で紹介した文化的変質の理論に不可欠なものだ[3]。また、機能不全に陥っている経済の構造・原則・慣行を理解し、変えていく――これが本書の焦点である――ためにも不可欠である。

アダム・スミスは『国富論』を書いたとき、市場に焦点を当てた。スミスの言葉を借りれば「神の見えざる手」である市場こそが、生活に必要なものの生産と配分を決める最良のメカニズムだと考えたのである。[4] 本書では、市場という域を超えて、家庭や地域社会、自然の生命維持活動を含めた、より大きな視点から経済システムを見直す。

そしてさらに、これは本書の中心的テーマの一つだが、私たちが直面している非常に大きな問題に立ち向かっていくのに役立つ経済システムを構築するために、人々や自然を思いやるという、社会的にも経済的にも不可欠な仕事の認知度を高め、それに価値を与えなければならないということを示す。実際、そのことをよく考えてみると、思いやることと世話をすることにもっと大きな価値を与えない限り、現状の思いやりのない経済の政策や手法に変化は期待できない。

本書を読むと、より公平で持続可能な経済システムに移行するためには、経済・社会システム間の相互作用に注目する必要があるということがわかるだろう。また、この動きを成功させるためには、これまで経済学の領域と考えられてきた範囲を広げなければならないこともわかるだろう。

まずは、経済システムは人間の福祉と人間の幸福を促進するべきものだという根本的な前提から始める。これは、おそらく現在の経済論の多くで忘れられている前提だ。それから、経済やその他多くの分野の進歩的な思想家の著作をもとにして、仕事や価値観、人生の新たな地平を探索する。

第一章では、資本主義者であろうと、社会主義者、共産主義者、無政府主義者であろうと、私たちが、従来モデルにおける狭い帯域の経済関係だけでなく、もっと広い範囲を考慮に入れられるようにする。思いやりの経済システムを支える五つの基盤のうち、一番目の「家庭、地域社会、自然の生命維持活動を含めた広範囲の経済地図」を紹介する。

第二章では、より広い文化的背景を含めて経済システムを見るための広角レンズを提供する。そして、思いやりの経済システムで二番目の基盤となる「思いやることと世話をすることに価値を置く文化的な考え方と制度」を紹介する。この章では、パートナーシップのシステムと支配のシステムの社会経済的領域を導入し、これまで考慮されてこなかった関係を明らかにする。また、何が経済的に価値があり、何がそうではないのかについての新しい基準と原則を提案する。そして、これらすべてが、私たちの生活や子供たちや地球の将来にどのように直接的な影響を及ぼすのかを明らかにする。

その次の三つの章では、思いやりの経済システムの基盤となる残り三つを紹介する。それは、「思いやりの経済システムの原則・政策・慣行」、「包括的で正確な経済指標」、「支配ではなくパートナーシップを後押しする経済・社会構造」である。

これらの章では、私たちの日常生活と経済システム、文化的価値観や文化的規範とを線で結んで全体像を明らかにする。問題解決や創造性、起業家精神が思いやりの政策や手法によってどのように支えられているか、これがどのようにして事業や人々、自然環境に大きな利益をもたらしているかを示す。そして、経済学者がよく「人的資本」と呼ぶものが最も重要な資本となる脱工業化経済に適した「生産的な仕事」とは何かについての再定義を行う。家庭と自然の双方の生命維持活動を考慮に入れた、新しい生産性の測定法について記す。そして、経済学者が現在「自然資本」と呼んでいるものを保護する方法を提案する。

また、この三つの章は私たちを過去への旅に連れて行く。私たちが受け継いだ不健全な神話と価値観を再評価する。そして、不公正で経済効率の悪かった過去からの遺産である、性別についての隠されたダブル・スタンダードを明らかにする。そのダブル・スタンダードが、持続可能でない生活や労働の方法の背後にある経済のダブル・スタンダードをもたらしたことも示す。また、それに代わる、より健全な方法をどのようにして生み出すことができるかを探る。

第六章では、従来型の経済・政治システムが莫大な個人的・社会的・財務的・環境的費用を課していることと、それらのシステムでは私たちが直面している問題に適応できないことを示す。

第七章では、思いやりの経済システムをいかにして発展させられるかを考える。この章では、近代経済理論の発展を、それが登場した時代背景の中でざっとたどっていく。そして、資本主義と社会主義双方の最良の要素を備え、しかもその両方を超えるような新しい概念の枠組みを構築するための基本原則を提案する。

第八章では、ロボット工学、バイオテクノロジー、ナノテクノロジーといったポストモダンの技術的大躍進と、それらが労働と生活の双方にどのように影響を与えるかについて考察する。以前のように缶切りから核爆弾までのすべてを同一の技術として扱ったりはしない、技術の新しい見方を紹介する。また、急速な技術上の変化によって、脱工業化時代への移行という画期的な流れにおいては、思いやりの経済システムがいっそう不可欠なものになることを示す。

そして第九章では、私たちがどこにいるのか、私たちはここからどこに行くことができるのかを示す。注目を集める神経科学での新しい発見をもとに、思いやりの経済システムこそが、進化の過程で私たちを比類のない人間に作り上げた能力を支えるものだということを明らかにする。最後の第一〇章では、今よりも人間味にあふれ、環境的に持続可能で、経済効率の高い未来への移行を加速するために私たちの一人ひとりがとれる実践的なステップを提案する。

私は議論と行動を呼び起こすために本書を書いた。これは、より良い生活とより良い世界を望み、その目標を実現するための実践的な手段を探しているすべての人のための本である。私たちは一丸となって、強欲と破壊性ではなく、創造性と寛大さを促進する新しい経済システムを構築することができる。そう私は確信している。実際、私たちの文化と地球の進化におけるこの重大な危機に際して、これこそが唯一の実行可能な選択肢なのだ。

第1章

新しい経済学が必要だ

We Need a New Economics

ジム・クロスは、コンピュータ・サイエンスのクラスを一番の成績で卒業した。だが、かつて高賃金の技術職を生み出すあこがれの地であった、繁栄を誇るカリフォルニア州シリコンバレーで、まだ職を見つけられていない。この地域の売上高と利益は再び急激に上昇してきた——過去三年間で平均五〇〇%以上の成長だ——が、その一方で、雇用は落ち込んでいる。

ナイジェリアでは、マリアン・ムフンドが二人目の赤ん坊を埋葬したところだ。最初に生まれた男の子と同様——そして毎年、何百万人ものアフリカの子供たちがたどっている運命と同様に——生後五カ月の娘は餓えで死んだ。マリアン自身はＨＩＶに感染していて、そのＨＩＶをマリアンに感染させた夫はその後、仕事を探しに首都アブジカに行ったまま、連絡がない。

リオ・デ・ジャネイロでは、九歳のロザリオ・メネンが路上で眠る生活をしている。ネズミやレイプ犯、それからときおりやってきてはストリート・チルドレンを立ち退かせようと乱暴に追い立てる警官隊にびくびくしながら生きている。数千人に及ぶ他のブラジルの子供たちと同じく、ロザリオには行く場所もなければ、世話をしてくれる人もいない。

リヤドでは、一八歳のアフマド・ハマンが原理主義のテロリスト集団に加わった。石油の豊富な祖国サウジアラビアだが、アフマドにとっては将来の見通しは暗い[1]。中東の人口は、一九五〇年の一億人から二〇〇〇年には三億八〇〇〇万人へと、過去五〇年で三倍になった。そして現在、このうち三分の二近くが二五歳未満の若者で、雇用が不足している[2]。アフマドは、自爆テロで死んだとしても、死後に七〇人の処女に囲まれる天国の暮らしのほうが、地上での将来よりも明るい期待がもてると思っている[3]。

このようなとどまるところを知らない混乱と不幸と狂気の真っただ中で、経済学者は、自由市場対政府の規制、民営化対中央経済計画という議論を延々と続けている。そこで飛びかう言葉は、企業収益、国際貿易協定、仕事のアウトソーシング、雇用統計、金利、インフレ、国民総生産（GNP）だ。ニュースやビジネス・スクールで取り上げられ、何千という経済論文で——大半の人々が、自分たちにとって真に必要なこととかけ離れているためにイライラしてしまうような専門用語で書かれていることが多い——扱われているのも、まったく同じようなことである。

もちろん、だからといって、経済学者が人々の現実のニーズに気づいていないというわけではない。中には、ノーベル賞受賞者のアマルティア・センやジョセフ・スティグリッツのように、飢餓や健康障害、環境破壊や汚染を引き起こすやり方を激しく批判している人もいる[4]。またマッカーサー・フェロー（通称「天才賞」）のナンシー・フォーバーやハイディ・ハートマンなど数人は、「豊かな米国においてさえも、働く両親たちは子供の世話をする時間がないためにストレスを抱えており、裕福な人々でさえ仕事と家庭の両立が難しいと感じている」とも指摘している。だが、グローバル化が多くの家族にとってますます大きなストレスを生み出している現在でさえ、主流派経済学の論文の大半は、経済モデルが私たちの日常生活にどのように影響を与えるかという点にあまり目を向けていない(6)。

一般的には、経済学者が雇用者、被雇用者、消費者のこと以外に、人々の日常生活について書くことはない。そして経済学者が私たちの環境や社会の問題を扱う際、たいていは未だに、資本主義と共産主義の対立の骨組みを構成している「自由市場および民営化対中央計画および政府の規制」という議論にとらわれている。

このような議論は、資本主義も共産主義も、環境悪化、貧困、経済資源の流用や破壊を行い、非常に多くの命を奪う戦争やテロなどの暴力といった慢性的問題を解決できていないという事実を無視したものだ。実は、これらの問題の多くは、資本主義と共産主義の両方が引き起こしてきたものなのである。

私たちが問題に効果的に取り組むためには、経済学に対して異なった見方をする必要がある。技術や社会の状況が急速に変化するこの時代においては、従来の経済分析や経済理論が無視してきた問題にもっと深くかかわっていかなければならない。

私たちの目の前に山積みとなっている個人的・社会的・環境的問題の根本には、共通の特徴がある。それは、思いやりの欠如だ(7)。私たちには、共産主義とか資本主義といった旧式の「○○主義」を超えたところに立つことができる経済システムが必要である。私たち自身や他者、そして母なる地球への思いやりを支える経済モデルや経済の原則および政策が必要なのだ(8)。

　思いやりに根ざした経済学など非現実的だと思う人もいるかもしれない。だが実は、従来の経済モデルに比べてずっと現実的なのである。従来のモデルは不思議なことに、すべての経済活動にとって思いやること《ケアリング》と世話をすること《ケアギビング》が非常に重要であるということをはじめ、人間の存在についての最も基本的ないくつかの事実を無視している。

　私たちは誰ひとりとして、思いやることと世話をすることなしにはここに存在してはいないのだと考えてほしい。家庭も、労働力も、経済も何ひとつとして存在しないだろう。それなのに、現在の経済に関する議論は、思いやることと世話をすることに触れることすらしないものが大半である。英語の「経済学《エコノミクス》」の語源が「家庭をうまく治める」という意味のギリシャ語「オイコノミア」であり、家庭の核心にあるのは思いやることと世話をすることであることからしても、これはおかしなことだ(9)。

　本書は、私たちが生き残るためだけでなく、繁栄するためにも、経済学の根本的な改質が必要だと提言する。主流派経済学の理論や慣行から、思いやることと世話をすることを排除することが、人々の生活の質や自然の生命維持システムに、そして経済の生産性や革新性、新たな状況への順応性にすさまじい影響を及ぼしてきたし、これからも及ぼし続けるだろう。

　経済モデルに思いやることと世話をすることを含めないのは、経済学者の言う**人的資本**——つまり人間——が最も重要な資本である脱工業化経済にとって、断じて不適当なことである。さらに、**思いやることと世話をすることにもっと大きな価値が置かれない限り、思いやりのない経済政策や経済原則に変化を期待することはできない。**

アインシュタインが言ったように、問題を引き起こしたときと同じ考え方をしていてはその問題を解決することはできない。私たちは今、経済学についての新しい考え方が必要とされる、重大な局面にいるのだ。

思いやることと世話をすることに今よりも大きな価値を置くことですべての問題を解決できるわけではないだろう。だが、そうしない限りは、私たちが現在直面している全世界的危機を解決することはできないし、ましてや私たち個人や経済、世界の成長を促進することはできない。機能不全に陥っている政府の政策やビジネス慣行を変えるつもりならば、思いやりを支援することが——または、思いやりについて語ることさえも——もはやタブーではないような、経済学への新たな取り組み方が必要となる。

経済学とは何か

二〇〇四年の秋、私はダグ・ハマーショルド財団によって、経済学の未来を探るための会議に招待された。場所は、長年の友人で同僚でもあり、新しい経済学に向かおうとする運動を主導しているヘイゼル・ヘンダーソンの自宅だった。私以外の参加者は二五人で、中南米、欧州、アジア、アフリカ、オーストラリア、そして米国から集まった。学者、社会活動家、元政府高官といった人たちだ。

私たちの議論の出発点は、いわゆる新古典派経済学の批判だった。新古典派経済学は、現在、欧米の大学で支配的な経済学派であり、大学によってはこれしか教えないこともある。アダム・スミス、デヴィッド・リカードなど、近代資本主義理論の「父」たちによって作り上げられた古典派経済学から派生した新古典派経済学は、主として、市場がいかに機能するかを分析・予測することを主題としている。これは数学的モデルに大きく依存しているが、このモデリングは、いくつかの基本的な――すっかり神聖化された――前提に基づいているので、閉じたループのようなものだ。

その前提の一つは、「合理的な経済人」は合理的な自己利益に基づいて経済上の選択を行うというものだ。もう一つの前提は、こうした自己利益に基づいた選択は競争によって調整され、最終的には共通の利益のために機能するというものだ。さらに別の前提は、政府はなるべく市場に干渉しないのが望ましいというものだ。この最後の前提が、新古典派理論の最新の派生理論――民営化、市場の自由化、国境や金利による足枷のない貿易こそが万能薬であると主張する、米国などの新保守主義者によって支持されている、いわゆる新自由主義――において、中心を成しているものだ。

ハマーショルド財団の会議は、しばらくの間、新古典派や新自由主義の経済理論や経済モデルの欠陥に焦点を当てた議論になった。これらのモデルは科学の進歩に同調していないと主張する参加者もいた。この人たちは、伝統的な経済モデルの計算の誤りを暴く科学者の新しい研究を引用し、電子分析の方法論における誤りを指摘した。そして、こういった「還元主義者」の方法が、現実を歪めた偽りの姿を生み出していると主張したのだ。人為的に好みやニーズまでも生み出す巧みな宣伝活動によって、現在の市場がどれだけ大きく操作されているかを指摘する人もいた。また、巨大企業が買収や乗っ取りによって規模の小さい企業を呑み込んだり、または、競合他社が太刀打ちできないまでに価格を下げて中小企業を倒産させたりする、といったことがいたるところで行われている状況を指摘して、競争が市場を調整するという前提を批判した人もいた。

その後、議論の中心は経済理論から、今、世界で実際に何が起こっているのかという点に移った。多くの参加者たちが、水などの生活に欠かせないものの管理を民営化しようとする傾向や、多国籍企業にさらなる富と権力が統合されていることを批判した。国際通貨基金（ＩＭＦ）などの機関が説明責任を果たしていないことや、自然の生息環境の破壊に対する関心がひどく欠如していることを嘆く人もいた。さらには、ブータン王国の「国民総幸福量」のように生活の質を表す新たな指標、製造物責任に関する国際法廷、従来の経済の見方に替わる考え方を広める新しいテキストや講義などの必要性を提唱する人もいた。

だが議論が進むにつれて、ほかのことが少しずつ明らかになってきた。多くの懸念や批判は共通のものであるにもかかわらず、ひどく食い違っているところが一つあった。それは、経済学の領域とはどこまでなのか、またどこまでであるべきなのかということについてだった。

参加者の中には、自分たちが批判している従来型の経済学者とまったく同じように、市場経済における狭域の経済関係にしか関心がない人もいた。その人たちは、主として家庭やその他の非貨幣経済の中で行われる、思いやることと世話をすることという非市場関連の仕事を考慮に入れる経済モデルには断固反対した。[10] 彼らはまず、「この作用は定量化できない」と主張した。「定量化は可能で、実際にすでに定量化が行われている」という指摘が出ると、今度は結束して「定量化するべきではない」と主張するのだった。[11] 彼らは、欠陥のある経済モデルは欠陥のある経済政策を助長すると語る中で、経済学の領域を広げることや、ましてやそれを定義し直すことにはさらに関心がないことを明らかにした。

しかしながら、経済モデルの拡大と再定義はすでに進行中だ。先般より世界中の何千という人々が、最も根本な人間の作用を経済対策や経済政策に含めないことへの疑問を示してきた。一九八八年、マリリン・ウォーリングはこの問題についての画期的な本を書いた。[12] もっと最近では、バーバラ・ブラント、アン・クリッテンデン、マリアン・ファーバー、ナンシー・フォーバー、ジャネット・ゴーニック、ハイディ・ハートマン、ヘイゼル・ヘンダーソン、マーシャ・マイヤース、ジュリー・ネルソン、ヒルッカ・ピエティラ、ジュヌヴィエーヴ・ヴォーガンなどの経済思想家たちが、経済の理論や慣行において、思いやりの認知度を高める必要性を強調してきた。[13] ニルマラ・バネルジー、エドガー・カーン、ハーマン・デイリー、デヴァキ・ジェイン、デヴィッド・コーテン、ポール・クルーグマン、アマルティア・センなどの先駆的な思想家たちも、経済の関係をもっと大局的な見地から見ることを主張し始めている。[14] こういった人たちの著作、中でもピエティラとヘンダーソンのものには、思いやりの経済に必要な拡大経済モデルの基礎が書かれている。

新しい経済地図

新しい経済モデルを構築するためには、経済関係の**全領域**――「人間が自然の生息環境とどのように関係しているか」から家庭内の経済的な相互作用まで、あらゆること――を含めなければならない。そのためには、すべての経済分野を含めた完全かつ正確な地図が必要になる。

この新しい経済地図には、まず**中核的な分野**として家庭がある。この分野は、その他のすべての分野における経済活動を支え、可能にするものなので、経済生産性の真の要といえる。

家庭は、大半の経済学の教科書に書いてあるような、単なる消費の単位ではない。今までもずっとそうだったが、生産の単位なのである。その最も重要な生産物は、今までもずっとそうだったが、人々だ。そしてこの生産物こそが、「質の高い人的資源」がビジネスのスローガンとなった脱工業化経済においては何よりも重要なのである。

だが、従来型の経済分析では、この質の高い人的資源を生み出すために必要な思いやることと世話をすることに対して、まったく関心が払われていない（図1、図2参照）。

二番目の分野は無報酬の地域経済である。ここに含まれるのは、現在ではよく「市民社会」と呼ばれる領域の活動、慈善団体や社会的公正のための団体に奉仕するボランティアの労働や、（拡大しつつある）バーター取引や地域通貨経済の一部だ。ここでも、思いやることと世話をすることが

図●新しい経済地図

新しい経済地図には全部で６つの分野がある。

中核分野：家庭経済
第２分野：地域被貨幣経済
第３分野：市場経済
第４分野：不法経済
第５分野：政府経済
第６分野：自然経済

重要な活動である。

三番目の分野は市場経済である。この分野は、従来型の経済分析や経済指標で中心となっているものだ。市場の源泉となるのは一番目と二番目の経済分野だが、市場の評価や原則はこれらに何の価値も認めていない。現在よく見られるように、市場経済は――たとえ調査の結果から、従業員は会社からの思いやりを感じている場合にはずっと高い創造性と生産性を発揮するということがわかっていても――思いやりを促すよりも妨げがちである場合が多い。

四番目の分野は不法経済である。ここに含まれるのは、麻薬取引、売春、一部の武器貿易など、犯罪組織やギャングによって支配されている経済活動だ。この不法分野を決定づける特徴は――顕著な特徴である殺人などの惨禍は言うまでもなく――思いやりが欠如していることである。

五番目の分野は政府経済である。市場経済を支配している政策や法律、原則を作り、公共サービスを、直接的に、あるいは民間企業に請け負わせることによって提供する分野だ。こういったサービスの中には、思いやりの活動を伴うものもある。たとえば、公共の保健機関が提供するサービスがそうだ。だが大半の国では、政府の政策は、すべての経済分野の前提となっている家庭や無報酬の地域経済が行う思いやりや世話の活動をほとんど支援していない。また現在の政府の政策は、大衆に対しては冷淡で、富裕層に資金を注いでいる場合が多い。そして、米国も含めた多くの国々で、政府の政策は乱開発や軽はずみな汚染から自然を守れていない。

六番目の分野は、家庭経済と同様に経済の基本である自然経済だ。自然環境も、市場経済を維持するもととなる資源を生み出している。だがここでも、従来型の経済モデルは自然にほとんど価値を与えていない。その結果、私たちがよりいっそう強力な科学技術に移行するにつれて、自然が開発され、ますます悲惨な結果を引き起こしている。従来型の費用便益分析では、母なる地球を思いやることは不利益になるものとみなされ、最近まで経済理論において問題にさえならなかった。

これらの六つの経済分野は、絶え間なく相互に作用し合っている。これらすべてを考慮に入れるだけで、私たちは、現在の世界で必要とされている変化を起こすことができる。

課題は、一、二、六番目の分野を認識し、高く評価する経済モデル・対策・原則を作り出すことである。このことは、人間のニーズと能力が搾取されずに育まれ、自然の生息環境が破壊されずに守られ、そして思いやりと創造性に対する私たちの大いなる潜在能力が抑制されずに支援されるような、思いやりの経済システムの根幹をなす。

図●古い経済地図

従来型の経済モデルでは、基本の経済分野——家庭経済、無報酬の地域経済、自然経済——が除外されており、それが歪んだ見方や政策につながっている。

私たちの課題は、人間のニーズと能力が育まれ、自然の生息環境が守られ、そして思いやりと創造性に対する私たちの大いなる潜在能力が支援されるような、思いやりの経済を作り出すことである。

文化と経済システムと価値観

経済システムは人間の創造物である。変わることができるし、変わるものだ。

過去五〇〇年にわたる西欧の歴史の中で、さまざまな段階の技術がさまざまな経済システムを生み出してきた。農業が主だった時代から工業技術が主の時代へと徐々に移行するにつれて、封建制度に代わって資本主義——場所によっては社会主義——の世の中になった。現在私たちは、また新たな技術上の大転換期にある。だが、私たちを工業社会から脱工業化社会へといざなうこの転換は、これまでのものとは異なっている。

これまでの転換とちがって、脱工業化・核・エレクトロニクス・生化学技術への転換は、数世紀にわたるものではなく、ここ二〇年か三〇年ぐらいの間で起こっている。これまでとちがって、今回の転換は起こっている間に熱心な分析の対象となっている。さらに、今回の転換は世界全体で起こっており、この転換とともに私たちは、今までのやり方を続けることはできないことや、根本的な変化を起こさない限り非常に不安な将来に直面するということをますます意識するようになっている。

従来、新技術の導入によって、価値評価に何らかの変化がもたらされてきた。たとえば、主に農業が行われていた経済では、土地は最も価値のある資産と考えられていた。工業が主の経済へと技術的転換が起こると、次第に機械などの資産により大きな価値が置かれるようになった。だが、技術的な要因に基づいた価値評価は、経済の方程式の価値面においてわずかな部分を占めているにすぎない。もっとずっと重要で、もっと変化を起こしにくいのは、その根底にある文化的価値観と、経済システムもその一部となっている社会構造である。

何に価値があり、何に価値がないかを、私たちはたいていい無意識に考えている。これから見ていくように、それは、人類の半数を占める女性に関連するすべてのこと――思いやることと世話をすることなど――の価値が貶められていた昔から私たちが受け継いできた前提によって、大いに影響を受けてきた。現在の西欧世界では、理想は男女平等であり、男性は「女性の」仕事を次第に受け入れるようになっている。たとえば、かつては赤ちゃんや幼い子供の世話をすることは「真の男」としてふさわしくないことと考えられていたが、今では育児に参加する父親も多い。とはいえ、経済が大きな不公正と機能障害に陥っている背後には、家庭内であれもっと大きな社会であれ、経済慣行上、思いやることと世話をすることに真の価値が与えられていないという問題が依然として存在している。

実際、人間の福祉と発展に最も貢献している活動の価値を貶めていることが、常軌を逸した経済の背後にある。たとえば、世話をする仕事の大部分は、国内総生産（ＧＤＰ）や国民総生産（ＧＮＰ）などの経済生産性の指標には含まれもしない[15]。

それだけではない。世話をする仕事――これがなければ、労働力もなくなるだろう――には、それが家庭内で行われる場合に経済政策による支援がほとんど与えられないだけではない。世話を伴う仕事に対して市場経済で支払われる賃金は標準以下である。

そのため、米国の人々は、パイプの工事を委託する配管工に時給五〇～六〇ドルを支払うのは何とも思わない。ところが、米国労働省によると、子供たちの世話を任せる保育士に支払われる時給は平均一〇ドルである[16]。そして、配管工には訓練を受けることを求めるが、すべての保育士が訓練を受けるよう求めることはない。
これは論理的《ロジカル》ではない。病的《パソロジカル》である。だが、私たちはこれを変えるために、従来の経済分析で考慮されてきた分野を超えたところに目を向けなければならない。

思いやりの価値

現在の経済理論によると、何に価値があるのかは需要と供給の問題であり、不足しているモノやサービスは、豊富にあるものよりも価値が大きくなる。だが、この理論は二つの重要な点を無視している。まず一つは、次章以降で明らかにするように、現在の経済政策や経済慣行は人為的に不足を生み出すことがよくあるという点だ。そしてもう一つは、これもまた後述するが、何に価値があって何に価値がないかについての文化的な考え方によって需要は大きく左右されるという点である。

ある経済的価値とは何であるかの基準として、それよりもずっと理にかなっていて現実的なものは、何が人間の生存と人間の発展を支援し、促進するのかということだ。この基準によれば、思いやりの姿勢――つまり、自分自身や他者、自然環境の繁栄と発展に対する気遣い――は高く評価される。家庭内であろうと、企業、地域社会、あるいは政府の中であろうと、世話をする仕事や思いやりの環境を生み出すことにも高い価値が置かれる。

すべての思いやりと世話に対価を支払うべきだと言っているわけではない。これから見ていくように、この仕事が認識され、それに報いることができる、そしてそうなるにちがいない方法は、世話をする仕事を互いに提供し合う形式張らない地域のネットワークから、思いやることと世話をすることを支援し奨励する政府の政策まで、さまざまな形があるのだ。

思いやりの経済学については、次章以降でさらに詳しく見ていくことにする。ここで明確にしたいのは、「**思いやりの仕事**」とは、人間の幸福と人間の最適な発展に対する共感、責任、気遣いに基づいた行動を指すという点だ。さらに、以下のコラムに詳しく書かれているように、思いやりの姿勢は、家庭や地域社会から企業や政府まで、生活のすべての分野における思いやることと世話をすることの認知度を高め、それに価値を与える。

思いやること、世話をすること、思いやりの姿勢

私が思いやることと世話をすることについて語る場合、それは思いやりの姿勢《ケアリング・オリエンテーション》に導かれた活動のことを指している。思いやりの姿勢は、人間のニーズや願望を満たすだけではない。企業の経営方針や政府の政策に対して、財政的にも社会的にも実益のある、まったく異なった取り組み方も提供する。思いやりの姿勢とは単に、家庭内の子供や病人、老人の世話をする仕事の認知度を高め、それに本来の価値を与えるという問題ではない。市場経済で、保育、教育、看護、老人ホームの入居者の世話といった、人の世話をする仕事にもっと大きな価値を与えるということでもない。また、企業や政府の倫理という問題だけでもない。

思いやりの姿勢とは、子供や病人や老人の世話から、従業員や顧客、ビジネス上の他のステークホルダーに至るまでの全領域に橋渡しをするものだ。つまり、エドガー・カーンがいうところの、健全な地域社会を構築する市民労働力、進歩的な社会運動を行う社会的公正の労働力、私たち自身と将来の世代のために健全な自然環境を守る環境労働力の橋渡しをするのである。(17)

また、思いやりの姿勢は、時間軸が長いことが特徴だ。つまり、短期的な事柄だけではなく長期的なことも考慮に入れる。たとえば、思いやりのない環境政策がもたらす可能性のある短期的な利益に比べて、その政策の長期的なコストがどのくらいになるかを考慮する。

つまり、配管工と保育士の例に戻ると、思いやりの姿勢においては、子供を正しく育てることが長期的に及ぼす経済的影響が、パイプを修理することの影響に比べて限りなく大きいということが――そして、この違いをその二つの活動の経済評価に組み込まなければならないということが――認識されているのだ。

第三章でも述べるが、思いやりのビジネスは、従来の思いやりのないビジネスに比べて、単に金銭面を見ても収益性が高いのである。たとえば、大成功しているソフトウェア会社ＳＡＳインスティチュートが極めて高い収益を上げているのは、同社の経営方針が「従業員の福利」を最優先にしているからにほかならない。同じことが、米国東海岸のスーパーマーケット・チェーンとして成功しているウェグマンズにもいえる。二〇〇五年にフォーチュン誌の「最も働きがいのある会社ベスト一〇〇」の第一位にランクされた同社のウェブサイトには、「すべての人々に成長と成功の機会を与える、友好的で思いやりのある、多様な職場」を提供すると明言されている。会社の管理者研修プログラムに「思いやり」を組み込んでいる会社さえある。キッチン・バス用キャビネットのメーカーと

して成功しているアメリカン・ウッドマーク社などがそうだ。

こういった企業は、従業員や家族の幸福に対する気遣いが、能力や協調性を高めることにつながり、創造性と変革を促進し、組織全体の能力に貢献するだけでなく、対外的なビジネス関係の向上にもつながることに気づいている。つまり、思いやりのない姿勢ではなく思いやりのある姿勢こそが、人々と企業の双方のためになることを理解しているのだ。

思いやりの姿勢は、人に与える影響という意味だけでなく純粋に金銭的な意味でも、経済政策により効果的な取り組み方を提供する。たとえば、犯罪率やそれに付随するコストが低下するだろう。そして、保育と教育が全面的に支援されるようになるため、健全な将来の経済のために必要となる質の高い人的資本が確保されるだろう。

一つだけ例をあげると、米国内の話だが、世話をする仕事に関する唯一の経済対策である幼児期発育プログラムは、公共投資資利益率が一二%になることがわかっている。また、国立早期教育研究所のノース・カロライナ・アベセダリアン・プロジェクトによれば、質の高い幼児発育プログラムに参加した子供たちは、そうでない子供たちと比べて、生涯賃金が約一四万三〇〇〇ドルも多くなると予想されるという(18)。

同様に、カナダの「健康な赤ちゃん、健康な子供(HBHC)」というプログラムによって、子供たちが大半の幼児発育指標で高い点を得られるようになることがわかっている。その発育指標とは、自立、全身を使った運動のスキル、細かい運動のスキル、言語発達などの指標であり、どれも人間の能力開発を図るうえで重要なものだ。そして当然ながら、このようなプログラムは、それを受けた子供たちの将来はより明るいものになるだろうという見通しに直結している。[19]

フィンランド、ノルウェー、スウェーデンなど北欧の国々は、思いやりの政策や制度——国民皆保険や保育給付から手厚い有給育児休暇まで——への投資が、生活全体の質の向上や、より幸福な国民、より効率的で革新的な経済への投資になることに気づいた。フィンランドは、世界経済フォーラムの世界競争力ランキングで、二〇〇三年から二〇〇六年まで、はるかに富裕で強大な米国よりも上位にランクされたほどだ。[20]

これらの例は、思いやることと世話をすることにもっと大きな価値を置くことによって個人・社会・経済が得られる便益が非常に大きいことを実証している。また、これらの例は、私たちが一から始める必要はないのだということも示している。すでにこの方向への動きは出てきており、政策や制度が、脱工業化経済への移行に際して、世界中で再現したり手を加えて適応させたりできるモデルを提供している。

思いやることと世話をすることの経済的価値が認識されていることを示す傾向

- 多くの国がすでに、家庭内で無給で行われている思いやりや世話に関する仕事の価値を定量化しており、その金銭的価値が非常に高いことに気づいている。
- 米国の人材情報会社サラリー・ドット・コムが、典型的な専業主婦（または主夫）の適正賃金は年間一三万四四七一ドルになるという試算を出した。[21]
- 国連開発計画（UNDP）の『人間開発報告書』は、地域社会の健全性を測る指標として、産婦および乳児死亡率、教育、環境などの、以前は定量化されていなかった要素を取り入れている。

● 先進工業国の大半が、自国の人的資本への投資として、国民皆保険を提供している。

● 多くの企業が、思いやりの価値を評価してそれに報いることは、競争力を高め、コミュニケーションを効果的にし、協力を成功させることにつながると認識している。

● ニュージーランド、カナダ、大半の西欧諸国の社会政策は、(税控除だけではなく)保育や有給育児休暇への政府補助金によって、世話をする仕事の価値を認めている。

● チリのミシェル・バチェレ大統領は就任後間もなく、低所得世帯で寝たきりの親族を介護する人に、月額四〇ドルを支給し、介護訓練を受講させると発表した[22]。

思いやりの経済システムを構築する

私たちは、二〇〇六年のタイム誌が温暖化に関する記事の中で「ティッピング・ポイント」と呼んだ、地球の歴史における分岐点に立っており、まさに根本的な変化が必要とされている[23]。以下の章で詳しく述べる経済指標を用いると、世界経済は巨額の赤字を出していることがわかる。自然環境の開発と汚染をこれ以上続けられないことが明らかになる。また、より充実した、ストレスの少ない生活を送るためには、市場経済だけではなく、家庭から自然までを含めたすべての経済分野において、思いやることと世話をすることに十分な価値を置かなければならないことも明らかになる。

単に汚染の少ない技術を導入したり消費パターンを変えたりするだけで、私たちが抱えている環境問題を解決できると考えるのは思い違いだ。たとえこれらの取り組みがうまくいったとしても――もっと真剣に取り組まない限りそれも疑わしいが――さらに根本的な変化を起こさない限り、新たな危機が起こるだろう。

社会がもつ経済の構造や原則、価値のシステム、そのほかの社会制度が、絶えず相互に作用し合っているフィードバック・ループの要素であるということにいったん気がつけば、私たちはこれらを変化させることができる。社会が均衡している時代には、このループは比較的安定しており、それを規定する価値体系は、当たり前のものとされているため、ほとんど目に見えてこない。だが、私たちの時代のように不安定や不均衡が大きくなってくると、そのシステムの根底にある組織構造や効力のある価値がよりはっきりと見えるようになる。したがって、現在は根本的な変化――そのシステムをある程度修正するのではなく、一変させるような変化――を起こすことができる時期なのだ。

思いやりの経済システムを構築するためには経済の理論や慣行だけではなく、文化的価値や社会制度にも焦点を当てなければならない。まず、三つの基本的な質問から考えてみよう。

- 第一に、どんな種類の性質、活動、サービス、モノを、経済価値が高い、または低いと評価したいのか?
- 第二に、思いやりに価値が置かれず、それに対する報いがなければ、社会的・環境的にもっと思いやりのある政策や企業活動がなされることを期待できるだろうか?

●第三に、もっと思いやりがあり、効果的かつ革新的で持続可能な経済システムを構築するためには、どのような経済的な発明が必要だろうか?

すべての経済制度は経済的な発明品《インベンション》である。銀行、株式市場、社会保障、医療保険から植民地政策、労働搾取工場、児童労働までのあらゆるものがそうだ。失業保険や育児休暇は、その集団全員の福利厚生のために設計された経済的な発明品である。だが、労働搾取工場や植民地政策、児童労働などは、その集団のあるメンバーから、より効果的に――「必要」ならば死に至らせるまで――搾取するために設計された経済的な発明品だ。

つまり、経済的な発明品とは、天然資源や人的資源、人間の作った資源を利用し分配するための方法なのである。だが、その形態は――そしてそれが招く結果は――そこで支配的な価値体系やそれに基づく社会制度によって変わってくる。

征服、搾取、支配などの価値観によって導かれる高度な技術が私たちの生き残りそのものを脅かすこの時代においては、思いやりの精神によって動かされる経済的発明品が必要だ。思いやりの革命が必要なのである。

既存の経済的な発明品のうち、どれを維持したいのか、どれを切り捨てたいのかを決めるのは私たちだ。また、私たちが望み必要としている、より公平で持続可能な将来にふさわしい価値観に基づく、新しい経済指標や経済原則・政策・慣行を生み出さなければならない。中でも、資本主義経済と共産主義経済の両システムの基盤となっていた不均衡な文化を変えなければならない。そして、最も重要な人間の仕事――思いやったり世話をしたりする仕事――に真の価値が与えられるような経済システムに向かっていかなければならない。

思いやりの経済システムは、個人・組織・社会・環境レベルで、思いやることと世話をすることを支援する。それは、食料や住居に対する物質的なニーズだけでなく、有意義な仕事と有意義な生活に対するニーズまでも含めた、人間のあらゆるニーズを考慮に入れる。

思いやりの経済システムの六つの基盤

思いやりの経済システムには六つの基盤がある。広範囲の経済地図、思いやることと世話をすることに価値を置く文化的な考え方と制度、思いやりの経済原則・政策・慣行、包括的で正確な経済指標、パートナーシップに基づく経済・社会構造、私が**パートナリズム**と呼んでいる経済理論（資本主義と社会主義の双方がもつパートナーシップの要素を組み込んでいるが、それを超えて、私たち自身や他者、自然を思いやることの本質的な経済価値を認識する経済理論）である。

思いやりの経済システムへの転換は、時間がかかるものだし、一気にすべてが変わることはないだろう。しかし、どれか一つの分野で前進が起こると、他のすべての分野で変化のさざ波を起こし、徐々に移行していくと思われる。何が経済生産性が高く、何がそうではないかについての考えを変えることが、経済システムについての新しい考え方につながり、より正確な経済指標へとつながる。考え方や指標の変化は、より思いやりのある政策や慣行へと向かう動きに拍車をかけ、それが今度は、パートナーシップ志向の経済・社会構造へとつながる。そしてこれらすべてが、広範囲の経済地図、より包括的な経済理論と経済指標、思いやることと世話をすることに価値を置く文化的な考え方と制度へと向かうさらなる動きを後押しするだろう。

つまり、どれか一つの分野での進歩が他の分野での進歩を促すのである。私たちがどれか一つの分野であれ、変化を進めようとすればするほど、経済システム全体の転換が早まるだろう。

私たちにできること——思いやりの経済システムの六つの基盤を構築する

これらの基盤のうちどれか一つの構築が進むと、双方向型の変化のダイナミクスによって、その他すべてにおいても進歩が始まる。

①**広範囲の経済地図**……家庭経済、無報酬の地域経済、市場経済、不法経済、政府経済、自然経済を含む広範囲の経済地図。経済システムの、より正確で包括的なこの地図については、本章で紹介されている。

②**思いやることと世話をすることに価値を置く文化的な考え方と制度**……支配のシステムではなくパートナーシップのシステムを志向した考え方と制度。親子関係や男女関係が、支配関係からパートナーシップの関係へ移行することを含む。パートナーシップのシステムと支配のシステムの構造については、第二章で紹介する。

③**思いやりの経済原則・政策・慣行**……思いやることと世話をすることを奨励し、それに報いる経済原則、政策、慣行。それらは基本的な人間のニーズ——物質的なニーズと人間開発のためのニーズ

の双方――を満たし、画期的な技術革新を生命維持のための応用にふり向け、そして将来世代への効果を考慮するものになっている。第三章でこういった原則、政策、慣行について説明し、それが企業や社会にもたらす莫大なメリットを明らかにする。

④**包括的で正確な経済指標**……昔から家庭内で女性が行ってきた生命維持活動や、その他の非貨幣経済だけでなく、自然の生命維持プロセスも含まれる指標。第四章でこうした新しい経済指標について述べる。

⑤**パートナーシップに基づく経済・社会構造**……資産と権力を上層部へ集中させる構造ではなく、より公平で参加型の構造。これは互恵的関係や社会的責任、説明責任を支える。第五章で、パートナーシップに基づく経済・社会構造と、支配に基づくそれとを対比させ、これらが私たちの生活のあらゆる局面にどのような影響を及ぼすかを示す。

⑥**パートナリズムという発展的な経済理論**……資本主義と社会主義の双方がもつパートナーシップの要素を組み込むだけでなく、自分自身や他者、自然を思いやることに本質的

図●思いやりの経済システム

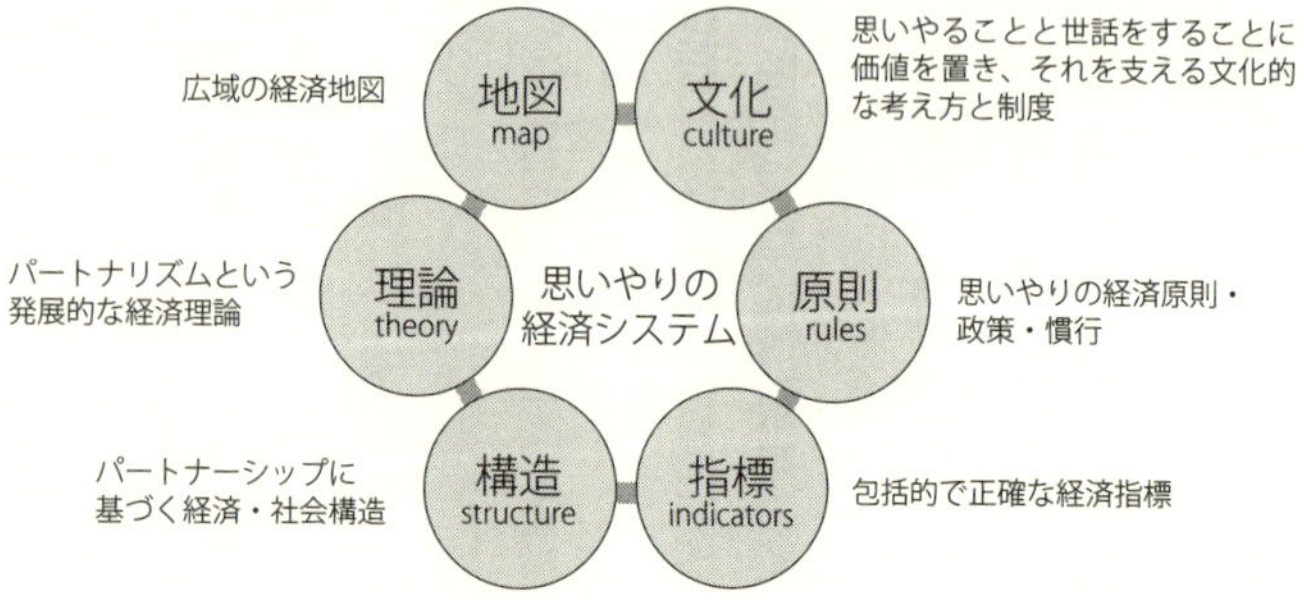

な経済価値を認める経済理論。第七章ではパートナリズムの概念を紹介する。

第一歩は、経済システムについての会話に、**思いやり**という言葉を入れるようにして、世話をすることの経済的重要性に対する認識を高めることである。これは、私たちの誰もができることだ。個人や経済、生態系、社会の健全性にとって思いやることと世話をすることが不可欠であるということを、現在の経済理論や経済政策は認識できていない。これは私たちの生活や子供たちの将来に直接的な影響を及ぼす。この認識不足によって、私たちは機能不全の経済モデルや経済対策を背負わされてきたわけで、そのモデルや対策が機能不全の政策や慣行を引き起こしてきた。そうした政策や慣行が、貧困、人口過多、環境破壊など、解決不能とも思われるような世界的な問題の主な要因となっている。それらが、お金や市場、超電子化されたオフィス機器ではなく人的資本が最も重要な資本となる脱工業化経済の成功を妨げているのだ。そして、不均衡かつ不健全な価値体系を延々と続けさせてきた。

これまで私たちが経済システムの中で重要視するべきだと教えられてきたものからいったん離れて、自分自身の家庭や生活で最も価値を置いているものに目を向けると、代わるべきものは明らかだ。思いやったり世話をしたりする仕事に公平性と価値をもたらさなければ、人々が有意義かつ創造的で充実した生活を送れる、もっと思いやりがあって平和な、環境の健全性が保たれた公正な社会になることは期待できない。

これは理論の問題ではない。私たちの家族から、子供たちの教育、私たちの仕事や経済活動、そして最終的には人類の生き残りに至るまでのすべてに対して、実際に日々及ぼされている計り知れない影響の問題なのである。

グローバル化と脱工業化時代への移行は、大きな経済的・社会的混乱をもたらしている。この混乱が、多くの人々を脅かす不安の源になっている。だが同時に、新しくてより良い考え方や生活方法を手に入れるための、これまでにない機会にもなる。個人として、人類として、地球としての私たちの進化を支える社会や経済を生み出すために、ビジョンを描き創造性を発揮すべきときなのだ。

以下の章では、人間のニーズや願望を満たし、地球の美しさや豊かさを守る生き方や暮らし方への方向性を示す。

第2章

視野を広げて見る経済システム

Economics Through a Wider Lens

今日では、苦しみや不公平を神の意思として、または不可解で変えがたい経済法則の結果としては受け入れていない人が大勢いる。世界中のいたるところで、人々は、工業化による健康や環境への影響が手に負えない状態になりつつあることについて、危機感を募らせている。そして、賃金を低下させ、西欧では以前は当たり前だった労働者保護を弱めている、貿易のグローバル化を懸念している。人々は、世界の半数の人々が依然として貧困と飢えに苦しみながら生きていることも、豊かな米国においてさえ富裕層と貧困層の格差が広がっていることも知っている。企業が数百万ドルの補助金を受け取り、大富豪が巨額の税金を還付されている一方で、大勢の貧しい子供たちを対象にした学校給食の財源を削減するのは、大いに間違っているということも認識している。また人々は、企業の経営幹部が従業員福利制度や自社株売買を利用して私腹を肥やすのを許している会計慣行の廃止を求めている。つまり、彼らは思いやりのない経済政策や企業慣行を非難し、もっと思いやりのあるやり方を望んでいるのだ。

悪いニュースは、経済システムをもっと思いやりのある方向に動かそうとする試みが、これまで数カ所で成功しただけで、その他の多くの場所では完全に失敗していることだ。米国ではブッシュ大統領によって「思いやりのある保守主義」という美辞麗句が唱えられたにもかかわらず、経済政策は前進どころか後退を続けている。先進国と途上国双方の経済的エリートたちが依然として世界の資源の大半を支配しており、富裕な国においてさえ子供たちは満足に食べることができず、地球温暖化など、自然環境に対する前代未聞の脅威が未だに無視されることが多い。

良いニュースは、数多くの非政府組織が、現在の政策によって引き起こされた苦しみをいくらか和らげていることと、構造的な変化をもたらす試みがいくつか行われていることだ。社会的責任を追求する運動が、企業に社会・環境上の説明責任を求める新たな規則を設けようと努力している。国内総生産（GDP）などの経済指標に代わって、人間の幸福や環境の持続可能性に寄与する要素をより正確に反映する、生活の質（QL）の評価指標を用いようとする試みがある。自然環境を守り、労働搾取と闘い、世界中で労働者を保護する国際条約を作ろうとする動きもある。

これらはすべて、現在の経済政策や経済慣行における特定の欠陥を修正しようとする重要な取り組みである。しかし、これだけでは不十分だ。私たちには、経済システムを部分として包含するような、より大きなシステムを考慮に入れた取り組みが必要なのである。(1)

経済システムの社会的基盤

経済システムは何もないところに突然現れるわけではない。より大きな社会的・文化的・技術的背景から現れるのだ。このより大きな背景を理解し、変えなければ、優れた経済システムなら成し遂げるべきこと——人間の幸福を後押しする、人間開発を進める、私たちの子供や将来世代のために、自然の生命維持システムを守る——をやり遂げる新しい経済システムの基盤は築けない。**奇妙に聞こえるかもしれないが、経済システムを変えるためには、経済システムにだけ焦点を合わせていてはだめだ。**もっと深く、踏み込まなければならない。

私たちは、非効率かつ不公平で環境を破壊する経済慣行を超え、さらに進んでいくことが**できる。**だがそのためには、経済システムを方向づけ、そして次には経済システムによって方向づけられている社会的要因に目を向けなければならない。つまり、経済システムを取り巻く、より大きな背景——生活の全領域における関係《リレーションシップ》の心理学的・社会的なダイナミクス——にも目を向けなければ、経済システムを理解することはできないし、ましてやそれを改善することなどできない。

経済システムは、人間関係の一つの形だといえる。関係づけているのはモノではなく人だ。だから、人を、そして人間の生活と人間関係を支援し高める活動こそを、経済分析の焦点にする必要がある。

関係が私たちの生活を決定づける。関係は、家族や教育から政治や経済にいたる、あらゆる社会制度の基盤である。

序章で述べたように、本書で紹介する経済システムの新たな見方は、進化的システム科学、カオス理論、複雑性理論など、社会システム研究に対する新しいアプローチの考え方を適用した、多くの分野にまたがる私の研究から生まれたものだ。この研究が私の著書『聖杯と剣』につながった。この本は、文化の変容の中で私たちを前進させたり後退させたりするものの核心を突きとめるために、人間の歴史の研究に対して非線形のアプローチを導入している。[2]この研究はまた、私が同様の観点から性と権力を分析した他の著書にもつながった。[3]本書ではそれを経済学に応用し、性と権力とお金——世界を動かすと言われるもの——を見つめ直すというサイクルを完結させた。

進化的システム科学の新たな視点から経済学を見直すにあたって、私は自分にとって経済学分野で最良と思われる研究を活用している。大学での専攻は社会学と人類学と法律だったので、私は専門の教育を受けた経済学者ではない。私は門外漢であり、それにはメリットとデメリットの両方がある。メリットは、先入観を抱かずに経済学を見ることができる点だ。これこそが、これまでにさまざまな分野で起こった多くの躍進が部外者の手によるものだった理由である。

私が用いているのは、複数の専門分野を活用するアプローチであり、この研究方法は広く受け入れられつつある。複雑な世界の真のニーズに効果的に対処するためには、多くの分野の知識を結集させなければならないからだ。広範囲の分析によって、主流派の経済学者の大半が考慮に入れていない問題——表面上は経済学には無関係に思える文化的な考え方と社会制度など——について考察する。とくに、何に価値があり、何に価値がないかについての考え方に着目する。関係——つまり、互いにつながり合っていて、ますます危機に瀕している地球の生きた経済を形作っている、男女、家族、仕事、技術、政治など多くの糸すべて——にも目を向ける。実際、従来の経済分析とは完全に異質の分野を考慮に入れる。経済関係だけでなく、人々の価値観や相互関係に重大な影響を及ぼす、幼児期の親子関係や、世界に半数ずついる男女の関係を考えるのだ。そしてこれらすべての分野を見る際に用いるのは、**パートナーシップ**（つまり相互尊重）のシステムと**支配**（つまりトップダウン型の管理）によるシステムという、社会システムの二つの基本形である。

従来の分類方法——右派対左派、宗教主義対世俗主義、東側対西側、工業化対脱工業化——による社会の分析は、技術開発、地理的関係、イデオロギーなど、社会システムの特定面だけに焦点を当てるものだ。これでは、真に体系的な分析はできない。それに対して、パートナーシップのシステムと支配のシステムは、社会の考え方や制度の**全体**——家族や教育、宗教から政治学や経済学にいたるまで——を扱う。つまり、従来の視野の狭いレンズでは見ることのできない、より大きな社会構造を扱うということである。

心理学者のロバート・オーンスタインが『意識の心理——知性と直観の統合』（北村晴朗、加藤孝義訳、産業能率短期大学出版部、一九七六年）の中で書いているように、分類できない現象を理解することは難しい。オーンスタインによると、「言語によって、経験に対して、ほぼ無意識に合意された一連の分類が行われ、その言語を話す人は、その共通の分類方法で除外された経験を無視することができる」(4)という。

体系的《システミック》な変化を起こすためには、社会の重要な部分を除外しない分類が必要になる。それを可能にするのが、「パートナーシップのシステムと支配のシステム」という見方だ。これが扱うのは、家族関係やその他の親しい関係というういわゆる私的な領域と、地域・国内・国際社会という公的な領域の双方における、社会の中核的な価値観と制度である。最も重要な点は、これらの社会的分類によって、生活のすべての領域において、どのような価値観や制度が、二つのまったく異なる種類の関係を促進するのか、または妨げるのかを特定できることだ。

支配のシステムとパートナーシップのシステム

支配のシステムでは、支配するか支配されるかという二つの選択肢しかない。家族であろうと、職場であろうと、また広くは社会であろうと、上に立つ人々がその下に位置する人々を支配する。このシステムの場合、経済政策や経済慣行は、底辺の人々を犠牲にして、上に立つ人々の利益になるように設計される。システム全体が主に恐怖と力によって保たれているので、信頼に乏しく、緊張度が高い。

支配の順位を保つため、家族内をはじめ、経済や政治においても、思いやりや同情は抑圧され、その価値が低められざるを得ない。だからこそ、思いやりの経済システムの基盤の一つに、パートナーシップのシステムを志向する考え方と制度が挙げられるのだ。

パートナーシップのシステムは、互いに尊敬し合い、思いやる関係を支援する。物事を成し遂げるには必要なので、依然として上下関係は存在する。だがそれは**支配の階層**ではなく、**実現の階層**である。そこでは、説明責任と敬意が下から上への一方向にだけでなく、双方向に流れ、すべてのレベルからインプットがあるように社会・経済構造が組み立てられる。指導者や管理者は、支配したり弱い立場に追いやったりするのではなく、物事を円滑に進め、意欲をかきたて、権限を付与する。このシステムの場合、経済政策や経済慣行は、私たちの基本的な生存のためのニーズや、地域社会、創造性、意義、思いやり——つまり私たちの人間としての最大能力の実現——のニーズを満たすように設計される。

純粋なパートナーシップのシステムや、純粋な支配のシステムになっている社会は一つもない。それは常に程度の問題である。だが、これから見ていくように、北欧諸国は、パートナーシップのシステムにより近く、支配のシステムにより近い国々に比べて、一般的な生活の質がずっと高い[5]。北欧諸国は、思いやることと世話をすることの認知度を高め、それに価値を与えている政策をとっていることで有名だ。既存の経済モデルの中にもパートナーシップの要素があるのだ。だが、私たちが抱えている世界的な問題の多くは、資本主義経済も共産主義経済も、支配のシステムの方向に大きく偏り続けてきたという事実が原因になっている[6]。

資本主義経済と共産主義経済の間には大きな差異があるが、どちらでも、天然資源と生産手段が主に上層部の人々によって支配されてきた。ソヴィエト式の共産主義では、政界が恐怖と力を用いてトップダウン型の支配を行った。現在の米国式の資本主義でも、大企業と政府が手を組んでいる。政治献金や強力なロビー活動などの手段によって、企業は政府に対し、そしてその結果として経済政策や経済慣行に対し、絶大な影響力を振るっている。

このトップダウン型の支配は、支配のシステムがさらに厳格に行われていた過去の封建制や君主制の時代の特徴でもあった。実際、現在の経済政策や経済慣行の背後にある基本前提の多くは、王が「臣民」を支配し、自由や公平を語れば恐ろしい公開の拷問や処刑が待っていた時代からの遺産である[7]。そのような時代——横暴な父親が家族を支配し、貴族や王が都市国家や領地や国を支配していた時代——は、まだそれほど遠くない昔であり、完全に過去に置きざりにされていないし、場所によっては過去のことになっていないところもある。
今よりも厳格な支配者社会から、底辺層に属していた大量の奴隷や農奴、のちの極貧の工場労働者とともに私たちが受け継いだのは、「労働の主な動機づけとなるのは痛みと欠乏への恐れである」という前提だ。実際、経済システムの定義としては、無限の欲望を満たすために希少な資源の分配を研究するのが社会科学であるというものが、今でも一般的だ(10)。

資本主義と社会主義の問題点

資本主義も社会主義も、自然の生命維持システムをうまく保全・保護できなかったのは、主に、両者とも依然として「自然の征服」という支配者の考え方にとらわれていて、環境の管理にほとんど価値を置かなかったからだ。資本主義は深刻な環境の汚染・悪化を引き起こし、巨大企業は今もなお、自由市場を不当に妨害するものとして環境規制に反対している。社会主義も、旧ソ連や共産主義の中国で実際に起こったように、環境の汚染と悪化を引き起こした。ソ連で起こったアラル海の消滅やチェルノブイリ原子力発電所事故、中国の河川や湖の七〇%が汚染されているという事実がそれを実証している(8)。

資本主義も共産主義も、支配のシステムに固有の紛争解決の一形態としての戦争を、避けるのではなく推し進めてきた。この二つの経済システムをもつ国家間の紛争は朝鮮戦争やベトナム戦争へと発展し、冷戦が終結した後も、資本主義国家と共産主義国家の双方が、さらに破壊力を増した、より莫大な費用のかかる兵器を製造・使用・輸出して、世界中で暴力を煽ってきた。

共産主義は極貧を緩和することにはなったが、市民の権利と自由が大きく制限されるという代償を払った。資本主義は、多くの人々の生活水準を上げ、「雇用保険などの「経済のセーフティネット」をいくつか導入した一方で、世界の貧困という問題を解決できていない。実際、貧困を悪化させたケースもあり、「資本主義のグローバル化が、実は先進世界と発展途上世界の双方で、持てる者と持たざる者との格差を広げている」ということを示す報告は後を絶たない[9]。

この定義は二つの前提に基づいている。欠乏は避けられないものだという前提と、人間は本質的に強欲で、そのために無限の欲望と要求をもっているという前提だ。だが、この定義が言い表しているのは、経済システムそのものではなく、支配のシステムにおける経済システムである。

欠乏が自然条件によって引き起こされている場合もあるが、これから見ていくように、支配者の経済システムが人工的に欠乏を――そして、それとともに痛みと恐れも――生み出し、永続させる。そのような結果をもたらすのは、上層部への誤った資源配分や、軍事費への多額の投資、人間のニーズを満たすための投資の不足、容赦のない自然破壊、戦争やその他の形態の暴力による天然資源や人的資源の浪費であり、これらはどれも支配のシステムにつきものである。

そのうえ、支配のシステムの下では、基本的な人間のニーズ――評価され、思いやりを受け、愛され、認められる必要性や、私たちの人生には意味も目的もあるのだと感じる必要性など――を満たすのは難しくなるので、人々はなかなか満足感を得られない。また、支配のシステムによって、強欲や、さらに多くの物質や地位を必要に思う感覚も人工的に生み出される。現在では、決して満ち足りることのないこの感覚が、人工的であるだけでなく有害でさえあるニーズや需要を生み出す広告キャンペーンによってさらに増幅されている。

したがって、**人工的な欠乏と人工的なニーズや需要の影響を考えるとき、私たちは需要と供給について、従来型の経済分析で示されるものとは大きく異なる様子に気づく。**市場において何に価値があるのか、または何に価値がないのかは、真の人間のニーズを満たす妨げとなる支配のダイナミクスによって歪められることが多いのだ。

そして、無条件に尊敬され服従される支配者の地位にある人々は別として、それ以外の他者に対する敵対心と不信感もまた、支配のシステムの根底を成すものであり、したがって支配者の経済システムの根底を成すものでもある。人間は元来邪悪で利己的なものだという考え方——だからこそ階層制によって厳しく制御する必要がある——が、支配者神話の土台となっている。それは、「原罪」という宗教的な考えと、「利己的遺伝子」に関する社会生物学的な理論に組み込まれている。

人間の性質についてのこのような見方は、一般に広く浸透している資本主義の自由市場理論に不可欠である。この理論は、一人ひとりが自分勝手な利益のために行動しても、結果的には経済システムが全員に利益をもたらすだろうという前提に基づいている。子供に向かって「私たちが皆わがままに振る舞ってもすべてはうまくいくのだ」と言おうと考える人はいないだろう。だが、この概念は広まり続け、(このような状況では存在できない)自由市場**ではなく**、支配者の経済システムに拍車をかける「強欲の理想化」が支持されている。

また、私たちが受け継いできたもう一つの基本的な前提は、非暴力や養育などの「軟弱な」性質や活動は社会や経済の統治には不適切であるというものだ。この遺産の一部が、思いやることや世話をすることは生産性にとって障害になるし、少なくとも経済システムには無関係だ、という考え方である。つまり、私たちは、思いやることと世話をすることを支持する文化的な考え方や制度ではなく、その逆のものを受け継いできたのだ。そしてこのことが、非現実的でますます危険性を増している多くの経済理論や経済の原則・対策・慣行を生み出してきたのである。

支配者の経済システムの前提

- 労働の主な動機づけとなるのは痛みと欠乏への恐れである。
- 人間は信頼できない。
- 「軟弱な」性質や活動は社会や経済の統治には不適切である。
- 思いやることと世話をすることは、生産性にとって障害になるし、少なくとも経済システムには無関係である。
- 利己的であることが、全員の利益を大きくすることにつながる。

隠された価値評価

もしも子供や高齢者や病人の世話をする仕事がなかったら、私たちは皆死んでいるだろう。もしも食料や清潔な衣服や住む場所に対する日々のニーズに配慮がなされなかったら、私たちは体調がひどく悪くなるだろう。介護の仕事がなかったら、自分の仕事をしたり会社に行ったりする労働力さえなくなるだろう。

それならばなぜ、そのように不可欠な、思いやったり世話をしたりする仕事に経済的価値がほとんど与えられてこなかったのだろうか? 昔の商慣行である「買い主危険負担」にも見られるように、なぜビジネスにおいて思いやりが封じられてきたのだろうか? より思いやりのある公正な社会のために休むことなく働く人々が、「空想的な改革主義者」とか「大げさに同情する人」などという非難をよく受けるのはなぜだろうか? そして、家庭や地域社会の非貨幣経済の中で子供や病人や高齢者の世話を長時間にわたって行っている女性――および徐々に増えつつある男性――が、未だに「経済活動に参加していない」とみなされるのはなぜだろうか?

私たちが生き残るために不可欠な、世話をする仕事の価値を低めていることや、それと同時に思いやることそのものの価値を低めていることは、論理の問題ではない。むしろ、社会が今以上に支配のシステムに適応していた時代から私たちが受け継いだもの――つまり、究極的には恐怖と力によって裏打ちされた、厳格なトップダウン型支配の序列に基づいた社会と経済の組織――と大いに関係があるのだ。

第四章で見ていくが、このトップダウン型システムの大黒柱は、人間の半数を占める女性の序列がもう半数の男性より下になっていることである。この序列が、自動的に女性や「女らしい」という固定観念のあるものよりも、男性と「男らしい」という固定観念のあるものに価値を置くことにつながった。つまり、女性は男性に服従し、「真の男らしさ」に関するものは何でも、女性や女性らしさに関連するという固定観念のあるもの——たとえば、思いやったり世話をしたりする、いわゆる女性の仕事——よりも高い価値を与えられた。この評価のシステムは、思いやったり世話をしたりする仕事にほとんど、またはまったく価値を与えない経済システム——部族社会、封建時代、資本主義、共産主義の経済システム——にも反映されている。

固定観念化した男らしさや女らしさと、本質的な男性や女性の性質に関するものとを混同してはならない。女性にも溶接工や政治家、司祭など、いわゆる「男の仕事」はできるし、女性が男性より優れていることもある。男性も子供の面倒をみるという「女の仕事」を行うことができるし、女性よりも男性のほうが上手に行える場合もある。今日、非常に多くの男性や女性が従来の固定観念を拒絶していることは、彼らが制限されない男女の役割を望んでいて、それを実行する能力もあるという証拠だ。

だが私たちが受け継いだ思考のシステムによると、思いやったり世話をしたりする仕事は、「真の男性」には不向きなのだという。この仕事は、男性が支配する家庭の中で、女性が無報酬で行うべきものなのだ。まったく認知されず、真の経済価値もまったく認められない「軟弱な」仕事なのである。そして、このことが、個々の男女の関係や役割だけでなく、私たちの経済システムにも深く影響を及ぼしている。

経済システムと性差別の問題を同じ次元で語るのはおかしいと思う人もいるかもしれない。実際、従来の男女の役割に疑問を投げかけることは、女性や男性の性質を侵害することであり、したがって議論の対象にもならないことだと考える人もいる。しかし、このように性差別の問題を完全に避けていると、私たちは先に進めないはずだ。

社会学者のルイス・ヴィルトが指摘しているように、社会で最も重要なものはめったに話題に上らないものなのである。それほど遠くない昔、人種的優位性は当然のものと考えられていたため、めったに話題にならなかった。今でさえ、一部の人々は、人種的不平等については語りたがらないし、ましてやそれが「自然」ではないことを認めたがらない。したがって、男女間の不平等について語ることが不快感をもよおすという事実や、不平等の存在が否定されたり、「自然のこと」とみなされたりする場合が多いという事実は、私たちが扱っているこの問題が非常に重要なことだという印なのである。

女性に関するものという固定観念のある性質や活動の価値を低めることは、支配のシステムに不可欠な、隠された価値評価システムである。それは、支配のシステムをより強く志向していた過去に生まれた経済原則や経済モデルに深く組み込まれている。そして、現在の経済指標はこの価値切り下げを反映し、保っているのである。

経済指標に何が含まれ、何が含まれていないかは、政策立案者が何を考慮し、何を考慮しないかに直接的な影響を及ぼす。したがって、目に見えない性別による価値評価システムが経済政策を形成してきたのである。

この認識されていない価値評価システムは、目に見えない氷山の塊のようなものだ。それが、より健全かつ効果的で、より人間味のある経済システムにとって、大きな障害になっているのである。

体系的《システミック》な変化に不可欠なもの

従来型の経済政策・対策は、その大部分が依然として強い支配者の性質を帯びている。それらは、経済全体を形作る六つの分野のうち三つだけ——しかも、思いやることと世話をすることに価値がほとんど、またはまったく置かれていない三つだけ——を考慮に入れた、不完全な経済システム・モデルに基いたものだ。それらは主に、形式的な市場経済に重点を置いており、計算や政策において、私たちの基本的な生命維持システムを構成している三つの分野——家庭経済、無報酬経済、自然経済——を考慮に入れていない。これらすべてが人間の生存と幸福のために欠かせないにもかかわらず。

主流派の経済指標は何を除外しているのか

国民総生産（GNP）や国内総生産（GDP）などの主流派の経済指標は、貨幣化されていない活動や公式に記録されていない活動をすべて除外している。これが、各国の経済活動の非常に大きな部分を占めている。GNPやGDPもまた、（食料や医療、教育など非常に基本的な要素を含む）財とサービスがどのように分配され、人々の生活にどのように影響を及ぼすかについての情報は一切提供していない。それだけでなく、生産性に関する主流派の指標の大部分は、生活の質を向上させる活動というよりも、市場活動の環境面や健康面のコストを考慮できていないために、実際には生活の質を悪化させている活動を含んでいる。

これらの指標はあまりにも非現実的であり、思いやりのない経済慣行の環境コストや経済コストを明らかにする全部原価計算を行う代わりに、GDPやGNPのような指標によって、これらのコストが経済的利益であるかのように見せかけている。たとえば、有毒物質の流出事故による被害を浄化するコストは、経済生産性の指標から差し引かれるのではなく、組み入れられている。

こういった問題を認識したことが、新しい経済計算の探求へとつながった。その結果として最初に生まれたものの中に、一九六〇年代に国際開発協会が開発した「物的な生活の質指数(PQLI)」がある。[11] もっと最近では、国連が人間開発報告書の発行を始めた。この報告書は、年を経るにつれて、人権侵害や環境問題へと監視の範囲を広げ、一九九五年版では女性の地位も対象にした。[12]

経済計算の最新の傾向は、GDPやGNPに見られるもう一つの大きな欠点——今も主に家庭内で女性やボランティアによって行われている保育や介護という社会的に不可欠な仕事を「経済生産性の高いもの」として含めていない点——に対処するものになっている。[13]

たとえば、今では国連の国民経済計算(SNA)〔国民所得勘定の国際基準〕にサテライト勘定があり、その勘定には、家庭内の仕事など無報酬の仕事に関する統計データが含まれる。さらに、ますます多くの国が、この仕事の経済寄与度を定量化するようになっている。二〇〇四年にスイス政府が発表した調査では、無報酬の仕事の価値は、一六二〇億ユーロ(約二〇兆円)と報告されたが、これは公表されたスイスのGDPの七〇%に相当する。[14]

それに対して、パートナーシップのシステムに組み込まれている経済は、第一章で見た六つの土台に基礎を置いている。家庭経済、無報酬の経済、自然経済も含めた六つの経済分野すべてを考慮に入れているのだ。そして、思いやることと世話をすることを重んじる文化的な考え方や制度によって支えられている。その経済理論・政策・慣行は、こういった必要不可欠な活動の意欲を奪うものではなく奨励するものであり、その経済指標はより正確で包括的であり、その構造はより公平である。

問題は――これは大きな問題なのだが――従来の経済政策や経済慣行は持続可能でないということだ。そのような政策や慣行が広範囲にわたって世界的な問題を引き起こしたのだが、問題はそれを生み出したシステムの中では解決できないものだからだ。

科学者は、地球温暖化を加速させている慣行や政策を抜本的に変えなければ、今世紀末までに、ニューヨーク、マイアミ、ロンドンを含む世界の沿岸都市が洪水によって呑み込まれてしまうだろうと警告している。また、これらの災害の経済コストが世界経済を破綻させてしまう可能性があるという警告も発している。[15] だが今のところ、それほど昔ではない時代に理想とされていた「自然の征服」に基づいた従来の経済政策や経済慣行には、小さな変更が行われただけである。

飢餓と貧困の傾向も、根本的な変化がどうしても不可欠であることを示している。先進工業国一五カ国のうち、低所得世帯で生活する子供の割合が過去一〇年間に増加した国は、米国を含む一一カ国だった。[16] 米国では二〇〇四年、この子供の数が一四〇〇万人近くに上っている。[17] 全米高齢者問題協議会の報告によると、米国で飢えに苦しむ高齢者の数も増加しているという。[18] これはすべて、世界で最も豊かな食料生産国で起こっていることなのだ。*Household Food Security in the United States, 2004*（未邦訳）という報告書によると、飢えと食糧不安に苦しむ世帯で生活する米国人は三八二〇万人に上っていて、一九九九年から四三％増加した。[19] だが、思いやりの政策は、軽蔑的に「過保護国家」と呼ばれるものを連想させる場合が依然として多いため、米国政府は、これと同じ期間に、子供、女性、高齢者という最も脆弱な人々に対する社会的支援を極端に削減した。

発展途上国には、食糧、医療、水といった生活に不可欠なものを入手できる機会がさらに少ない人々が無数にいる。だが国際通貨基金（ＩＭＦ）などの国際機関が求める構造調整や民営化計画によって、ここでも、人々が確実にケアを受けられるようにする社会支援が大幅に削減された。企業が業務のアウトソーシングを行っている先の発展途上国では、労働環境が、一九世紀や二〇世紀前半の悪徳資本家による資本主義時代の「先進」世界よりもいっそう悲惨になっている場合も多い。そして、支配のシステムの特徴がそうであるように、こういった国の人々がかろうじて命をつないでいて、中には命を落とす場合も多い一方で、同時に、上流の人たちは財産を貯め込み続けているのだ。

米国においてさえ、大部分の労働者のインフレ調整済み実質賃金が、過去一〇年間、上昇ではなく低下を続けている一方で、企業の経営幹部の給与は天文学的な金額にまで跳ね上がっている。[20] 世界人口の指数関数的な成長も、既存の政策によって深刻化している。世界人口は現在すでに六五億という莫大な数に達しているが、五〇年もたたないうちに九〇億を超えるであろう。そして、この増加の九〇％以上を生み出すのは、毎日何千人もの子供たち（と成人男性および女性）が飢えと暴力によって命を落としている、世界の最貧困地域なのだ。若者の失業者が大幅に増加することも加わって、これでは、経済政策が抜本的に変わらない限り、今よりも公平かつ平和で持続可能な未来は実現できない。

しかし、女性に産む自由を与えないという支配者の意向を反映して、国際的な家族計画プログラムへの米国の財政支援は大幅に削減された。これは、妊娠中絶を減らすという名目で行われたが、実際には家族計画なしに中絶を減らすことはできないのである。[21] こういったことが原因で、人口増加の大幅な抑制は極めて厄介な問題になっている。

同様に厄介なのが労働そのものの未来である。米国では、製造業やハイテク関連の仕事が貧しい地域にアウトソーシングされたため、多くの人が高賃金の職を失った。仕事の二極分化も進んでいる。一方の極には、企業の経営幹部、「テクノクラート」と呼ばれる高級技術官僚、それから法律や医療、高等教育などに携わる上層のサービス職といった、報酬も地位も高い職業がある。もう一方の極には、それ以外の人々のために、多少なりともあるとすれば、低賃金の仕事があり、たいていは単純労働である。

これ以上に、すぐ目前に迫り来るのは、オートメーションの増加による構造的な失業だ。富める国では、かつて工業技術が提供していた雇用――工場の組み立てラインの作業者、受付係、電話交換手から中間管理職まで――は徐々に姿を消している。そして、ロボットや人工知能などの技術的に進んだオートメーションへとさらに移行したときに先進国と途上国の双方で起こるであろう事態が、行く手で私たちを待ち受けている。

アメリカを所有するのは誰か？

米国では、全人口の一％に当たる最富裕層がこの国の金融資産の四〇％を保有している。そして上から一〇％までの富裕層が、株式、債券、信託基金、企業株の八五〜九〇％と、住宅以外の不動産の七五％超を保有している。カリフォルニア大学のG・ウィリアム・ドムホフ教授が述べているように、「金融資産というのは、収入をもたらす資産の管理までを計算に入れるものなので、人口のわずか一〇％がアメリカ合衆国を保有していると言える」。それに対して、下から八〇％の人々が保有する金融資産は全体の九％にすぎず、保有資産がまったくない米国人も多く、中には借金のために資産がマイナスになっている人さえいる。(22)

しばらく前から、急速に変化する不安定な世界で、若者が大幅に逼迫した労働市場に参入するにつれ、途上国と先進国の双方で、大規模な不穏な動きが現れてきている。途上国では、いわゆる原理主義の宗教団体の指導者が、昔ながらの支配者に対して、内集団対外集団に基づいた憎しみを説き、テロによって自分たちの目的を達成しようとしている。米国でも原理主義が台頭し、ブルーカラーの扇動グループが、彼らの苦難はすべて移民やユダヤ人、黒人、同性愛者のせいだと非難し、ときには女性が原因だと責めている。欧州では、スキンヘッドのイデオロギー集団が爆弾

図●金融資産の分布

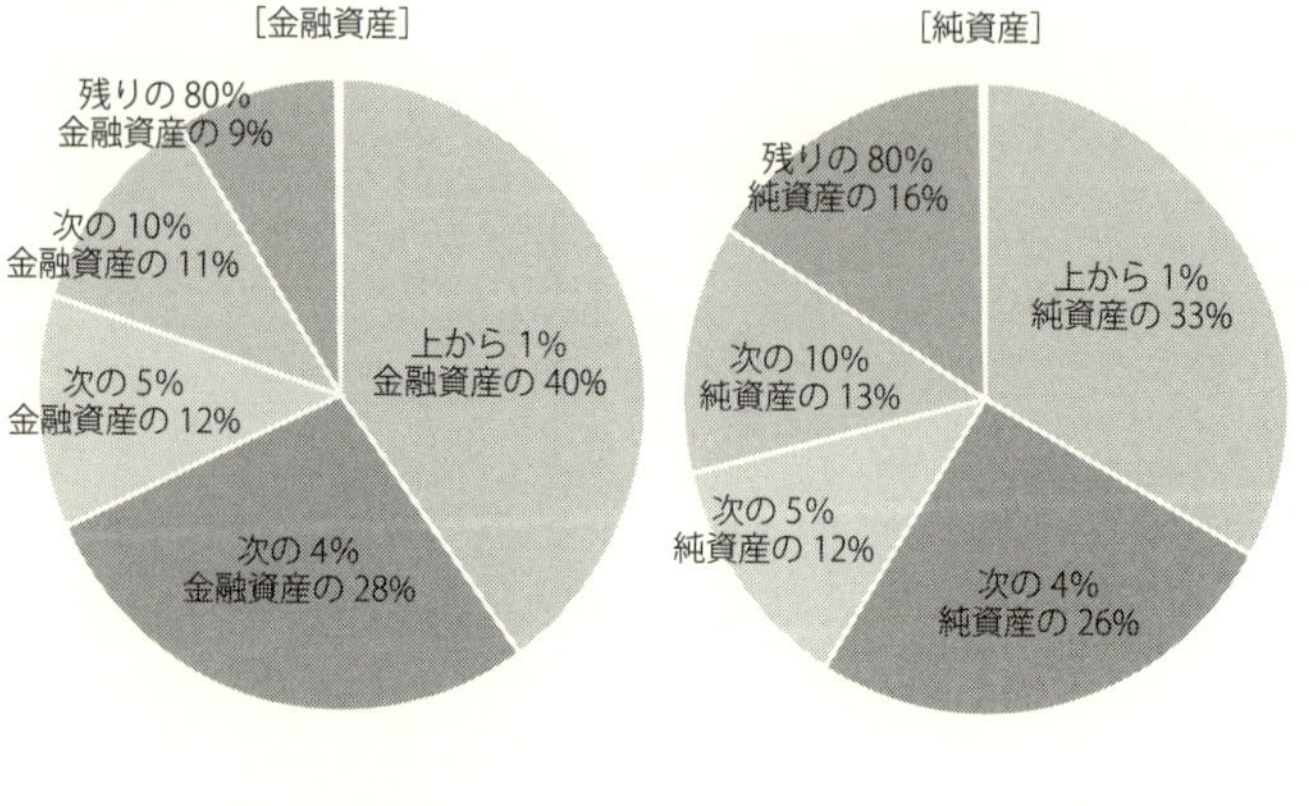

を仕掛け、米国と同様、最も力が弱いと思われる人たちをスケープゴートに仕立てている。つまり、現在の支配者回帰の一環として、ますます扇動的な指導者たちが人々の不安と欲求不満をスケープゴートと暴力に振り向け、それによって言うに言えない不幸を引き起こし、世界中でビジネスにとってかつてないほどに不安定な状態を生み出しているのだ。[25]

このような問題に効果的に対処するためには、経済政策だけではなく社会制度や文化的な伝統も考慮に入れた体系的《システミック》なアプローチが必要だ。歪められた価値体系や、それによって生まれた経済上の優先事項——今よりもいっそう厳格だった過去の支配者社会から私たちが受け継いだ目に見えない遺産——を認識し、変えなければならない。

思いやりの経済システムに向けての具体的なステップ

現在の財政上の優先事項を見ると、政府は常に、管理と支配——刑務所、武器や戦争——のための金を工面しているように思える。一方で、思いやることと世話をすることのための——つまり、子供の世話や人々の健康への気遣いなど「女性らしい」活動や、非暴力や平和のための——金はないと言う。

この不均衡な価値体系は、私たちの無意識の心に深く根づいている。私たちが何に価値を置き、何の価値を貶めるかについて判断の大部分が——したがって経済システムも——性差別問題の価値システムに基づいていることに、大半の人は気づいてさえいない。その結果、思いやりの価値の切り下げ——および、それが私たち全員の実生活に及ぼす影響——は、ほとんど認識されないままである。私たちに必要なのは、従来の経済モデルにあれこれ手を入れることではない。私たちが今直面している個人、社会、環境の難題に立ち向かうのに役立つような新しい経済システムが必要なのだ。それは**思いやりの経済システム**である。

思いやりの経済システムに移行するには時間がかかるだろう。文化的価値観も社会制度も変わらなければならない。だが、十分な数の人々が全力でそれに取り組めば、移行は実現するだろう。

考え方や慣行や政策の変化は、人間の営みによって起こる。中には、自分の住む地域社会で起こることに直接影響を与えられる人もいる。たいていの人は、市民組織や職能団体、政治団体を通じて影響力を行使できる。そういった組織に対して、決議文や議題に思いやりの経済システムを含めるように促すのである。国家政策や国際政策に直接的な影響を及ぼすことができる人はほんのわずかだ。だが私たちの誰もが、現在の経済モデルに組み込まれた機能不全の価値観に対する認識を広めることができるし、本書の提案や自分自身の工夫や自発的な取り組みによって、何をなす必要があるかについて語ったり書いたりすることができる。

思いやりの経済システムに向けての不可欠なステップは、経済の収支をより正確に記帳するシステムを作り上げることである。経済生産性に、思いやることと世話をすることの価値と、それらに価値を置かなかった場合に発生するコストを組み込んだ経済指標が必要だ。[26] このような指標は、思いやりの経済システムの第一原則である「家庭経済、無報酬の地域経済、自然経済といった分野を含む広範囲の経済地図」から自然に形成されるだろう。

思いやりの経済システムに向けての七つのステップ

増大しつつある世界的な問題に効果的に対処するには、経済の計算、制度、原則の重要な変化を含む抜本的な変化が必要だ。これには時間がかかるだろうが、行動を起こすことによって、たとえそれがどんなに小さなものであっても、変化のさざ波が生まれる。以下に、私たちがそれについて語ったり書いたりするだけでも推進できるステップの例を七つ挙げる。

①思いやることと世話をすることの文化的な価値を低めることが経済の理論や政策、慣行にどのように悪影響を及ぼしてきたかを認識する。

②文化的な価値や経済・社会構造が支配者のシステムからパートナーシップのシステムに移行するよう支援する。

③思いやることと世話をすることに価値を置いた経済指標へと変える。

④思いやることと世話をすることを支援し、それに報いる経済的な発明品を生み出す。

⑤経済用語の範囲を広げて「思いやり」という語を含め、経営学や経済学の大学院で思いやりの経済学を教えて、性差別問題に特化した経済研究を行う。

⑥子供と大人に思いやることと世話をすることの重要性について教育する。

⑦政府や財界の指導者に、思いやることと世話をすることを支援する政策のメリットを明示し、そのような政策が採用されるよう働きかける。

経済モデルや経済計算を変えることは、「思いやることと世話をすることを十分に評価する経済的な発明品を作り出す」という、もう一つの重要なステップへの道を開くことでもある。そのためには、思いやりの経済システムの第二の基盤である「思いやることと世話をすることの価値を低めるのではなく、それに価値を置くような文化的な考え方と社会制度に移行させる」に注目する必要がある。

私たちの価値観や社会・経済構造の多くは、支配のシステムをより志向していた時代から受け継いだものである。この遺産は、より公平で持続可能な経済システムにとって大きな障害となるものだ。私たちはひとたびこの問題に気づけば、政府の政策や企業の経営方針が、支配者の価値観と構造ではなくパートナーシップのそれを支えるものになるように努力することができる。看護士、保育士、介護福祉士など、世話をする職業は健全な社会や経済に不可欠であり、これらの職業により大きな価値を与える市場経済が必要だ。こういった職業の価値が低められている原因は、単なる需要と供給の働きだと主張されることもあるが、そうではない。その背景には、主に、女性や女らしさに関連するという固定観念のあるものについての価値を切り下げる文化があり、次章以降で見ていくように、それは私たち全員に悪影響を及ぼす。

現在では、多くの男性が、性差別についての固定観念があまり厳格でないため、世話をする職業に関心をもっているが、そういった職業に与えられる賃金と社会的地位の低さに落胆している。主な例が保育施設での仕事だ。また、カウンセラー、保育園や幼稚園、小学校の教師など、子供と親の双方を相手にする職業もそうである。私たちには、社会的に不可欠な非市場経済で、思いやったり世話をしたりする仕事の価値を認める、各種の経済的な発明も必要だ。このような非常に重要な活動に投資――支出としてではなく――を行う財政政策も必要である。また、経営の原則も、思いやることと世話をすることを妨げるのではなく奨励するようなものに変えていかなければならない。

また、女性も男性も効果的に子供の世話をするための訓練と準備を確実に行えるような政府の政策が必要だ。質の高い人的資本の創出において幼年期がいかに重要であるかを示す数多くの科学的な証拠がある。どのような育児が健全な発育を支援または抑制するのかについて現在わかっていることを利用して、そのような訓練を行うことが絶対に不可欠である。

オートメーションと国外へのアウトソーシングの両方によって、多くの米国の職が消えつつある時代において、何人かの経済学者がこれまでに提案してきたような、とにかく人々にお金をバラ撒くという方法は理に適っていない[27]。理に適っているのは、思いやることと世話をすることだけでなく、思いやることと世話をすることの訓練も支援する政府の給付金だ。こういった不可欠な生活技能は今、ますます増加する高齢者の世話を十分にするために、いっそう必要になっている。経済用語の範囲を広げて「思いやり」という語を含めることも、思いやりの経済システムに向けた、もう一つの重要なステップだ。また、同じく重要なのが、経営学や経済学の大学院で思いやりの経済学を教え、性差別問題に特化した経済研究を行うことである。

さらに、思いやることと世話をすることの重要性を早い時期の教育から伝えるべきだ。思いやりの技術の早期教育も、学校教育の中心となる必要がある[28]。これは、一〇代の若者の非行や妊娠の防止から、チームワークや相互支援、公正の促進まで、複数の目的に役立つだろう。

北欧の国フィンランドが良い例で、パートナーシップ教育のメリットを実証している。高校生の読み書きと数学の能力を国際的にランクづけした評価では、フィンランドは米国よりもずっと上に位置している。だがフィンランドでは、単に従来型の教育に投資をしているのではない。新しい性質の教育を開発しているのだ。その中核は、子供たち個々人の間の関心――幼い者への思いやり――と自己学習の初期開発である。年長の生徒が年下の子の世話をし、生徒たちは自分の興味を追求できる。そして教師は管理するのではなく手助けをするのだ。これはすべて、新しいパートナーシップの構造をもつ教育システムへ移行する手段である。

脱工業化経済に必要となる質の高い人的資本を確保するためには、教育システムが変わらなければならない、という点では意見が一致している。だが、思いやることと世話をすることにより大きな価値を置くことによってのみ、それは実現できるのだ。なぜなら、そうして初めて効果的な思いやることと世話をすることが十分に支援されるようになるからだ。

私たちは政府や財界の指導者たちに対して、思いやることと世話をすることを支援する政策のメリットを示すことができるし、示さなければならない。そして、私たちの誰もが、より思いやりのある経済・社会システムの構築に参加できるし、参加しなければならない。だが、思いやりの経済システムは、人間のニーズを満たし人生を豊かにするために役立つだけではない。次章以降で詳しく述べるように、思いやりの経済システムは、純粋に貨幣価値で見た場合にも、より有益なのである。

人間のニーズを満たす――思いやりの経済システム対思いやりのない経済システム

思いやりの経済システムは、以下の基本的な人間のニーズを満たすことができる。

個人：物質的な生活手段と有意義な仕事や生活に対するニーズ
組織：有能で創造的な人々に対するニーズ
社会：思いやりの価値観と政策に対するニーズ
環境：天然資源の保護に対するニーズ

従来の経済モデルでは、思いやりは、うまく機能する経済とは関連がないとみなされているだけでなく、経済上の成功にとって障害になるとさえ考えられている。だが真実はその逆だ。

図●二つの経済システム

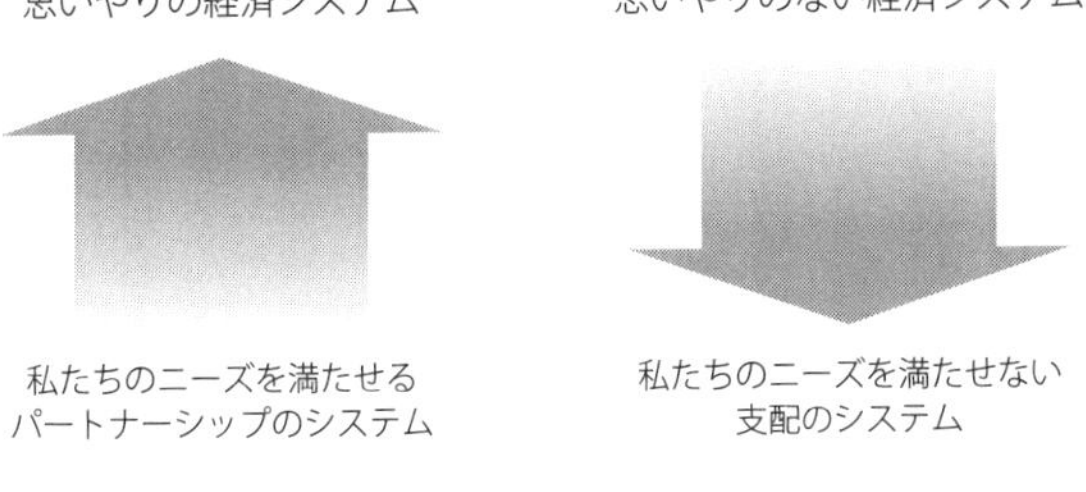

第3章

思いやりは金銭的にも利益になる

It Pays to Care — in Dollars and Cents

世界最大の株式非公開のソフトウェア会社SASインスティチュートは大成功を収めている。同社はまた、思いやりの経営方針と慣行のメリットを金銭的利益の面でも実証している。

SASは家庭にやさしい経営方針を率先して導入している企業だ。ノース・カロライナ州で最大の社内託児所を備えており、社内のカフェテリアには幼児用の脚の長い椅子や子供用の補助シートがあり、親子でいっしょに食事がとれるようになっている。また、社員とその家庭内パートナーの医療費補助を会社が全額負担している。社員の労働時間は一日わずか七時間で、病気による有給休暇は無制限に取得できるうえ、それを家族の介護のために利用することもできる。

ノース・カロライナ州ケアリーにあるSASの本社には、プール、陸上用のトラック、医療施設があり、カウンセリングも受けられるし、ランチタイムにはライブ音楽も聴ける。約三三〇〇平方メートルの広さの体育館には、エクササイズのレッスンも受けられるトレーニング・ルームやヨガのためのスペース、正規の大きさのバスケットボール・コート二面があって、社員は自由に使える。屋外にはソフトボールやサッカーのできるグラウンドがある。週に何日かマッサージ師も来るし、社員は会社専属の健康コーディネーターに自分のトレーニング・プログラムを相談することもできる。社員のトレーニングウェアの洗濯まで会社がやってくれる。

このような話を聞くと、成功している企業というよりは、総合健康スパか保育所、または社会福祉施設ではないかと思えるほどだ。だが、SASは二〇年近く二桁成長を続けている。(1)

SASは何を行っているのか。あらゆるレベルで社員の幸福を支える労働環境を作り上げているのだ。社員が健康的で幸福な家庭生活を送れる時間とエネルギーの余地を残し、（単に病気の治療を行うのではなく）予防的な心身の健康管理を行い、社員の家族全員に教育と保育・介護を提供したり、社員の持ち家に援助を行ったりしている。さらに、雇用の安定と人間工学的に安全な労働環境を提供し、社員の仕事に対して敬意を払っている。(2)

当然のことながら、SASは、フォーチュン誌の「最も働きがいのある会社ベスト一〇〇」で常に一〇位以内に入っていて、求職の申し込みが何千件も届く。またこれも当然のことだが、SASの社員は、会社が成功するように、そしてSASで長く仕事を続けてその成功を享受できるように、全力を挙げて取り組んでいる。

SASは社員とその家族に非常に多くの恩恵を提供しているため、社員の離職率はわずか四%で、この業界の平均離職率二〇%を大きく下回っている。参加型の経営スタイルも社員に好まれており、コミュニケーションを促進し、SASの成功を導くもう一つの要因となっている。

SASは、支配の階層を実現の階層に置き換え、思いやることと世話をすることに真の価値を認めることによって利益を上げている企業がいかに増えているかを示す一つの例にすぎない。二〇〇四年、非営利団体のウィニング・ワークプレイシズとフォーチュン・スモール・ビジネス誌が選ぶベスト・ボス賞が、ニュー・エイジ・トランスポーテーション社の最高経営責任者（CEO）、キャロライン・ゲイブルに贈られた。ゲイブルは、かつてウェイトレスをしていたこともある、五人の子供のシングル・マザーであり、自宅で創業した。ゲイブルは、極めて忠実な社員から成る結束の固い職場を作り出すことに革新的なリーダーシップを発揮しており、同社は現在、年商二五〇〇万ドルの企業になっている。

ゲイブルは、社員——とくに子供のいる社員——が、仕事と私生活の健全なバランスを保ちながらも仕事に集中できる環境を育てている。同社のオフィスには、働く親たちが子供を連れてこられる社内遊戯室や、社員が休憩できる「静音室」、暖かい日に社員が集まってバーベキューを楽しめるグリル付きのベランダもある。ゲイブルはまた、社員に対して社外での健康管理を奨励しており、スポーツジムの会費を負担したり、禁煙のための費用として社員に四半期につき二五〇ドルを最長一年間支給したりしている。こういった方策は、利益を上げる妨げになるどころか、平均三七％の年間成長率を生み出すもとになっている。(3)

また、ベレット・コーラーやニューワールド・ライブラリーなどの成功している出版社から、ヘルスケア製品の巨大メーカーで、ワーキング・マザー誌が選ぶ優良企業に二〇年以上も名を連ね続けているジョンソン・エンド・ジョンソンまで、多くの企業が、思いやりの方策と慣行が大企業にとっても中小企業にとってもメリットとなることを実証している。これらの企業は、思いやりが、好況に沸く企業の贅沢品ではなく、会社にさらなる成功をもたらす重要な要因であるということを示唆している。

だが、思いやりの経済の原則、方策、慣行が人にも会社の利益にも良いものであることを示す、客観的証拠があるのだろうか？　思いやることと世話をすることに価値を置くことのメリットを、統計的手法によって定量化できるのだろうか？

その答えはイエスだとはっきり言うことができる。**何百という調査結果が、思いやりを支援し、それに報いることの費用対効果を示している。それだけではない。企業や政府の思いやりのない原則や方策、慣行のコストも定量化できるし、そのコストは莫大である。**

統計上の証拠

本書では、企業活動は経済的に採算がとれるだけでなく、社会的にも有益でなければならないと主張している。だがこの二つは、互いに矛盾する（相容れない）ものでは決してない。

思いやりの経営方針によって、社員の離職率は大きく低下し、企業は数百万ドルの費用を節約することができる。時間給従業員の交代にかかる費用は、その従業員の給与一八カ月分相当にもなり得る。離職によって雇用主が支払う費用は、年間利益の四〇％にもなる可能性がある。そして、最近の研究で発見された事実――仕事を辞めようと計画している社員の三〇～四〇％は、精神的にも感情的にもすでに辞職していて、現在の仕事よりも次の仕事に重点を置いている――は、この計算に入れられてさえいない[4]。

欠勤による事業コストも多額である。欠勤は、社員が家族への責任を果たすことによって必然的にもたらされる結果である場合が多い。たとえば、ケミカル・バンクでは、社員の欠勤の五二％が家族関連の問題によるものであることがわかった[5]。

より思いやりのある経営方針をもつ企業は、離職率と欠勤関連の損失を大幅に低減させている。医療機器メーカーのインターメディクス社は、社内保育所を設置することで離職率を三七％低下させ、一五〇〇〇労働時間と二〇〇万ドルを節減した。シアトルにある病院バージニア・メイソン・メディカル・センターでは、院内保育所を利用していないスタッフの離職率が二三％であるのに対し、利用しているスタッフの離職率はゼロだ。ジョンソン・エンド・ジョンソンでは、フレックス・タイム制と家族休暇制度を利用している社員の欠勤が、社員全体の欠勤に比べて平均五〇％低いことがわかった[6]。

保育施設の確保が困難なことは、高い欠勤率や離職率の要因として、そしてその結果、時間外労働が行われている企業で発生する残業費の要因として、とくに重要だ。サーカディアン・テクノロジーズ社による二〇〇三年の報告書によると、延長保育によって欠勤率が平均二〇％減少するという。この「時間外労働のための保育の費用便益」という調査では、保育サービスが受けられると、時間外労働をする社員の離職率も、九・三～七・七％と大幅に減少することが明らかになった。時間外労働のできる社員を採用・教育するには平均で二万五〇〇〇ドルの費用がかかるので、これもまた大きな節約となった[7]。

当然ながら、こういった節約も、米国人女性全体の二八％にあたる、恒常的に夜間や深夜、週末に勤務する人々にとっては、それほど大きな利益にはならない。また、鍵っ子が米国の大きな懸念となっている時代には、社会にとっても利益にならない。

カリフォルニア大学ヘイスティングス校にあるワークライフ法センター長であるジョーン・C・ウィリアムズ教授が強調しているように、正規労働力の中で介護や保育を行う人に対する支援は、単に企業の問題ではなく、公共政策の問題である。ウィリアムズ教授が「家族差別」と呼ぶものの対策法――とくに最も交渉力のない、経済的に最下層に属する労働者のためのもの――が緊急に必要である。[8]

現在、労働者全体の三七％に十八歳未満の子供がいる。ラドクリフ公共政策センターの調査で、二一歳から二九歳までの女性の八三％、男性の八二％が、家族と共に過ごす時間をつくることを優先事項リストのトップに挙げ、高給を取ることや一流の職に就くことを大きく引き離しているのは、それほど不思議なことではない。[9]

米国人が高齢化するにつれて、労働者の中で介護を行う人の割合がさらに増加するだろう。二〇二〇年には、米国の五一歳以上の人口が七四％増加するのに対し、一〇歳未満の人口は一％しか増加しない。[10] 世論調査の結果を見ると、米国の労働人口の五四％が、今後一〇年以内に年老いた両親または親戚の介護をすることになると予想している。

ファミリーズ・アンド・ワーク・インスティテュート[11]（ＦＷＩ）など多数の機関による報告書や、サンドラ・ブルッド、マリー・トゥモロ共著 *Leveraging the New Human Capital*（未邦訳）などの書籍で、こうした現実を職場の方針に組み込むことは、社会的に不可欠であるだけでなく、経営的にも非常に理に適っているということが示されている[12]。
多くの研究によって、人々が仕事に行くときに仕事以外のことをすべて忘れるふりをすることのコストは莫大だとわかっている。そして、社員の生活を考慮する経営方針によって得られるメリットもまた莫大である。たとえば、ＫＰＭＧの緊急時対応型保育プログラムに関する調査によって、社員に保育サービスを提供すると、実施後六カ月以内に一二五％の投資利益率（ＲＯＩ）が得られることがわかった。四年目には五二一％になった。米国共通役務庁（ＧＳＡ）児童福祉局の調査では、保育交付金を支給されると、五五％の労働者は仕事により集中できるようになり、四八％は現在の職にとどまる傾向が強くなることがわかった[13]。医薬品会社ブリストル・マイヤーズ・スクイブ社が、保育所を利用している社員について調査したところ、そういった社員は会社により深く献身し、上司との関係についても、より前向きになることがわかった。そして、育児関連会社ブライト・ホライズンズの調査結果を見ると、子供のいない社員でさえも、社内保育所は自分たちの組織にプラスの効果を及ぼすだろうと感じている人が多い[14]。

思いやりへの投資の利益率

Leveraging the New Human Capital（未邦訳）の中で、サンドラ・ブルッドとマリー・トゥモロは、保育施設、フレックス・タイム制、有給の家族休暇はどれも投資利益率が非常に高いことを示す調査を多く挙げている。

● チェース・マンハッタン銀行が社員を対象にした保育補助サービスを導入したところ、投資利益率は一一五％となり、わずか一年間に延べ労働日数で六九〇〇日を節約できた。

●アメリカン・エキスプレス社は、在宅勤務を導入したところ、売上が四〇〇〇万ドル増加した。医療保険会社のエトナは、社員の在宅勤務を始めた後、クレーム処理済み件数が三〇％増加した。

●二〇〇一年の調査結果によると、有給の育児休暇を提供している企業は、提供していない企業に比べて利益が二・五％高い。

●ワーキング・マザー誌の「働く母親のための優良企業ベスト一〇〇社」に選ばれている企業（保育に関する福利、フレックス・タイム制、在宅勤務など、思いやりのある経営方針を導入している企業）は、顧客満足度が高く、それが転じて株式時価総額が三〜一一％、つまり社員一人当たり二三〇〇〇ドル高まる結果となった。

●フォーチュン誌の「最も働きがいのある職場」に選ばれた企業も、二七・五％の株主投資利益率を生み、ラッセル三〇〇〇種株価指数に含まれる銘柄（米国の時価総額上位三〇〇〇社）の平均利益率が一七・三％にすぎないのに比べてずっと高い。

［出典：Sandra Burud and Marie Tumolo, Leveraging the New Human Capital（Mountain View, Calif.: Davies-Black, 2004）］

貨物運送会社のユナイテッド・パーセル・サービス（ＵＰＳ）では、フレックス・タイム制によって、社員の離職率が五〇％から六％に減少した。[15] エトナは、柔軟に職場復帰できる六カ月間の産休制度を導入したところ、仕事への定着率が七七％から八八％に上昇し、年間一〇〇万ドルを節減できた。

シリコン・バレーの雇用主九人に対する調査では、在宅勤務者の生産性は、家で仕事をする日には二五%高く、全体でも二〇%高いことがわかった。[16] イリノイ・ベル社では、在宅勤務によって生産性が四〇%高まるとわかった。[17]

健康および体力増進プログラムによる節約

- ペプシコ社は、フィットネス・プログラムによって、一ドルの投資に対して三ドルの利益（三〇〇%という驚くべきROI）を生み出した。[18]
- ジョンソン・エンド・ジョンソンでは、社内健康プログラムによって、入院や精神保健治療、外来診療が減少し、プログラムのコストを差し引いても、年間で社員一人当たり平均二二五ドルを節約した。
- オフィス家具メーカーのスチールケース社は、会社の健康プログラムに六年以上参加している社員の医療費請求が五五%減少したことで大きな利益を得た。
- 半導体製造装置メーカーであるアプライドマテリアルズ社の場合、フィットネス・センター利用者は、このセンターを利用していない人に比べて、医療費が二〇%少なく、事故関連の障害によるコストが三分の一少なかった。さらに、プログラム参加者については、同社の一件当たり社員補填コストが七九%低かった。

人事コンサルティング会社ワトソン・ワイアットが発表した調査報告書「Human Capital Index（人的資本指標）」によると、柔軟な就労形態を支援している企業は、介護や育児の責任を負った社員に対してそうした柔軟性を提供していない企業に比べて、株式時価総額が三・五％高いという。[20]

このような統計は特定の方針や慣行に焦点を当てているが、重要なのは単に思いやりの方針を一つや二つ設けることではないということを私は強調したい。真に成果を生むには、思いやりのある会社《ケアリング・カンパニー》を作る必要がある。

ファースト・テネシー銀行は、企業が、単に思いやりのある活動を生み出すことだけでなく、それ以上のことを行う組織技術に目を向け始めていることを示す模範的な例である。この金融機関は、自社の企業文化を真に思いやりのあるものに転換する――社員の利益を第一に考える――ことによって、収益を二倍に高め、同業種中で最も高収益の企業となった。フォーブス誌によれば、ファースト・テネシー銀行は常に銀行の中で最高の収益を上げていた。同行は、こういった思いやりの文化による好循環と利益が無視できないことに気づいた。自分たちが大事にされていると感じている長期勤続の行員が、顧客に対してより良質のサービスを提供することで、九七％の顧客維持率を誇っているからだ。この驚異的な顧客維持率は、質の高い行員の定着と合わせて、同行の収益と株式時価総額の主な要因であった。[21]

つまり、多くの企業が、思いやりの方針が長期的にもたらす便益は、その費用をはるかに上回ることに気づいたのである。[22] 思いやりの方針は、社員の幸福度と生産性を高め、家族の絆を強くし、生活をより充実させるために役立つ。そして、金銭的な利益を高めることにもつながる。そのうえ、経済の強化と生産性向上にも貢献するのである（八四ページのコラムを参照）。

科学と真の最終損益

実業家は、新しいことに挑戦する際には収益性に関する情報が必要だとよく言う。本章で見てきた事例や統計はその情報を提供するものだ。真の最終損益――人々の健康と福祉――のために投資することの金銭的なメリットを実証している。[23]

組織内の好ましい行動を促進する条件について調査する研究機関がますます増えているが、そういった研究機関によっても、このような投資のメリットが確認されている。「ポジティブ組織論（ＰＯＳ）」として知られるこの研究は、組織の業績向上には他者との好ましい関係が必須であるということを示している。[24]

ミシガン大学の研究者であるジェーン・Ｅ・ダットンとエミリー・Ｄ・ヒーフィーが *The Power of High-Quality Connections at Work*（未邦訳）の中で書いているように、ＰＯＳは、相互に共感でき、相互に能力を引き出す関係を通して人間の成長が可能になるという研究結果に着眼したものである。[25] 人は、気にかけてもらっていると感じると十分に元気になれるものなのだ。[26]

これまでに見てきた調査結果と同じように、ＰＯＳは、思いやりの関係が利益に対しても有益な影響を及ぼすことを示している。たとえば、ダットン、ジャコバ・リリウス、ジェイソン・カノブによる研究は、思いやりがいかにして、信頼と切実なつながりと好意的な感情――これらはどれも、大いに組織の利益となる行動の流れにつながる――を促進する関係的資源を生み出すかを明らかにした。彼らの研究はさらに、組織内の思いやりが、直接的にかかわる人々だけでなく、思いやりの相互作用を目の当たりにしたり認識したりした第三者的な立場の組織メンバーの中にも、プラスの関係的資源《リレーショナル・リソース》を生み出すことも証明している。[27]

思いやりの中小企業

ベン・コーエンとマル・ワーウィックは、『ソーシャルビジネス入門』（斉藤槙・赤羽誠訳、日経BP、二〇〇九年）の中で、資源の限られた中小企業で、どのようにすれば思いやりの経営方針から大きな利益を引き出すことができるかを示している。ふたりは、ベン＆ジェリー・アイスクリームとマル・ワーウィック・アソシエイツでの自分自身の経験と、数百におよぶ他の中小企業の例をもとにして、五つの基本的な関係に焦点を当てている。

①社員との関係
②取引先との関係
③顧客との関係
④地域社会との関係

図●価値観によって動かされる企業の５つの側面

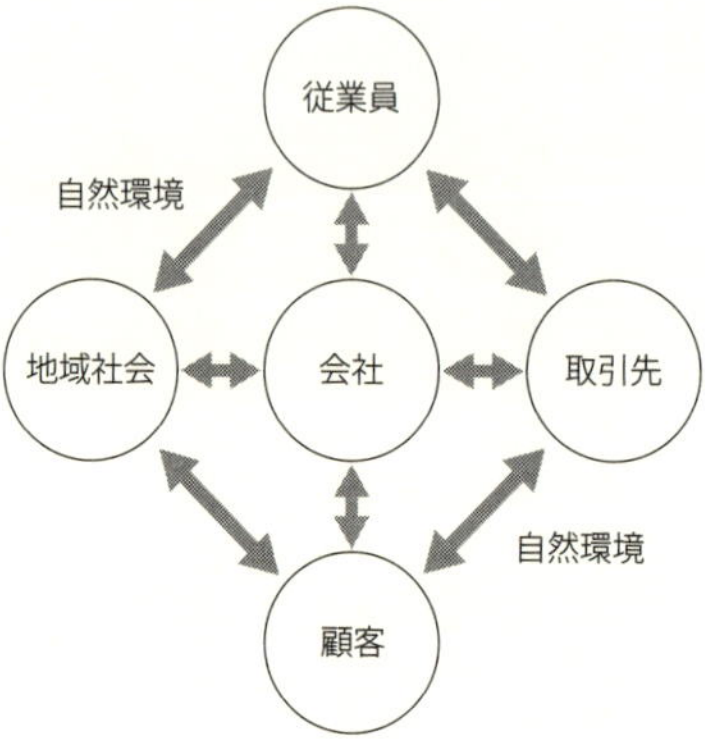

⑤自然環境との関係
ベンとマルが、従業員の福利厚生に加えて重要性を強調するのは、従業員が会社の成功に真に関与していると感じられるような参加型の経営スタイルと利益分配計画である。
〔出典：ベン・コーエン、マル・ワーウィック共著『ソーシャルビジネス入門』（斉藤槙・赤羽誠訳、日経BP、二〇〇九年）〕

心の知能指数（ＥＱ）の専門家であるダニエル・ゴールマン、ケース・ウェスタン経営学大学院のリチャード・ボヤツィス、テレオス・リーダーシップ研究所長のアニー・マッキーは、親身になって耳を傾け、思いやることがリーダーシップにどのように役立つかを明らかにしている。ケース・ウェスタン大学組織行動学部のデヴィッド・クーパーライダーとその同僚たちは、「アプリシアティブ・インクワイアリー（ＡＩ）——価値を見出す問いかけ」と呼ばれる組織開発の新たなアプローチが、組織を好ましい方向に変換する永続的な協働をいかにして確立するかを示している。[28]

心理学者のアリス・アイセンとその同僚たちが行った実験によって、人は、気分が良いとき——思いやりを受けていると感じるときがそうだ——に、生産性が高まり、斬新な考えが生まれやすくなることが明らかになった。交渉が上手になり、他者とうまくやり、ずっと創造的になるのだという。[29]こういった研究結果は、*Positive Organizational Scholarship*（未邦訳）、*Appreciative Inquiry and Organizational Transformation*（未邦訳）などの本で入手できる。それらの結果が実証しているのは、当たり前のことのように思えるが、「思いやりのある組織で生まれるエネルギーが生産性を高め、これが事業の成功や経済のさらなる繁栄を意味する」ということだ。[30]

しかし、依然として多くの人が、食うか食われるかの、思いやりのない経済システムしかないと信じている。こういった人たちは、思いやりは軟弱なもの、または女性的なものだと考え、意識的であれ無意識的であれ、事業の成功や経済発展には逆効果だとはねつけるか、せいぜい無関係だとして取り合わないかのどちらかだ。このような前提や、それを支える欠陥のある経済指標のせいで、それらに矛盾するものはすべて目に入らなくなるし、ましてやそれに基づいた行動はできなくなる。そして、そういった前提が明らかに間違っていることを示す実証的なデータがあるにもかかわらず、多くの企業や政府の指導者たちがこれらの前提に固執しているのだ。

思いやりの費用対効果

こういった昔ながらの前提がどれだけ間違っているかを示す顕著な例が、子供たちに対する十分なケアが行われないことによる莫大な経済的損失である。純粋に経済的な費用・便益の点から見れば、子供たちに対する質の高いケアに投資することは、国家が行い得る最善の投資の一つである。

カナダでは、十分な援助やいたわりを促すことの投資利益率について詳細な費用・便益分析をした結果、オンタリオ州の「健康な赤ちゃん、健康な子供（HBHC）」というプログラムが生まれた。政府の指導者に対して、子供たちのケアに投資することの金銭的なメリット――および、その投資をしない場合の費用――を示したところ、オンタリオ州の保健・長期介護省（MOHLTC）は、子供たちにとって重要な、出生前から六歳までの胎乳幼児期に焦点を当てたプログラムを立ち上げたのである。

ここで留意すべきなのは、ＨＢＨＣプログラムが財政的に慎重な州政府によって立ち上げられたという点である。同州政府は、きちんとした育児を支援することの費用対効果を理解した。マイク・ハリス知事は、このプログラムの初期運転資金として年間四四〇〇万ドルの予算を投入し、また、病院が産婦に対して出産後六〇時間のケアという選択権を提供するための費用として二七〇〇万ドル、健康な赤ちゃん訪問プログラムの費用として一七〇〇万ドルを投入した。また、ハリス知事は、新生児集中治療室の拡大のための資金と、幼い子供を抱えたすべての家庭が、望んだり必要としたりしているサービスを受けやすくなるように、地域社会サービス間でコミュニケーションの活性化を促進するための資金を拠出することを承認した。[31]

ＨＢＨＣプログラムは同州の三七の公共保健機関によって導入され、出生前プログラムまたは主治医によって、すべての妊婦に対して検診が行われている。また、このプログラムでは、病院の看護士や助産婦によって、すべての新産婦に対してニーズの評価が行われる。そして、新生児のいるすべての家庭に、育児と子供の発育に関する情報を提供する。保健婦や一般の訪問員による家庭訪問など、付加的な援助が必要な家庭には、そういった支援を行う。[32] さらに、母乳育児や栄養、公共医療に関するサービスや、育児と遊びのプログラム、保育サービスの紹介も行う。

二〇〇三年には、オンタリオ州の幼い子供をもつ家庭のほぼすべてが、ＨＢＨＣプログラムに何らかのかかわりをもっていた。長期にわたる家庭訪問を必要とする家庭は、一八日おきに一～二時間の訪問を受けた。他の機関への紹介も多く行われ、この連携によって、サービスの重複が減り、大幅なコスト削減につながった。[33]

ＨＢＨＣプログラムの初期評価では、このプログラムが子供たちとその家族にとって即座に恩恵をもたらしたことだけでなく、将来のカナダの労働力への投資として非常に費用対効果が高いことが明らかになった。家庭訪問を受けた家庭の子供たちは、たいていの幼児の発達指標において、他の子供たちと比べて、より高い数字を挙げている。その指標とは、自立、全身を使った運動のスキル、細かい運動のスキル、言語発達などの指標であり、どれも、このプログラムを受けた子供たちの将来がより明るいという見通しを示すだけでなく、より高い水準の人的資本の発達も示している。[34]

もう一つのメリットは、家庭訪問を受けた家庭の子供や家族の健康状態がすぐれているという点である。これも、より質の高い人的資本の予測指標であると同時に、将来の一般家庭の貯蓄高や、州の医療費、欠勤による事業費用などの健康関連費用を予測する指標となる。

また、家庭内暴力の割合も低下した。家庭内暴力は、将来の犯罪の予測指標である場合が多いため、その割合の低下は、企業および社会全体にとって多額のコスト節約にもつながる。国連の世界保健機関（ＷＨＯ）によると、児童虐待は、それがもたらす肉体的・精神的な打撃に加えて、米国経済に年間九四〇億ドルもの損失を与えている。[35]

しっかりした育児を地域で支援することのほかに、もう一つ、国家の投資として非常に費用対効果が高いのは、質の高い保育・幼児教育プログラムへの出資である。これは一九九八年に発表されたカナダの政策研究書 *The Benefits and Costs of Good Child Care: The Economic Rationale for Public Investment in Young Children*（未邦訳）のテーマとなった。[36]

この研究を行ったのは、トロント大学の二人の経済学者である。二人は、カナダのすべての子供たちが質の高い保育・幼児教育プログラムに参加する場合に追加的に必要となる純費用は、年間約五三億ドルであると試算した。一方で、子供たちや両親にもたらされる利益の経済価値は年間約一〇六億ドルと推測され、二〇〇％の投資利益率が見込まれている[37]。

両著者はカナダ政府に対し、質の高い保育と幼児教育を、たとえそれを提供する費用が高くなろうとも、最優先課題とするよう求めた。社会や将来の労働力にとって、その全体的なメリットは莫大なものになるだろうと指摘している。「カナダが国際競争力を保つつもりならば、現在の子供たちという人的資本に投資しなければならない。幼い子供たちの教育への投資は、人の一生のどの時期への投資よりもずっと費用効果対が高い……産業や教育に関する戦略を適正なものにするためには、質の高い保育が必要になる[38]」

この報告書は、政府に対して、長期的な視点をもつように助言し、次のように結んでいる。「カナダの経済の繁栄は、この国が社会的・経済的にうまく機能できるかどうかにかかっている。その競争力は、とりわけ労働力の能力と効率性によって決まるだろう」

国家の真の富

結局は、国家の真の富は、人的資本や自然資本の質にある。人的資本への投資は人類への投資であるということをここで付け加えておくべきだろう。人的資本に投資することは、単に市場で収入を得る能力を高めることではなく、人間の生活の質や、人間の幸福や満足感を高めることだ[39]。これは、思いやりの経済システム全体の概念である。また、自然資本という場合、単に国の自然資源のことだけを言っているのではなく、地球の生態系の健全性も含めているということも付け加えておきたい。生態系が健全でなくなったら、私たちの生命も含めたすべてを失う危険性があるからだ。このことも、思いやりの経済システムにとって基本となる点である。

経済的な利益が、企業の方針や経済政策の究極の目的ではない。人々の幸福と地球の健全性が、健全な企業の方針や経済政策の最優先の目的でなければならない。

しかし、人間への投資は、その生産能力を高め、それによって企業の利益や経済効果を確保する最良の方法でもある。そして、この投資は出世時に始めなければならない。出生前の妊婦管理と胎児の健康管理から始め、質の高い保育、幼児教育を行うべきなのである。また、知識労働とサービス労働が仕事の大部分（経営の専門家であるピーター・ドラッカーによれば全体の八五％）を占め、残りの仕事（製造業や農業に従事する一五％）もより知識集約的で対話型になりつつある現在、それはとりわけ緊急に優先すべき投資である。(40)

だが米国には、人的資本への投資について首尾一貫した方針がない。それどころか、本書を執筆している現在、保健や教育、福祉の予算が大幅に削減されている。(41)

それだけでなく、国際通貨基金（ＩＭＦ）などの国際機関の構造調整プログラムは、発展途上国に対して予算削減要求を課した。こういった予算削減は、主に、保健、教育、福祉などの人的サービスの部門で行われ、その結果、人的資本への投資は増えるどころか減っている。(43)

人的資本と社会保障への投資

英国の経済学者リチャード・レイヤードは、米国は社会保障に関する議論の焦点を、プログラムの民営化（民間投資の選択肢を選んだ多くの英国家庭にとって大きな不幸となっている）から、高齢者を守る財政資金を持続できる、熟練した知識レベルの高い労働力を創出する方法へと移すべきだと指摘している。レイヤードによると、現在、日常生活に必要な読み書きができない労働者の割合が、米国では二〇％に上る（彼らは薬の瓶に書いてある簡単な用法さえも理解できない）のに対し、ドイツやスウェーデン、オランダなどの国では一〇％である。これらの欧州の国では、育児休暇や幼児教育などの、思いやることと世話をすることを支援する政策が、高賃金に値する熟練労働者の誕生に貢献し、それによって社会保障などのプログラムの財源を増やすことが可能になっている。[42]

幸いにも、多くの先進工業国はそれほど近視眼的ではない。同様の人的サービスの削減圧力があるにもかかわらず、大半の欧州諸国は、医療、保育、有給育児休暇へ財政資金を投入して、自国民を思いやることに多額の投資を続けている。

なかでも最も手厚いのは北欧諸国の制度だ。スウェーデンでは、子供が一歳六カ月になるまで両親のどちらかが仕事を休む権利を有し、休暇をとっている親の給料に応じて決まるスライド制に基づいて、最初の三九〇日間に対する手当てが政府によって支給される。より多くの父親の育児休暇取得を奨励するため、手当支給対象期間の休暇のうち六〇日間は、もう片方の親による取得を義務づけている。子供が病気のときは、親には臨時養育手当を受け取る権利があり、これによってどちらかの親が家にいてその子の世話をすることが可能になる。ノルウェーにも有給育児休暇プログラムがあり、四二〜五二週の育児休暇が支給されている（五二週の八〇％に当たる四二週間は給与が一〇〇％支給される）。デンマークでは、一八週間の産休と、母親と父親に一〇週間ずつの育児休暇が与えられる[44]（給与は一〇〇％支給）。

北欧諸国は、思いやりの政策や制度——国民皆保険や保育給付から手厚い有給育児休暇まで——に投資することは、生活の全体的な質と経済効率の両方の向上につながると気づいたのである。これらの国々は、国連人間開発報告書の国民生活の豊かさを示す指数が常に高い。また、全世帯を対象にした保育給付や、すべての子供を対象にした質の高い保育や幼児教育をはじめとする、子供への投資を行っているため、北欧諸国の高校生は、数学と読解の国際的なテストの得点が高い。また、経済の国際競争力も順位が高く、世界経済フォーラムによる世界競争力ランキングで上位に入っている。

これらの国がまったく問題のない国というわけではない。だがこういった国では、政府や企業の指導者たちも、大部分の国民も、所得だけが豊かさを測る指標ではないことを認識しているのだ。

米国の労働者の平均所得は欧州のそれを上回っているが、医療などの必要不可欠なサービスへの支出は米国人のほうがずっと多い。それに加えて、米国では医療保険で保護されていない人の割合が四分の一に上る。そして、米国の医療は、市場を基盤としたシステムの運営費用が高いことが主な原因となって、先進国で最も高額になっている。にもかかわらず、二〇〇五年の調査によると、医療の質は、調査対象となったカナダ、オーストラリア、ニュージーランド、英国、ドイツといった国々と同水準か、それよりも低いことがわかっている[45]。また、米国政府は極めて所得の低い世帯にしか保育費用の助成を行っていないため、米国の労働者の大半は、雇用者が保育サービスを提供していない場合、自腹を切って保育費用を支払わなければならない。その結果、子供たちが全能力の開発のために必要な注意とケアを受けるのに欠かせない、質の高い保育や幼児教育を、大半の米国人労働者は利用することができない。

また、米国人労働者は、西欧の同等の労働者と比べて、仕事に費やしている時間が長い。政治学が専門のジャネット・ゴーニック教授と公共政策が専門のマーシャ・マイヤース教授が書いているように、子供のいる共働きの夫婦の平均合計労働時間は、欧州の多くの国では週六五〜七八時間であるのに対し、米国では八〇時間以上である。(46)

こういったことが米国の生産性の高さにつながっているのだと主張する人もいる。だが実際には、一九九五年から二〇〇四年の労働時間当たりGDPの年平均伸び率でみた場合、米国は、OECD加盟三〇カ国中第八位にすぎない。(47)

悲惨なことに、米国の子供たちの状況も、米国に比べてGDPの低い国々よりもずっと悪い。米国の子供たちは、他の豊かな西欧諸国の子供たちと比べて、貧しく、十代の子供たちを対象にした数学と科学の国際的なテストの成績が悪く、十代で出産する傾向が強い。

米国の子供たちは、GDPがより低い国々の子供たちと比べて、生存率までも低い傾向があるのだ。米国保健社会福祉省の二〇〇四年の報告書によると、二〇〇〇年の米国の乳児生存率は先進国中二七番目という順位であり、これはギリシャよりも下位で、米国よりもずっと貧しいキューバの一つ上の順位にすぎなかった。(48) 米国中央情報局（CIA）発行の最新の『ザ・ワールド・ファクトブック』によると、二〇〇六年には、キューバが米国よりも上位になり、米国は四二位と、すべての主要先進国よりも劣っているだけでなく、マルタ、アンドラ、マカオ、アルーバなど、米国よりもずっと貧しい国々よりも下位に甘んじている。[54] 実のところ、二〇〇五年の人間開発報告書では、ワシントンDCの乳児死亡率は、インドのケララ州よりも高いことが明らかになった（ケララ州は、インドの中でも女性の地位が最も高い州であり、次章で見ていくように、この事実が州民全体の生活の質が高いことに重要な役割を果たしていることをここで説明しておくべきだろう）。

仕事と価値観と私たちの生き方

ファミリーズ・アンド・ワーク・インスティテュート（FWI）の行った調査では、米国では半数以上の従業員が、仕事と私生活と家庭生活とのバランスを保つことに葛藤を感じていると答えた。それに対して、EU諸国では、自分の仕事と私生活のかかわり方が「非常にうまくいっている」または「かなりうまくいっている」と答えた親が全体の八〇％に上った。[49]

また、米国の人々は、大半の西欧諸国の人々に比べると、支払っている税に対して受けている保健、保育、教育などの人的サービスがずっと少ない。米国の法律で規定されている育児休暇は短期間であるうえに無給で（中小企業に雇用されている人たちにはそれさえもない）、出産後または養子縁組後の母親に対する公的な障害保険からの賃金補填に資金を出しているのはわずか数州にすぎない。[50] 公的な保育サービスの順番待ちの列は長く、大半の米国人労働者には質の高い保育の料金を支払う余裕はない。それに加えて、労働時間が長く、パートタイム労働者に対して給付金が支払われないうえ、多くの西欧諸国では当たり前となっている児童手当もない。その結果、国民は大きなストレスを抱えている[51]。

もちろん、米国人が世界で最も大きなストレスを抱えた国民であるとは言えない。この地球上で貧困と飢えに苦しんでいる数十億の人々は、もっとストレスの大きな生活を送っている。コフィ・アナン国連事務総長が語ったように、「世界人口の半数近くが、一日二ドル未満で生活している。だがこの統計でさえも、世界の貧困層にとって日常的な宿命となっている屈辱や無力、暴力の苦しみをとらえられない[52]」。また、この統計では、世界中で貧しさと飢えに苦しんでいる人の大部分は女性と子供たちであり、その主な原因は、何よりも重要な人間の仕事である思いやることと世話をすることの認知度を高め、それに価値を与えることができていない経済システムにある、ということも明らかにならない。

これはどれも避けられないものではない。前ユニセフ（国際連合児童基金）事務局長のキャロル・ベラミーが書いているように、「子供の生活の質は、家庭や地域社会、政治の世界で毎日行われる意思決定によって決まる。私たちは、賢明に、そして子供たちにとっての最善の利益ということを念頭において、これらの選択を行わなければならない。安全な子供時代を確保することができなければ、人権と経済開発のより大きな世界的目標は達成できないだろう。子供たちの向かうところに、国も向かう。ただそれだけのことだ[53]」

明らかに、米国はその莫大な資源を、自国の子供たちの福祉を確保するために分配していない。

経済的には、米国は世界で最も豊かな国かもしれない。だが、その政策は、国の最も重要な資産である将来の人的資本を大切にしていない。もしも米国がこの誤った節約を変えなければ、私たちの国家経済は、次の世代になってから、高い代償を支払うことになるだろう。そして引き続き、何百万という米国人の子供たちが無駄に苦しみ、死ぬことになるだろう。

思いやりのない経済システムの隠れた費用

人々と自然への思いやりを欠くことは、子供たちや家庭にとって、また企業や地域社会、国家や地球にとって高くつく。けれども、経済状況を測る現在の指標であるGDPやGNPなどでは、こういった費用は見えてこない。

前述したように、これらの経済指標は生産性算出の際に、思いやりのない企業慣行の費用を差し引くのではなく、プラス面に組み入れている。たとえば、過失による原油流失の浄化費用は、負債としてではなく、国家の生産性の一部としてGNPやGDPに組み入れられる。そのため、一九八九年に起きたエクソン・バルディーズ号原油流出事故の数十億ドルの費用は、米国のGNPに含められた[55]。五三〇〇万ガロンもの原油運搬には似合わない老朽化した薄壁のタンカーが起こしたこの大惨事は、何キロにもわたって海を汚染した。魚などの海洋生物が死に、海岸に生息していた数百万羽の渡り鳥や水鳥、数百頭のラッコやネズミイルカ、アシカ、クジラが危険にさらされた。地元民の数年分の生計手段を壊滅させ、人々の健康に被害を及ぼした。

だがエクソン社は、その損害を補償する代わりに弁護士への支払いに数百万ドルを費やしたが、その費用は市場取引されたものであるため米国のGNPに算入されたのだ。そのほかにも、この流出事故によって生計の手段を奪われ、その多くが健康にも被害を受けた地元の土地所有者や先住民、水産会社によって雇われた弁護士の費用がGNPに含められた。また、エクソン側の弁護団による控訴で長期化した訴訟の費用、同社が依頼した専門家証人の召致費用、同社が提出した一四〇〇万に及ぶ文書（その中には、「エクソン・バルディーズ号に積まれていた原油は廃棄物ではなく商品であるため、その流出は連邦政府の水質浄化法には抵触しない」と主張する文書もあった）の費用もGNPに組み入れられた。

だが実は、GNPに組み入れられたこのような費用は、事故による真の経済的コストの一部にすぎなかった。サイエンス誌によると、流出事故から四年たった後も、大量の原油が海岸や海底に残っていて、鮭の卵を害したり、ムール貝やアサリを汚染したり、引いては、それらを餌とするカワウソやアヒルなどの動物たちに害を与えたりした。汚染地域とそこに住む人や動物は、現在も依然としてこの事故の被害に苦しんでいる(56)。

しかしエクソンの原油流出事故による被害は、何一つとして経済生産性の測定に反映されなかった。また、このような被害を現行の経済の指標や原則に反映することもできない。そういった指標や原則は、家庭内の生命維持活動を考慮に入れないのと同様に、自然の生命維持活動の価値も考慮に入れないからだ。

現行の測定法において思いやりのない経済政策や経済慣行の真のコストがいかに隠されているかを示すもう一つの例が戦争の莫大な経済的コストである。戦争の経済的コストも、GNPのマイナス側ではなくプラス側に組み入れられることが多い。たとえば、米国政府がイラク戦争に関与した契約業者や兵士などに支払った数十億ドルに上る税金は、この戦争で負傷した全兵士の医療費や死亡した数千人の葬儀費用とともに、ＧＮＰに組み入れられた。それに加えて、米国侵攻によって被害を受けた後のイラクの再建にかかる費用も――米国の大企業への支払いも含めて――米国のＧＮＰのプラス側に入れられる。

ニューオリンズからの堤防補強の要請を連邦政府が無視した後に、ハリケーン・カトリーナによってその堤防が破られたときも、同市が受けた数十億ドルの被害は米国のＧＤＰに正確には反映されなかった。そしてその代わりに、ここでもまたハリケーン後の復興の費用がＧＮＰのプラス側に組み入れられた。その中には、数千室におよぶ空室のアパートが利用可能だったのに、カトリーナ避難民のために移動住宅を建てたという莫大な浪費も含まれていた。

同様に、工業技術の無責任な利用が原因で引き起こされた大気汚染による莫大なコストもＧＮＰのプラス側に入っている。このコストも、その金額――数十億ドルになるだろう――が容易に測定可能であるにもかかわらず、正確な費用・便益分析が行われていない。

たとえば、カナダのオンタリオ州の人口は一一九〇万人だが、同州民は大気汚染によって、入院、救急処置室の利用、労働者の欠勤などの費用として、少なくとも年間一〇億ドルを負担している。[57] 環境汚染がより深刻な地域では、大気汚染が原因で引き起こされた病気に関連する出費はさらに大きい。世界銀行によると、一九九〇年代前半、ジャカルタ、バンコク、マニラでは、大気浮遊塵や鉛にさらされることによる医療費などの費用は、平均収入の一〇％近くに達した。[58]

中国は世界でも都市大気汚染が最も深刻な地域だが、世界銀行の推定によると、この汚染が中国経済に課す費用は、医療費や労働時間の損失などで年間二五〇億ドルに上る[59]。別の研究では、大気汚染が原因で引き起こされる都市居住者の病気や死によって中国が負担する費用は、同国のGDPの五％になると見積もられている。

世界保健機関（WHO）の報告によると、屋外の大気汚染の影響によって毎年三〇〇万人が死亡しており、これは交通事故による死亡者数の三倍にあたるにもかかわらず、GDPなどには、大気汚染による死亡の代価は含まれていない[60]。当然ながら、医療費やこれらの死亡者の葬儀費用は依然としてGDPやGNPのプラス側に記録されている。

現行の経済指標において、事実を捻じ曲げて「生産性」として報告されている「隠された費用」は、ほかにもたくさんある。たとえば、増大する米国の刑務所産業の利益は経済利益として表されているが、実は、投獄に資金を投入することは、更正への投資に比べて、不経済で非効率的である。たとえば、ミズーリ州ではカリフォルニア州よりも再犯率がずっと低い。ミズーリ州では、弱年層の犯罪者たちに対して、懲罰と隔離に重点を置いた大規模な刑務所への拘留という従来の手法に代わり、高度に訓練されたスタッフを入れた小グループ構成のもと、常に心理療法と仲間からの前向きの圧力を受けるという環境設定にしたのだ。より思いやりのあるこの手法は、家族関係も重要視し、青少年の犯罪者たちを自宅から八〇キロメートル以内に収容するように配慮し、両親が訪問できるようワゴン車で送迎までしている[61]。

より思いやりにあふれた参加型の手法は、単に少年たちを収容するだけのものではないため――

このやり方だと、たいていはさらなる暴力につながったり、ギャングと深い関係になったりする――、ミズーリ州は犯罪者の更正において抜群の実績を挙げている。二〇〇三年の調査によると、一九九九年に出所した十代の若者一四〇〇人のうち、成人してから刑務所に収監された人はわずか八％であった。それに対して、刑務所の民営化が非常に収益の高い事業となっているカリフォルニア州では、少年刑務所を出所した人の約半数が二年以内に再び収監されている。

もう一つの重要な指標である「未成年一人当たりの費用」という点でも、ミズーリ州のシステムは機能的である。同州が支出している未成年一人当たりの費用は年間約四万三〇〇〇ドルである。カリフォルニア州では約八万ドルと、二倍近くになっている。[62] だがGNPという観点では、カリフォルニア州のシステムがトップに来る。刑務所建設の費用が生産性を算出する上ではプラス側に計上される一方で、費用も刑務所の数も少なくて済むシステムによって節約される金額――命の数は言うに及ばず――は表に出てこないのだ。

目隠しをはずす

なぜ、聡明で善意ある人たちでさえも、現行の費用・便益分析の非現実性を理解できないのだろうか？　思いやることと世話をすることにほとんど、あるいはまったく価値を置かない経済の原則や政策、慣行の非効率性や無駄を人々が理解していないのは、どういうことなのだろうか？

より正確な経済指標が必要であることを明らかにする研究が足りない、ということでは決してない。

思いやることと世話をすることを支援しないと高くつくことを示す研究が足りないわけでもない。

たとえば、児童虐待や育児放棄、その結果として生じる青少年犯罪および後の成年犯罪による人的損失や経済的コストについてのデータは、まったく不足していない[63]。暴力犯罪で服役中の人たちの大部分は、虐待や育児放棄を受けた過去がある。児童虐待から生じる費用には、労働者の生産性喪失など、子供たちの十分なケアに投資しないことによる経済的コストや人的損失は言うに及ばず、公判や投獄、保護観察などの犯罪関連費用への多額の税支出も含まれる。

また研究によって、質の高いケアを受けた子供たちは、大人になって経済的に裕福になることもわかっており、これは政府の税収だけでなく経済発展の手段にもなるのである。このような研究の中で最もよく知られているものの一つが、ペリー・プレスクール・プロジェクトである。これは、貧しい環境に生まれて学校を落第するリスクが高かったアフリカ系アメリカ人の子供一二三人に何が起こったかを長期にわたって調査したものだ。一九六二年から六七年まで、三歳か四歳のときに、被験者は無作為に二つのグループに分けられた。一つのグループは質の高い幼児保育プログラムに参加させ、もう一つのグループは参加させずに、両グループを比較した。この研究の結果、四〇歳になったとき、質の高い幼児プログラムに参加した被験者は同プログラムに参加しなかったグループと比べて、犯罪率は低く、高校卒業と就労の確率は高いうえに、収入が大幅に高かった[64]。

犯罪者を収監することが犯罪という問題の解決にはならないことは明らかであるにもかかわらず、それでもなお政府の指導者たちは、刑務所に数百万ドルの投資を行っている。彼らは、そして彼らを選出する有権者の多くは、子供たちが犯罪者にならないように保育に投資することを、税金の無駄遣いだと考えている。それだけでなく、イラク侵攻などの戦争や、富裕層への多額の税金還付などの誤った資源分配によって財政赤字になると、まず削減されるのが思いやりに関するもの——保育、医療、教育、福祉——の予算だ。

これらの捻じ曲がった優先順位の根底を成すのは、今よりも支配のシステムへの志向が強かった時代から受け継いだ、経済のダブル・スタンダードである。この経済のダブル・スタンダード——思いやることや世話をすることは、女性や「女らしさ」に関連するもので、男性や「男らしさ」に関連するという固定観念のあるどんなものよりも劣っていると考えられている——は、思いやりのない政策の費用をごまかしている経済指標に反映されており、その指標によって永続化している。こういった指標のせいで人々は、思いやりのない政策がもたらす費用が目に入らないだけでなく、思いやったり世話をしたりするという必要不可欠な仕事——家庭内でも、企業の中でも、広くは社会においても——から社会が得る莫大な恩恵には気がつかないのだ。

私たちは、このような歪められた経済生産性の測り方を変えなければならない。しかし、私たちを機能不全の経済規範に縛りつけている、この隠れた前提や価値観に対する認識を改めない限り、経済の指標や政策が根本的に変わることは期待できない。

多くの人々は、「懲罰的な父親」という支配的な「男らしさ」の典型を受け入れ、それに価値を置くことを学んできたので、更正よりも処罰に政府資金が使われるのは、当たり前で正しいことだと考える。健康や教育や福祉よりも武器や戦争に資金を分配することも、人々の無意識の心の中では、支配者の「男らしさ」のもう一つの典型である「戦士としての英雄」を高く評価する価値観によって正当化されるのだ。

　支配者の経済システムから脱却するために、経済システムだけでなく、考え方や価値観や制度も変わらなければならない理由はほかにもある。次章では、こういった考え方や価値観や制度に焦点を当てて、それらがどのように経済システムに影響を与えたり、そしてやがては影響を与えられたりするのかを、さらに細かく見ていく。

第4章 経済のダブル・スタンダード

The Economic Double Standard

ありふれた風景の中にあるものは目に入らないことがある。私たちの受け継いだ考え方や価値観となると、とくにそうだ。

聖書には、ダビデ王はバテシバと不倫関係にあった際、バテシバの夫を戦いの前線に送り、そこで都合よく戦死させたとある。だがダビデは、不貞と殺人の罰を受けることなく、王として支配を続けた(1)。一方、聖書律法には、処女でないことを告発された若い女性は、父親によって城門まで連れていかれ、ゆっくりと石で打ち殺されるだろうとある(2)。

また聖書には、男性は自分の娘を、召使や妾となる奴隷として売ることができるとか、結婚そのものが売買取引だったとも書かれている。創世記には、ヤコブがラバンの娘ラケルを妻として娶るために七年間働き、ラバンがラケルの代わりに姉のレアを差し出すと、ヤコブはさらに七年間働いてやっと望みの娘を手に入れた、という話もある。ほかにも聖書の有名な話に、ロトが押しかけてきた暴徒たちに娘を差し出して「好きなようにしてよい」と言うものがあり、ロトは罰せられるどころか、神によって、ソドムとゴモラの罪深い町で唯一の道義をわきまえた人に選ばれているのだ[3]!

これらの話はどれも、女性が男性の所有物だという考え方と共に生まれたものである。だから男が若い女を強姦した場合、男は、売り物をだめにした償いとして、その女と結婚し、女の父親に銀を支払わなければならなかったのだ[4]。そして娘の性については父親が絶対的な支配力をもっているため、娘はこれについて一切発言権がなかった。

現在では多くの人が、このような法律や慣行は野蛮だと考える。私たちは、力をもった者(男性)が力をもたない者(女性)とは異なる規定によって判断を下されていた、性に関する男女間の野蛮なダブル・スタンダードが受け継がれてきたことを認識している。

だが、依然として一般に認識されていないのは、この同じダブル・スタンダードは経済に関しても受け継がれている――そしてこのことが、経済的に価値があるのは何かを測るとされている経済指標をはじめ、私たちの経済システムを歪めてきた――ということだ。

わかりきったことが見えないこと

著しい不平等が必然的なものであり、道徳的でさえあるという考え方は、決して性差別の問題に限られたものではない。あらゆる種類の抑圧を正当化するためにこのような考え方が用いられてきた。ある集団が別の集団に従属するのは必然的なことであり、道徳的でさえあるという考え方は、異なる人種、宗教、民族の征服を正当化するのに役立ってきたのだ。奴隷制度や農奴制度などの形態の経済的搾取を正当化するのに役立ったし、あらゆる種類の社会的・経済的不公正を正当化してきた。組織的虐殺やリンチ、テロ、宗教戦争や民族紛争も正当化してきた。

支配のシステムには内集団対外集団の序列が内在している。その序列は、人種、性別、宗教、民族的背景などの相違に基づいている可能性がある。こういった序列のすべては互いに強め合っている。また、支配のシステムの根底を成す二つの前提を強めてもいる。その前提とは、一つに、支配するか支配されるかという二つの選択肢しかないというものだ。もう一つは、人類の最も根本的な相違である男女の性別をはじめとして、相違は優劣と結びつけられるべきだという前提である。

この「男性が優れていて女性が劣っている」という人類のモデルによって、支配者の家庭内の子供たちは早い時期に、支配と服従の関係は当たり前で道徳的なものだという見方を身につける。これが、ある種類の人を別の種類の人より上位に位置づける基本モデルとしての機能を果たす。したがってこのモデルが、不公正と不公平を永続化させるように構造化されたシステムを強要し維持する基礎となっている。

不公平があまりに当然のことと考えられていたために公平という考え方が異端であったのは、それほど昔のことではない。聖アウグスティヌス（その有名な原罪論で、人間のあらゆる悪の根源はイブであるとしたのは偶然ではない）は、指が眼になりたいと思うべきではないように、なにびとも自分の身分を変えようとするべきではないと断じた[5]。

権威への反抗は不道徳であるとみなされた。だが被支配集団の抑圧も、この抑圧を維持するために用いられた暴力でさえも、道徳的なものだった。人々は、上に立つ者と下に甘んじる者には異なる規則があることを受け入れるよう極めて効果的に教え込まれたため、このような暴力を行使する兵士や警察官は、そういった被支配集団から採用されることが多かった。女性自身が、女性の服従のために、そして男性に関連するものすべてを、思いやったり世話をしたりする「女性の仕事」など女性に関連するものよりも高めるために、手先となって働いた。

過去数世紀の間、**社会的・経済的公正を求める運動が、権力をもつ者ともたざる者のダブル・スタンダードにこつこつと取り組んできた。**だがこれらの運動は主に、政治や経済という公的領域に焦点を当てていた。そのような分野は最近まで、排他的な男性の領域だったのだ。

実際、**近代平等主義の最も優れた「父」たちは、男女間のダブル・スタンダードに立ち向かう代わりに、それを頑なに支持した。**「人間の権利」という彼らの理想は、はっきりと女性を排除した——この事実は歴史や政治学ではおおむね無視された。

一七世紀に政治的民主主義の第一線で活躍した哲学者ジョン・ロックは、専制君主制に代わって、自由に選ばれる代議政治が行われることを提案した。また、当時広く行きわたっていた家長の概念を、絶対君主制の土台となっているとして非難した。それでもなおロックは、夫に対する女性たちの法的・習慣的な服従は、「自然界の基盤である」と盛んに主張した。(6)

人間の自由と平等を唱えたことで有名な一八世紀の哲学者ジャン＝ジャック・ルソーも、このダブル・スタンダードを支持した。実際にルソーは、女性は「従順さ」を一生必要とするので、「幼いときから制限を与えるべきだ」と主張している。ルソーの考え方によると、女性は「いつも男性または男性の判断に服従する」ものだし、そうあるべきだということになる。[7]

民主主義や平等を目指した近代運動を主導したこの両者には、矛盾が見えていなかった。人類の半数が残り半数を支配し続けている限り、どうやって平等かつ公正な自由民主主義社会について真剣に語ることができるのだろうか？

経済的平等を説いた一九世紀哲学界の大家であるこの二人は、同時に、この男性中心の社会観にとらわれてもいたのである。カール・マルクスとフリードリヒ・エンゲルスは、女性の服従を認識しており、最大級の抑圧は男性による女性への抑圧だと書いている。だが彼らにとっては、今日に至るまでの社会主義者たちの多くにとってと同様、「婦人問題」は二次的な事柄であった。ロバート・オウエン、ウィリアム・トンプソン、アンナ・ウィーラー、アウグスト・ベーベルなど一九世紀社会主義者の多くが、男女間での富の不公平な分配こそが経済の不公平の主な要因だと主張した。だがマルクスとエンゲルスは、労働者階級の抑圧のほうが重要で、こういった問題は二の次だと片付けた。

男女間のダブル・スタンダードに立ち向かった初期の人々

西欧の哲学者のすべてが、女性や「女性らしいこと」の価値を低める男女間のダブル・スタンダードを受け入れたわけではない。とくに欧州のルネサンス時代には、女性の服従に対して活発な反撃があった。クリスティーヌ・ド・ピザンは一四〇五年の *The Book of the City of Ladies*（未邦訳）の中で、女性の地位失墜は不合理な偏見に基づいたものだと書き、女性が文明化に重要な貢献をしたことを指摘した[8]。トマス・モア卿は、一五一六年に出版された有名な『ユートピア』の中で、女性の教育を提唱した。一七九〇年には、コンドルセ侯爵が、女性も男性と同等の参政権をもつべきだと主張してセンセーションを巻き起こした[9]。

最も有名な一八世紀の男女平等提唱者は、英国の哲学者であるメアリ・ウルストンクラフトである。その短い生涯（一七五九〜一七九七年）に、ウルストンクラフトは、一七九二年に出版されてフェミニズム論の古典となった『女性の権利の擁護』（藤井武夫訳、清水書院、一九七五年）をはじめ、女性の服従に強く反対する著作を数多く著した。ウルストンクラフトは、結婚――当時はこの慣習によって夫が妻に対する絶対的支配を得ることになった――など多くの慣習を否定している。また、少女を教育するために学校を設立し、詩人のウィリアム・ブレイクやヘンリー・ワーズワース、それにトマス・ペインなども属していた急進的なグループに加わった。アメリカ人実業家との間に一七九五年に生まれた最初の娘ファニーは非嫡出子であった。この男性の心変わりを知った後、ウルストンクラフトは一七九七年に、長年の友人であった活動家のウィリアム・ゴドウィンと結婚し、共に暮らす。そして二人の間に生まれた娘メアリ・ウルストンクラフト・シェリー（有名な詩人パーシー・ビッシュ・シェリーと結婚して『フランケンシュタイン』などの小説を書いた）の出産後まもなく命を落とした。

一九世紀の間、男性支配に対抗する男女同権主義者たちの動きはさらに高まった。だが、有名な哲学者であるジョン・スチュアート・ミルが（妻ハリエット・テイラーに影響されて）『女性の解放』（大内兵衛・大内節子訳、岩波文庫、一九五七年）を出版した一八六九年になっても、男女平等という思想は急進的なものと考えられていた。実際、ミルはこの本をめぐる論争によって自分の他の著作による影響が弱まるのではないかと恐れて、それを避けるため、同書の出版を自分が死ぬ直前まで延期している。

一九世紀に女性の権利を主張したアメリカ人で最も有名なのはおそらくエリザベス・キャディ・スタントン（一八一五〜一九〇二年）だ。スタントンはニューヨークの名門の家に生まれたが、抑圧された人たちの援助に没頭した。最初に取り組んだ社会運動は奴隷解放運動で、その活動を通して、将来の夫となるヘンリー・スタントンや、女性の権利を求める闘いでやがて同志となる女性たちと出会った。スタントンは七人の子供を産み、多大な時間をその子供たちの世話に捧げていたにもかかわらず、余ったな時間のすべてを、女性の権利について考え、読み、書くことにあてた。一八四八年にセネカ・フォールズで開かれた女権拡張会議の声明文は、米国独立宣言を一部変えた形で、次のように始まっている。「われらは、つぎの真理が自明であると信ずる。すなわち、すべての男性と女性は平等につくられている」

スタントンは風紀を覆したとして、揶揄され、中傷され、非難された。その著書 *The Women's Bible*（未邦訳）は、女性の抑圧においてユダヤ教とキリスト教が果たした共通の役割を痛烈に攻撃したとして、今でも多くの人にけしからぬものと考えられている。[11] だがスタントンはひるまなかった。彼女の目標は、考え方や制度に抜本的な変化をもたらすことだったし、万人の自由と平等を求めた闘いには女性の解放が不可欠だと考えていた。スタントンは声明文に、「世界には真に偉大で高潔な国家はまだ存在したことがない。なぜなら、女性の地位が低められているということは、生命の泉がその源泉で汚されているということだからだ」と記している。[12]

一八四八年はマルクスとエンゲルスが『共産党宣言』を発表した年だが、それと同じ年に、アメリカ人の哲学者であり活動家でもあるエリザベス・キャディ・スタントンによって、女権拡張の声明も発表された。だがマルクスとエンゲルスは、女性の経済的抑圧についてのスタントンの著作を無視した。一八六〇年代には、同じくアメリカ人の男女同権主義者ビクトリア・ウッドホールが、新たに生まれた労働運動の女性労働者に対する差別を非難したが、この頃、マルクスは組合に対して、「労働問題よりも婦人問題を優先させる」党派を追放するように勧めた(13)。

マルクスとエンゲルスにとって、重要なのは階級だった。そのため、人類全体を含めた手法をとる代わりに、人類の半分にすぎない男性にだけ焦点を当てた。二人はその革命的な著書の中で、労働者階級の男性のことを熱心に書いたのだ。彼らが「婦人問題」と呼んだものは、資本主義体制が崩壊するまでその出番を待たなければならなかったのだろう。

思いやることと世話をすることは女性に関するものの典型であり、マルクスとエンゲルスは女性に関するものはすべて二の次だと考えていたので、このような仕事にはほとんど関心を払わなかった。その結果、思いやることと世話をすることの価値を低めていることが、彼らがあれほど人間性を与えたいと望んでいた経済システムからどのようにして人間性を奪っているかを理解することができなかった。マルクスとエンゲルスは、経済の公平のために全力で努力したが、いかにして男女間のダブル・スタンダードが、女性だけではなく、社会・経済システム全体に影響を与えるかがわかっていなかったのだ。

だが、男女間のダブル・スタンダードが見えていなかったのは、この両者に限ったことではなかった。この苦しみはあまりに大きかったので、大部分の人たちの世界の見方に影響を与えてきたし、今も与え続けている。

人生の指針とする物語

私たち人間は物語を人生の指針とする。私たちは物語によって、何が自然で何が不自然なのか、何が可能で何が不可能なのか、何に価値があり何に価値がないのかを学ぶ。私たちは、私たちの脳が十分に形成されるよりずっと前の、まだ批判する能力が発達していない幼い時期に、こういった物語を学ぶ。したがって私たちはその物語のメッセージを不変の真実として受け入れがちなのだ。そして、私たちが受け継いできた物語の主なテーマは、人間の半数にあたる人たちの価値を低めることと、それに関連するあらゆることである。

私が育ったのは、米国においてさえも、女性は男性よりも劣っているという考え方が固く定着していた時代だった。一九五〇年代になっても、女の子が生まれると人々は「次は男の子だといいね」と言っていたものだ。

女性よりも男性に高い価値を置く伝統がとても強いので、今もなお、平等主義を自慢にしている人たちでさえも、人類の半数を占める女性に影響を与える問題を「単なる女性の問題」と考えることが多い。当然ながら、そういう人たちは、人類のもう半分である男性に影響を与える問題を「単なる性の問題」とは決して考えない。

私は、著名な人権活動家に、女性の権利は人権であるということを納得させようとして、話をしたときのことをはっきりと覚えている。私の熱心な主張に礼儀正しくうなずいた後、その人は私に、女性の権利の問題を自分の活動に含めることはできないと言った。自分は政治的な拷問や暗殺といった生死に関わる問題に取り組んでいて、すでに手一杯だというのだ。私は、女性の権利は生死に関わる問題だ――女性に対する暴力によって毎年何十万もの命が奪われていて、これは政治的な拷問や暗殺による犠牲者の数よりもずっと多い――と指摘したが、彼にとって、これらは依然として「単なる女性の問題」にすぎず、もっと「重要な問題」に対処がなされた後に取り組むべきものだったのだ。

付け加えておくが、多くの男性がこの男女間のダブル・スタンダードに同意しているだけでなく、女性の中にもこれに同意している人は多い。たとえば、米国では、政治家の選挙の際、女性候補者よりも男性候補者を好む女性が多い。そして世界の他の地域では、この性差による偏向が極端な結果をもたらしている。

多くの国の法律や習慣、政策が今も、露骨に女性を差別している。アフリカや東南アジア、中東の多くの国々では、女性には土地の所有も自営で事業を始めることも認められておらず、自由に移動することさえ禁じられている。こうした国々の中には、親が女子には教育を受けさせなかったり、男子に比べて健康管理をおろそかにしたり、与える食べ物の量を減らしたりすることがよくある国もある。(14)

このような栄養上のダブル・スタンダードは――母親が自分の娘に対して行うことが多い――直接的に女性の死亡率の歪みをもたらす。ノーベル経済学賞受賞者のアマルティア・センによると、一九九〇年のインドでは、女子の四分の一が十五歳に達する前に死亡している。[15] ほかにも世界には、女子の年間死亡率が男子に比べて著しく高い国々がある。一九九一年に公表された国連の女性についての特別報告によると、パキスタンでは、二歳から五歳までの人口千人当たりの年間死亡者数が、女児は五四・四人、男児は三六・九人であった。ハイチの場合、同死亡者数が、男児の四七・八人に対して女児は六一・二人であり、タイでは男児が一七・三人で女児が二六・八人、シリアでは男児が九・三人で女児が一四・六人となっている。[16]

このような問題を「単なる女性の問題」と分類することが、そうでなければ明白なことに思えるであろうことを、うまく私たちに気づかせないようにしている。女子や女性に与える食べ物を減らすということは、男子と女子の**両方**に深く影響を与えている。栄養不良の母親の子供は生まれつき不健康で、脳の発達も標準以下である場合が多いことはよく知られている。女子や女性に対する栄養上・健康管理上の差別によって、男女の区別なく**すべての**子供たちから、最適な発達をする能力という、本来なら生まれながらにもつべき権利が奪われるのだ。

こういった性差別は、大きな不幸と苦しみを招くだけでなく、人間や経済の発展をも妨げる。国の労働力に直接的な影響を及ぼす。また、子供たちの、そして大人になってからの、新しい環境に適応する能力や欲求不満に耐える力、暴力を振るう性向に影響を与える。そして今度はそのことが、慢性的飢餓や貧困、武力紛争の解決を妨げ、それにより、すべての人にとってもっと人間味のある、繁栄した平和な世界を実現する機会を妨げているのである。

大半の国々では、伝統的に女性が行ってきた、思いやったり世話をしたりする仕事に対する支援はほとんど、あるいはまったくない。たとえば、政府が子供のいる世帯に手当てを支給している国はごくわずかである。また、保育や介護など世話をする仕事は、一般的に職場では高い給与に値する仕事とは考えられていないし、また、それが家庭内で行われる場合には少しの報酬にも値しないと考えられている。

このことが、女子や女性に対する教育や医療、経済、そして栄養にまで及ぶ差別という伝統と合わさるとどうなるか、結果は想像に難くない。世界的に、貧困層や最貧困層の中心は女性と子供である。私たちがこの男女間の経済上のダブル・スタンダードに対処しない限り、世界の貧困率が真に変化することは期待できない。女性の価値や女性に関連するすべてのことの価値を低めている限り、女性や子供たちが、世界の貧困層という階層を膨らませ続けるだろう。(17)

性別に基づいた経済上の不公平が階級や人種などの要因に基づいた不公平よりも重要だと言っているわけではない。だが前述したように、支配者の家庭の子供たちが幼い頃に習得する、人間を「優れた者」と「劣った者」に分ける基本のテンプレートは、人間についての、男性が優れていて女性が劣っているというモデルである。そして、人々が頭の中にこのような関係図を描いている限り、非常に多くの不公正や苦しみの背後にある内集団対外集団の思考パターンが変化することは期待できない。

また、思いやったり世話をしたりといった生命維持に欠かせない仕事が、男性と女性の両方によって「単なる女性の仕事」として価値を低められることがなくならなければ、総じて今よりも思いやりのある社会・経済政策も期待できない。思いやることに対して、社会的に価値が与えられないのなら、経済政策や経済慣行においても価値を与えられることはないだろう。

なお、私が思いやることや世話をすることを「女性の仕事」と言う場合、それは単に、男女の役割がより固定的だった時代から私たちが受け継いできた従来の呼び名をそのまま使っているだけである。目指すのは、女性だけが思いやったり世話をしたりする社会ではなく、女性も仕事の機会を均等にもち、家庭での保育や介護の責務を男性と女性の両方が共有する社会だ。つまり、伝統的に男性のために確保されていた領域から女性を締め出すことのない、そして保育や介護を、女性や軽蔑すべき「男らしくない」男性にのみ適した仕事と考えることのない経済・社会システムが目標である。また、思いやる仕事の認知度と価値が高まっても、それだけで自体が世界的な問題が解決されることはないだろう。これから見ていくように、支配のシステムからパートナーシップのシステムへ移行するプロセスはもっと複雑である。だが、男女間のダブル・スタンダードを捨てることは不可欠であり、そうしない限り、支配のシステムからパートナーシップのシステムへの移行は起こり得ない。

つまり、女性と「女性らしさ」の価値を低めることについて私が伝えていることは、私たちの世界に存在する社会的・経済的な悪の原因が男性にあると示唆しているわけではない。私たちが取り組んでいるのは、女性だけでなく男性にも悪影響を与えてきた因習である。それが女性に非常に悪い影響を与えてきたことは明らかだが、実はすべての人々にマイナスの影響を及ぼしてきたのだ。

思いやりの労働の疎外

マルクスとエンゲルスは、資本主義に代わる社会主義を提唱する際に、**労働の疎外**について書いた(18)。

ふたりは、工員や農夫の価値を低めたり搾取したりすることが経済の不公正の原因であると主張した。私たちには資本主義も社会主義も超えた経済システムが必要であるということを提唱するにあたって、私は、**思いやったり世話をしたりする労働の疎外**について述べ、この基本的な労働の価値を低めたり搾取したりすることが経済の不公正の背後にある中核的な要因であると主張したい。[19]

私たちは、思いやることと世話をすることの価値を低めたり搾取したりすることを、女性の身体や女性の労働が男性の所有物であった時代からの遺産として受け継いできた。[20] その結果、女性と女性に関連するものはすべて、経済の考え方では基本的に表に出てこなかった。そういった考え方は男性同士の取引に焦点を当てていたのである。

アダム・スミスや後年のマルクスは、家庭内で女性が行う、思いやったり世話をしたりする仕事について言及したとき、それを「生産」ではなく「再生産」という二次的な領域に格下げし、その膨大な量の著作において、この「女性の仕事」については、ごくわずかの記述しか残していない。そして今日に至るまで、経済理論や経済モデルにおいて、女性の仕事という固定観念のある、思いやったり世話をしたりする仕事の認識を高めることも、それに価値を与えることもできていないことが、依然として経済指標・慣行・政策に直接的な影響を与えている。

前章までで見てきたように、世話をする職業は、そうでない職業に比べてその価値が軽んじられている。旧ソヴィエト連邦では、工場労働者（主に男性）の賃金が教員や、さらには医師（主に女性）よりも高額であった。医師が主に男性であって、最も所得の高い職業の一つであった米国とは対照的だ。[21] 米国では今でも、保育の仕事や小学校の教員（女性が大半を占める）は一般的に、配管工や技師（男性が多い）

といった、思いやることと世話をすることが不可欠ではない職業に比べて、賃金が低い。そしてこれはほんの一部の例にすぎないのだ。

また、これも前に述べたが、世話をする仕事は、それが労働市場外で行われるときにさらにその価値が低められる。国内総生産（GDP）などの経済生産性の指標では、そのような仕事は考慮に入れられない。その代わりに、武器の製造や使用、タバコの生産や販売などの、生命を育むのではなく破壊するような活動は含められる[22]。

このように経済指標において、思いやったり世話をしたりする仕事が認識されていないことが、「男性らしい仕事」に比べて「女性らしい仕事」には――それを行うのが男性であろうと女性であろうと――低い価値しか与えない経済のダブル・スタンダードを永続させている。そして、この経済のダブル・スタンダードが、転じて、私たちの世界における解決不可能とも思える多くの問題の原因となっているのだ。

政治家たちは、「より優しい、思いやりにあふれた世界」とか「思いやりのある保守主義」といった、人の心をとらえるスローガンを打ち出す。だが、子供たちや病人、高齢者、ホームレスに対して、彼らの政策は思いやりとはかけ離れたものである場合が多い。それに、思いやることや世話をすることという「女性らしい」仕事の価値を低めることが、私たちの無意識の心の中だけでなく、大半の政治家が受け入れている経済原則や経済モデルにも深く組み込まれているのに、どうして政策が思いやりのあるものになるだろうか？

「自分たちは思いやりに価値を置いている」と主張する人もいるだろう。母の日というものがあり、その日には母親にキャンディや花を贈ることになっている。アメリカ人の価値観の中核は「ママとアップルパイ」であるという言葉にもあるように、母親がいかに大切にされているかを言い表した美辞麗句もある。

だが現実には、私たちは母親であることに価値を置いていない。もしも置いているのであれば、米国の高齢女性――その大半が誰かの母親だ――の貧困率が高齢男性の二倍近くにはなっていないだろう。[23]それに、世界中の貧困層の大多数が女性や子供たちであるということにもなっていないだろう。

経済のダブル・スタンダードがもたらす、ほとんど知られていない影響
――監督下にある社員の中で女性の割合が増えると、男女両方の管理職の給料が減る

男女間の経済上のダブル・スタンダードがいかに広範囲にわたって存在しているかを印象的に示したのが、多種多様の産業や分野にまたがる五一二の企業で働く管理職（男女合わせて二一七八人）の賃金率の差異に関する最近の研究である。米国心理学会の *Journal of Applied Psychology* に発表されたこの研究で、以下のことが報告されている。

- ワークグループ内で女性が過半数を占めるようになると、男女両方の管理職の給料が急激に減少する。
- 監督下にあるグループの八〇％が女性である管理職は、男性女性にかかわらず、男性の割合が八〇％であるグループを監督している管理職に比べて、受け取る給料が年間約七〇〇〇ドル少ない。

●女性のみで構成されているグループを監督する管理職は、女性の割合が五〇％であるグループを監督している管理職に比べて、受け取る給料が年間約九〇〇〇ドル少ない。

●女性の上司をもつ管理職は、男性の上司をもつ管理職に比べて、受け取る給料が年間約二〇〇〇ドル少ない。

[出典：Cheri Ostroff and Leanne E. Atwater, "Does Whom You Work with Matter? Effects of Referent Group Gender and Age Composition on Manage's Compensation", *Journal of Applied Psychology*, 2003, 88(4)]

この研究の結果は、他の多くの研究結果と一致している。また、女性が大半を占める職業は、男性が大半を占める職業よりも給料が低く、同じ職種でも女性の平均賃金は男性よりも低いということを明らかにした論文もある。気づかない場合が多いこのような差別の主な要因は、男性や「男らしさ」に置かれる価値が、女性や「女らしさ」に置かれている価値よりも高いことだ。このような価値の切り下げは非常に強い力を発揮するため、同じ美術作品を男性と女性が作った場合には、男性作のものが女性作のものよりも好意的に評価されるということも、研究によって明らかになった[24]。

現在の環境危機でさえ、その大部分は、男女間のダブル・スタンダードが原因で価値観が歪んでいることの現れだ。自然の生命維持システムを破壊した責任は、一八世紀に勢いを増した科学・産業革命にあると一般には考えられている。だが、「自然の征服」という世界観の歴史はもっとずっと古い過去にさかのぼる。

私たちは、男性には女性と自然の両方の生命維持活動を支配する権利が与えられている、という前提に基づいた経済システムを受け継いできた。創世記第一章二八節には、男性が地を「従え」て「……地をはうすべての生き物を支配」せよ、とある。同書第三章一六節には、男が女を支配し、女は男に従属することになる、とある。

付け加えておくが、男性が自然や女性を支配するというこの概念は、聖書が初めて取り入れたもの**ではない**。それよりも数千年前にすでにその概念があったのだ。

たとえば、バビロニアの創世叙事詩「エヌマ・エリシュ」には、戦いの神マルドゥクが母である女神ティアマトの体を裂くことによって世界を創造したと書かれている。この創世神話は、文化の根本的な変化を示す手がかりとなる。自然と自然の一部としての人間を創造した大母神についての古代神話から、男の神の暴力によって世界が創られる物語へと変化したのである。この新たな神話は、女性には生命を与える力があって、それが世界を創造したという古い神話にとって代わっただけではない。それは、女神が、女性や女性らしさに関連するすべてのものとともに従属的な存在となる時代が始まったことの表れでもあるのだ[25]。

確かに、一八世紀に広く受け入れられるようになった機械的・科学的なパラダイムは捨て去る必要がある。そして、現代科学が、「自然の征服」という任務に服して深刻な環境問題を引き起こした強力な科学技術をもたらしたのは事実である。だが、私たちの抱えている環境問題をニュートン科学やデカルト派合理主義のせいにするのは、数千年の歴史を無視する行為だ。フランシス・ベーコン卿は、より合理的な秩序をもたらすために人間は「自然の神秘を無理に曲げなければならない」と言ったが[26]、それはずっと以前からの世界観をそのまま繰り返していたにすぎなかった。

思いやることと世話をすることを含む経済指標

科学や技術が問題なのではない。問題なのは、私たちが受け継いできた根深い支配の文化であり、それに伴ってできあがった、思いやることと世話をすることには――それが、人に対するものであろうと自然環境に対するものであろうと――ほとんど、またはまったく価値を置かない、経済のダブル・スタンダードなのである（一二八ページのコラムを参照）。

家庭内やその他の非貨幣経済部門における思いやりや世話をする仕事に価値を与えるような経済システムなど実現不可能だ、と主張する人もいる。このような仕事は市場の外で行われるので、その価値を定量化できないというのだ。だが、思いやることと世話をすることから生まれるすべてのメリットの金銭的な価値は測れないということは事実だとしても、こういった仕事の経済価値を測れないというのは、事実を無視している。

一九三〇年代に、経済学者のマーガレット・リードがすでに、家庭内で無償で行われている労働を統計的に測ることができることを示している。[27] 一九八〇年代には、マリリン・ウォーリングが、その画期的な著書『新フェミニスト経済学』（篠塚英子訳、東洋経済新報社、一九九四年）の中で、市場の外で行われている仕事を測る計量的手法をいくつか提案した。[28] 一九九〇年代前半には、ＯＥＣＤが、市場性のない家事労働や家庭内生産を測る三つの方法を検証した。[29] 一つは、育児、親の介護、自給自足農業や、有給の仕事の代わりに行われるその他の無給の仕事に従事する女性による賃金機会の損失を基準にした、機会費用法である。二つめは、全代替法で、家政婦の市場賃金を用いるものだ（それでも市場で家事に対して与えられる価値は低すぎるので、これは拙劣な手法であると付け加えておきたい）。三つめは、専門職代替手法つまり「取替原価」手法で、これは、コックや看護師、庭師などの市場賃金を組み合わせることによって、家事労働の価値を評価するものだ。

労働時間などの投入の観点で家事労働の価値を測るところから「投入ベースの」手法と呼ばれるこういった手法に加えて、国連女性の向上のための国際訓練研究所（ＩＮＳＴＲＡＷ）は、産出ベースの算定という別の手法を提案している。このアプローチは、生産される財やサービスの市場価値という点から、たとえばレストランで出される食事や、専門家による子供の家庭教師などの市場価値に基づいて、家事の生産性を測るものだ。

無償労働の経済貢献を定量化する最適な手法を開発し、練り上げ、適用したり、それらの測定法を主流の指標に組み込んだりするのは、容易な作業ではない。だが、この作業が不可欠であることを認識する経済学者や統計学者がますます増えている。

多くの経済学者がこういった問題について書いているが、中でも、ルルデス・ベネリア、ナンシー・フォーバー、ダンカン・アイアンモンガーは詳細に述べている。たとえば、アイアンモンガーは、無償の家事労働から経済に付加される価値を国内家事生産（ＧＨＰ）、市場経済によって付加される価値を国内市場生産（ＧＭＰ）と呼ぶべきだと提案している。そして、ＧＨＰとＧＭＰを合計すれば――アイアンモンガーはそれを国内経済生産（ＧＥＰ）と呼ぶことを提案している――より正確な経済指標となるであろう[30]。

ベネリア、フォーバー、スコット・バーンズ、ジュリー・ネルソンなどの経済学者と同様、アイアンモンガーは、人的資本を生み出したり維持したりしている家庭内の育児や介護を生産性の統計的指標に含めない限り、私たちは経済システムについて、不正確で実に奇妙な把握のし方をすることになると指摘している。ヒルッカ・ピエティラ、アン・シャドウが述べているように、家庭内の生産がマクロ経済システムの勘定に含められていたならば、政府は経済発展についてかなり異なったとらえ方をしていただろう。そして、大きく異なった経済・社会政策を実施していた可能性がある[31]。

今では、**オーストラリア、カナダ、ニュージーランドからスイスや南アフリカまで、ますます多くの国が非市場性の家事労働について調査を行うようになっている。**先駆けとなったのは北欧の国々で、北欧で最初に行われた調査は一九一二年にまで遡り、それ以来ずっと続いている。ジュリー・アスラクセンとシャーロット・コーレンが、ノルウェーの経験に関する分析の中で述べているように、ノルウェーの経済政策の策定において、これらの調査は重要視された。同国の経済政策は、ほかの北欧の国々と同じように、どの国の政策よりも思いやることと世話をすることを支援するものになっている[33]。

予算と価値

米国政府の裁量的支出は、その半分以上が軍事費に振り分けられるのに対し、教育や公共医療、福祉サービスのために確保されるのはほんのわずかである。

二〇〇六年三月に、下院議員のリン・ウルジーとバーバラ・リーが、六〇〇億ドルにも及ぶ不必要な国防費を、資金が不足している国内の優先事項に再配分する法案ＨＲ四八九八（常識的予算法）を提出した。削減額のうち、七〇億ドルは米国本土ミサイル防衛システムからで、一三〇億ドルは米国の核弾頭を一〇〇〇発まで削減することによる。安全保障の専門家で、レーガン政権の人事・施設・兵站担当国防次官補を務めたローレンス・コーブによると、この六〇〇億ドルの削減は、米国の安全保障を危機にさらすことなく、容易に実行できるという[32]。

増税や連邦政府の追加支出はまったく行わずに、六〇〇億ドルは以下のように再配分される。子供の医療――数百万人に及ぶ保険に入っていない米国人の子供たちに医療保険を付与する費用として年間一〇〇億ドル。学校の改築――米国内の公立の幼稚園・小中高校全部を一二年間にわたって改築・近代化する費用として一〇〇億ドル。医学研究――最近削減された国立衛生研究所の予算を復活させる費用として――年間二〇億ドル。職業訓練――外国貿易

図●2005年度の大統領予算（省別）

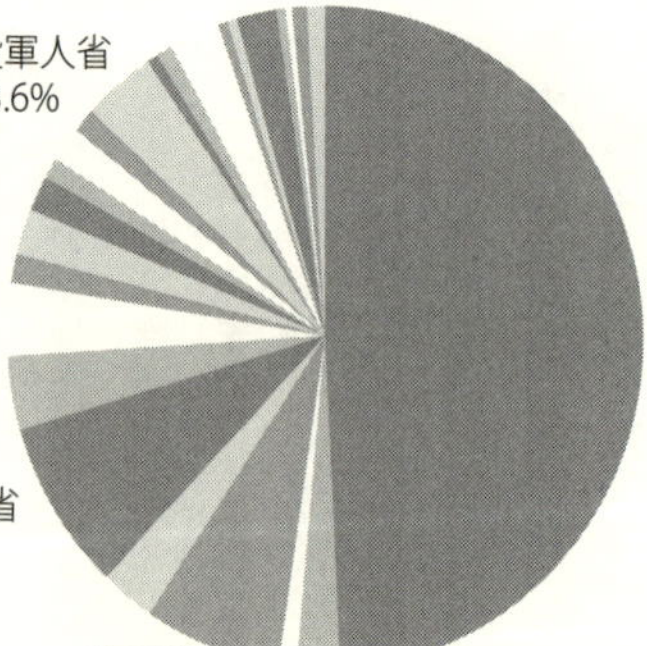

の影響を受けて失業した二五万人の米国人を再教育する費用として年間五〇億ドル。世界的規模の飢餓――貧困国が、餓死する危険性のある子供たち六〇〇万人に食料を与えられるように人道的支援を行う費用として年間一三〇億ドル。エネルギーの独立――効率的な再生可能エネルギー源に投資することによって、輸入原油への依存から脱却する費用として年間一〇〇億ドル。自国の保安――緊急時の備え、インフラの改修、緊急救援隊への助成における資金不足を補う費用として年間五〇億ドル。赤字削減――八兆二〇〇〇億ドルの国家債務を少しでも削減することにあてる費用として五〇億ドル。

［出典：数字およびデータは、ビジネス・リーダーズ・フォー・センシブル・プライオリティーズのウェブサイト www.sensiblepriorities.org/ から許可を得て転載］

このような全国調査は一様に、無償労働の金銭的価値が非常に高いことを示してきた。たとえば、二〇〇〇年の人口調査データに基づいて二〇〇四年にスイス政府によって行われた調査では、無償労働の金銭的価値は二五〇〇億スイスフラン（約二一兆円）であることがわかった。これは、公表されているスイスのGDPの七割に相当する金額だ。このスイスのデータからは、無償労働の中で圧倒的に多いのが女性による家庭内の労働であり、女性は無償労働の価値全体の三分の二近くに寄与していることがわかった。(34)

このような調査ではさらに、無償労働に費やされる時間は、平均すると、有給の労働力に費やされる時間と同じか、それ以上であることもわかった。また、そういった時間の大部分は、女性が家庭内で、子供、高齢者、病人の世話をしたり、家庭環境を清潔に保ったりするために使っている時間であることも確認されている。

一九八五年にケニアのナイロビで開催された国連第三回世界女性会議は、女性が無報酬で行っている寄与をすべての国が国民経済計算に記録するよう求めた。一九九五年に北京で開催された国連第四回世界女性会議は、その要求を改めて表明し、強化した。同年の国連人間開発報告書は、とくに女性に焦点を当てたものとなったが、この報告書もまた、女性の無償労働を国民所得の一部として勘定に入れるよう主張した。

国連のこの報告書では、女性の無償労働の価値は、年間一一兆ドルというとてつもなく大きな額にのぼると推定され、「もしも国家の統計が女性の『目に見えない』寄与を十分に反映したならば、政策立案者も国家的な決定においてそれを無視できなくなるだろう」と述べられている。同報告書にはまた、「女性の無償労働の価値を適切に評価すれば、男性よりも女性のほうが長時間を費やしているので、たいていの社会では女性が主たる稼得者に――少なくとも対等の稼得に――浮上してくるだろう」とも書かれている。[35]

女性団体や国連世界女性会議の圧力を受けて、一九九三年、国連は、計算方法の大幅な変更――つまり、「サテライト勘定」（特定領域の経済活動を定量化・測定するための勘定）に家事を含めた新たな国民経済計算体系（ＳＮＡ）――を提言した。また欧州委員会統計局（ユーロスタット）が、家庭内生産のサテライト勘定についてのマニュアルを発行した。

サテライト勘定は、依然としてＧＤＰやＧＮＰと切り離されてはいるものの、より現実的な国際経済指標に向けた重要な一歩である。また、サテライト勘定によって、無償で行われている家庭内の保育や介護の価値が認識されるかどうかは、基本的に統計上の制約というよりは政治の問題であるということも明らかになった。

経済のダブル・スタンダードを超えて

「自分は大事にされているし、役に立っている」とか、「自分は世話をしてもらうに値する」、「他者の世話をすることによって、自分は他者の生活を豊かにすることができる」という感覚に包まれたときに人間の精神がどのように高まるかを定量化する方法は、当然ながら存在しない。

私たちは、思いやったりいたわったりすることや、安心したり大切にされていると感じたりすることの身体的・感情的・心理的・精神的メリットに、どのように金銭的価値を置くのだろうか。自分がどういう人間であるかを理解してもらうことの価値や、自分や他者の本質的な人間性が輝きを放てるような関係によって元気づけられることの価値を、どのようにすれば定量化できるだろうか。

私たち人間が愛されることや大切にされることから得る幸福を定量化する方法はない。また、他者を思いやることから得る幸福を定量化する方法も――詩や哲学から心理学的・社会学的研究まで、この幸福を実証したものはたくさんあるが――やはりない(36)。

同時に、第三章で述べたように、思いやることやいたわることとの経済的便益は、その多くを定量化**できる**。神経科学の研究結果によって、子供にとって、思いやりにあふれた世話を十分に受けることが、生産的で創造的な大人に成長するための基盤になるということが明らかになっており、また、十分な育児を受けなかったことと、成長してからの健康・社会生活・雇用上の問題との間には強い関連性があることもわかっている[37]。さらに、良質の保育プログラムは長期的に経済的便益をもたらすことも、研究によって明らかになった。たとえば、質の高い幼児発育プログラムに参加した子供たちは、この恩恵を受けなかった子供たちと比べて、生涯賃金が大幅に高くなることがわかっている[38]。そのうえ、大切にされていると感じている大人は、より健康で長生きをするので、それは転じて企業や政府の大きな経済的負担になっている医療費の大幅な節約を含め、金銭的にかなりの節約にもなる。

経済指標は、思いやったり世話をしたりする仕事が社会にもたらす利益を考慮に入れなければならない。加えて、私たちは、このような仕事に対して、食べるものと住むところを与えるといったような、目に見える形で報いる方法を見つけなければならない。

当然ながら、「思いやったり世話をしたりする家庭内の仕事を目に見える形で社会的に支援するべきだ」という考え方は、「この仕事は下品な物質的報酬によって汚されるべきではなく、純粋に愛情から行われるべきものだ」という議論と真っ向から衝突する。確かにこのような活動においては、愛情自体に本来備わっている意欲が重要な要因になる。そしてまた、そうあるべきだ。だが、だからといって、社会がこれらの活動から非常に大きな利益を得ていて、したがってそういった活動なしには機能し得ないという事実には変わりはない。また、こういった活動を主に行っている人々――つまり女性たち――が世界の貧困層の大半を占めることを余儀なくされていて、そのため、米国のような豊かな国においてさえ、高齢女性は高齢男性に比べて二倍近く貧しいという事実にも変わりはない。

さらに、この仕事の経済的価値が認識されていないことから経済政策が歪められており、そのため、世話をする仕事への財政支出は、刑務所や戦争への支出よりも優先度が低いという事実にも変わりはない。私が本書を通じて強調しているように、思いやることの価値が低められている限り、思いやりの政策を期待することはまったく現実的ではない。

もちろん、両親のいる家庭内で、世話をしたことに対する賃金を誰か——たいていは男性——に払ってもらいたいわけではない。だが、現在の制度がそうであるように、家族のために世話をしている人たちに対して、生得の権利である社会保障やその他の公益を認めないことによって、不利益をもたらし続ける必要はない。

私たちは、さまざまな手法によって、家庭内の世話をする仕事の認知度を高め、それに価値を与えることができる。それは、世話をする人たちの質の高い訓練、世話をする人たちの税額控除、世話をする人たちへの社会保障といった社会的投資をはじめ、多岐にわたる。さらに、フレックスタイム制や育児給付金、国民皆保険制度、有給の育児休暇など、政府や雇用主による家庭にやさしい職場の方針を通じて、女性も男性も、家庭の内外で労働のバランスを保つことができる。これによって、男性は子供たちとより親密になる機会を得られるだろうし、女性は、自分のもつ別の面の潜在能力を発揮したり育てたりする機会を得ると同時に、雇用によって所得も得られる機会を手にするだろう。

世話をする職業の賃金と給付金を増額することも必要だ。このような主張をすると、世話をする仕事に対する低賃金を正当化するために用いられる、「世話をする仕事は『熟練』労働ではない」というお決まりの議論になる。実際には、質の高い世話をするには、非常に多くの知識と技能を要する。

たとえば、質の高い保育には、子供の発達段階について（脳の発達も含めて）の知識が必要だし、さまざまな年齢において子供たちが何をすることができ、何を理解できるかを知っていなければならない。痛ましくも「伝統的な」懲罰的な育児法にはこの理解が欠けていた。

世話をする職業に従事する人たちの動機づけは、外的なものではなく内的なものであるべきだとか、賃金を高くすることはこの仕事の「品位を落とす」などと主張する人がいる。だがジュリー・ネルソンなどの経済学者が立証しているように、金銭的報酬は、労働者の目標や望みを認め、支援するものと受け取られる場合には、実のところ、内的な動機づけや充足感に取って代わるというよりも、それを強化し、増幅する。つまり、前向きな行動を強化する他の見返りと同様に、世話をする仕事の賃金を高くすることは、世話をする意欲を失わせるというよりも、どちらかといえばその意欲を高めるのだ。(39)

女性と男性と生活の質

こういったことはどれも、女性の価値や、女性に関連するという固定観念のある、思いやったり世話をしたりする仕事の価値を低める、隠れた価値体系に私たちを引き戻す。同時に、性別を基にした価値体系を変えることはすべての人にとって利益になるということを示した、また別の一連の研究へとつながる。

パートナーシップ研究センター（ＣＰＳ）の後援を受けて、私が社会心理学者のデヴィッド・ロイ、社会学者のカリ・ノーガードと共同で行った統計的調査では、まさにそのことが明らかになった。*Women, Men, and the Global Quality of Life*（未邦訳）の中で詳しく伝えたこの調査は、八九カ国の国際機関が収集した統計データを用いて、女性の地位の指標と生活の質の指標とを比較したものである。これによって、GDPよりも女性の地位のほうが、全体的な生活の質をより正確に予測する指標になり得ることがわかった[40]。

たとえば、クウェートとフランスの人口一人当たりGDPはほぼ同じレベルだが、生活の質を表す最も基本的な指標の一つである乳児死亡率は大きく異なっている。フランスの乳児死亡率は、出生数一〇〇〇人当たり八人だった。女性の地位がフランスに比べてずっと低いクウェートでは、出生数一〇〇〇人当たり一九人と、フランスより二倍以上高い数字だった[41]。

当然ながら、相互に影響を与え合うシステム・ダイナミクスを考えて、因果関係を明らかにするのは難しい。だが、GDPは同レベルだが男女平等のレベルが異なる二つの国で、基本的な生活の質の指標にこれほどの差があるということは、男女が平等であるか不平等であるかが、生活の質が全体的に高いか低いかを決めるうえで欠かせない要素になっているということだ。

CPSの研究によって、GDPの高さと男女平等への動きは同調する傾向にあることがわかった。だが同時に、GDPが同レベルの社会の間でも男女の関係には大きなばらつきがあることと、こういった**男女の関係の性質と全体的な生活の質の高低との間には強い相関関係がある**ことも明らかになった[42]。

この相関関係には多くの理由があるが、一つは、**女性の地位が高い国では、思いやることや世話をすることに対して、それを行うのが女性であろうと男性であろうと、より高い価値が与えられている**

ということだ。たとえば、スウェーデン、ノルウェー、フィンランドといった国では、保育士、看護士、教師など、世話をする職業の地位が高い。国の予算など政策においても、人や自然の世話をすることに高い優先度が与えられている。こういったことすべてが、生活の質全体を高めることに寄与している。

女性の地位と社会全体の生活の質との間にこういった関係が存在することは、最大規模の世界的調査である世界価値観調査（World Values Surveys）など、その他の研究によっても確認されている。世界価値観調査は、人々の考え方や、それが経済発展や政治構造とどのように関連しているかを調べるものだ。[43] この調査では、二〇〇〇年に行われた調査で初めて、男女平等についての考え方に着目した。そして、世界人口の八〇％に相当する六五カ国から収集したデータを基に、政治における男女平等支援と、社会における政治的権利や市民の自由のレベルとの間には、「著しく強い」関係があることを明らかにした。[44] また、女性の力が強いことが、脱工業化経済で成功するために重要であることもわかった。[45]

ロナルド・イングルハート、ピッパ・ノリス、クリスチャン・ウェルツェルが、*Gender Equality and Democracy*（未邦訳）に書いているように、「先進工業社会においては、社会的相互関係における典型的な『男性らしい』様式と『女性らしい』様式との違いに起こった変化と呼応して、権力のパターンが、伝統的な階層様式から、より合議的な様式に移行しつつあるようだ」。[46] さらに、同論文によれば、女性の地位向上に関連するその他の文化的変化と共に、この「リーダーシップ様式の女性化」が民主的な制度の広がりと密接に関連しているという。[47]

女性と男性と生活の質

パートナーシップ研究センター（CPS）の行った調査結果である*Women, Men, and the Global Quality of Life*（未邦訳）において、GNPやGDPといった従来の指標よりも女性の地位のほうが、生活の質をより正確に予測する指標になり得ることが明らかになった[48]。

たとえば、GDPよりも男女平等の変数のほうが、全体的な識字率との間にずっと強い相関関係があった。女性と男性の識字率の差が高いことと、平均寿命が低いことや乳児死亡率が高いことの間には強い相関関係があった。とくに興味深いのは、GDPよりも避妊の普及率のほうが、乳児死亡率や平均寿命といった基本的な生活の質の指標と強く関連していたことだ[49]。

乳児や妊婦の死亡率、飲料水の不足、十分な医療の不足、避妊具の入手しにくさ、識字率の低さといった基本的な生活の質を表す指標とGDPの低さとの間に関連がまったくないと言っているわけではない。明らかに関連はある。GDPの低い国はこのような目的に利用できる経済資源が乏しいからだ。しかし、全体的な生活の質が高いからといって、GDPが高いとは限らないのである。

［詳細については*Women, Men, and the Global Quality of Life*を参照されたい。www.partnershipway.org.］

二〇〇〇年の世界価値観調査では、権威主義的な育児スタイルから、子供に教えるべき価値観として想像力と寛容をますます重要視するスタイルへと移行すると共に、女性と男性は平等であるべきだという考え方が強まっていることがわかった。そして、こういった性別や育児についての考え方の変化が、今度は、人と人との信頼関係の高まり、外部の権威への依存の減少、主観的な幸福という意識の高まり、生活水準の向上というような、イングルハートとノリスとウェルツェルが従来の「生存」という価値観に代わるポストモダンの「自己表現」と呼んだ状況とつながっていく。(50)

このような研究で明らかになったのは、文化を構成するその他の中核的な要素に注目せずに、経済システムを理解したり、効果的に変えたりすることはできないということ、そして、文化の中心的な要素とは、人類の半分ずつを占める男性と女性の役割と関係を構築することだということである。そして、女性や女性に関連するという固定観念のある仕事の地位が高くなることで、社会にもたらされる便益も明らかにした。

思いやることと世話をすることが、人類の半分を占める「劣っている」女性に関連しているという理由でその価値が軽んじられていると、政策や慣行も一般的に思いやりのないものになる。子供や病人や高齢者の世話といった「女性の」仕事への支援が少ないだけでなく、自然環境への思いやりや社会的・経済的公正の高まりに役立つ政策や慣行への支援も少なくなるのだ。

このような思いやりの欠如は、経済的にも高くつく。その費用は、刑事司法制度や警察への莫大な出費や、生産性の低下によって企業が被る莫大な損失などだ。その最たるものは、虐げられた生活による経済的・人的損失という、定量化できない費用である。

ここまで検証してきた経済のダブル・スタンダードが、経済的繁栄に対する非現実的な評価へとつながった。思いやったり世話をしたりするという不可欠な仕事から――それを行うのが女性であろうと男性であろうと――社会が得られる莫大な便益を覆い隠すような経済指標を生み出したのである。

このような便益を理解しない限り、政策立案者は、何が経済的に生産性の高い活動であるかについて歪んだ認識をもつことになる。そしてその結果が、歪んだ、思いやりのない経済政策と経済慣行なのだ。

当然ながら、実のところ、思いやることと世話をすることが最も価値のある、絶対に欠くことのできない人間の仕事であるということを示すために、統計データは必要ない。それがなければ私たちは死んでしまうし、それがあるために私たちは生きていけるだけでなく、成長することもできる。だが、政策立案者が定量化にあまりに大きく依存している点を考えると、生産性の高い仕事の要素となるものについての統計データに、思いやることと世話をすることによる便益を含めることは不可欠だ。

思いやることと世話をすることに真の価値を認めることで、世界のすべての不幸が解決するわけではないだろう。だが、それによって人間の幸福と充足感が大きく増すであろうし、より繁栄する、公平で持続可能な未来のためには、そうすることが絶対に必要なのである。

第5章 すべてをつなげて全体像をつくる

Connecting the Dots

三人の盲人と象についての故事がある。一人の盲人が、象の鼻を触って「これは皮がガサガサした蛇だ」と言った。その足を触った別の盲人は「これは木だ」と言った。そして三人目の盲人は尾を触って「これは縄だ」と言った。この話はとても古いので言い古された表現になっている。だが、経済や社会の根本的な変化を妨げる基本的な障害のことを見事に言い表している。

現在、何千という数の専門家たちが、私たちの経済や社会や生態系の問題を、それぞれ独自の視点から分析しており、その問題の背後にあるものについて意見を異にしている。だが、象の体の一部について語るだけではその全体像を理解することができないのと同じように、システム全体を考慮に入れない限り、世界的な問題の背後にあるものを理解することはできない。

第二章で述べたように、私たちは、経済学に焦点を当てるだけでは、経済システムを変えることはできない。経済システムは、それよりも大きな社会システムの中に組み込まれているのだ。機能不全に陥っている経済政策や経済慣行を効果的に変えるためには、それよりも大きな社会基盤について理解する必要がある。

パートナーシップと支配のシステムという分析的なレンズを通して社会のダイナミクスを見直すことによって、私たちはばらばらの点をつなげて全体像をつかむことができるようになる。それによって、科学者が「システムの自己組織性」と呼ぶもの——システムの基本的な性質を保つ働きをする、システムの中核的な要素の相互作用——を理解できるようになる。[1] 本章では、こういった相互作用について説明する。パートナーシップのシステムと支配のシステムの対照的な構造を検証していく。パートナーシップまたは支配のシステムの両端を志向する社会についても、現実の例を挙げる。そして、その両システムがそれぞれ、どのように経済システムに直接的な影響を与えるかを明らかにする。

社会と経済の新たな枠組み

私は、凝り固まった支配のシステムに大規模な回帰が起こっていた時代に欧州で生まれた。まずドイツで、それから私の祖国オーストリアで、ナチスが政権を握った時だった。とても幼かった私には何が起こったのか理解できなかったが、ナチスがオーストリアを占領したとき、私の人生はがらりと変わった。私たちは常に恐怖を抱いていた。一九三八年一一月一〇日、悪名高いこのクリスタル・ナイト——ユダヤ人の家や商店や礼拝堂でガラスが粉々に飛び散ったことから名づけられた——に、ナチスの一団が我が家に踏み込んできて、父を連れ去ったのだ。奇跡的に、母は父を解放してもらい、私たち一家はウィーンから逃れた。そうしていなかったら、私たちは、欧州にいた六〇〇万人のユダヤ人と同じ運命となって、ホロコーストで殺されていただろう。恐ろしいことに、その六〇〇万人の中に、私の祖父母や、おじやおば、いとこたちの大半も含まれていたことを第二次世界大戦が終わった後に知った。

子供時代のこのような体験は私に深い影響を与えた。どのようにしてあんなことが起こり得たのかを理解するための探求を一生続けることになったのである。あの体験が最終的に、私が長年にわたって行ってきた、多くの分野にまたがる異文化間の歴史的研究へとつながった。そして、その研究が今度は、パートナーシップのシステムと支配のシステムという新たな社会部門の発見につながったのだ。

資本主義者対社会主義者、西側対東側、工業化社会対産業革命以前または脱工業化社会、といった古い社会的分類は、本書で検証してきた男女間のダブル・スタンダードが一般に受け入れられていた時代に生まれたものだ。そのため、男女の役割や関係のあり方が社会システム全体の構造にどのように影響を与えるかを織り込むことはできない。それだけでなく、このような分類は、幼児期の関係を――たとえその関係が、人々が大人になったときにどのような種類の社会を受け入れ、永続化させるかに、深い影響を与えるとしても――無視している[2]。

それに対して、パートナーシップのシステムと支配のシステムという分類は、人類**全体**――人類の半分ずつを占める男性と女性の両方――と私たちの生活**全体**――ひと昔前までは「男の世界」と呼ばれていた公的領域と、女性や子供たちが従来その範囲内にとどめられていた、家族や親しい親族といった私的領域の両方――を考慮に入れている。

こういった、より大きな像に目を向けることによって、これまで明らかにされてこなかったパターンが見えるようになる。このパターンは、パートナーシップのシステムと支配のシステムの構造であり、社会を構成する役割や関係の全容に目を向けたときにのみ見えてくる。

ある特定の社会がこの二つのシステムのどちらかをどの程度深く志向しているかが、人間の多岐にわたる特性や行動のどれが強化または抑制されるのかに影響を与える。パートナーシップのシステムは、私たちの意識や思いやりや創造性の能力を引き出す。支配のシステムはこれらの能力を抑制する傾向がある。支配のシステムが引き出す――というよりも、求める――のは、無感覚、残酷さ、破壊性である。

人間は、これらの特性や行動すべてに対する生物学的な潜在能力をもっている。中には、生まれつきある種の遺伝的傾向をもっている人もいる。(3) だが心理学と神経科学によって、人々の人生経験が、とくに幼児期の関係が、これらの傾向が抑制されるか、または表に出てくるかに深く影響を与えることがわかっている。そして、人類学と社会学によって、人々の人生経験と関係は主に自分たちの文化によって形づくられることが明らかになった。

文化や下位文化が、パートナーシップのシステムと支配のシステムのどちらをどの程度まで志向しているかによって、それが生み出す人生経験は異なるし、支援する関係の種類も異なってくる。支配のシステムの構造は、結局のところは恐怖と武力に後押しされた、支配の厳格な序列に基づいた関係を支援する。パートナーシップのシステムの構造は、相互尊重、相互説明責任、相互利益に基づいた関係を支援する。したがって、パートナーシップのシステムと支配のシステムの構造を理解することは、私たちが自分や他者や母なる地球との関わり方を良い方向に変えるための重要なステップとなる。

支配者の構造

二〇世紀の最も残虐で暴力的かつ強圧的な社会には、ヒトラーのドイツ（科学技術的に進んだ、西洋の右翼社会）、スターリンのソヴィエト連邦（世俗主義の左翼社会）、ホメイニのイランとタリバンのアフガニスタン（東洋の宗教社会）、イディ・アミンのウガンダ（部族主義の社会）などがあった。それぞれの社会の間には明らかな違いがある。だが、一つの共通点がある。どれも、思いやりのある価値観ではなく思いやりのない価値観によって導かれたトップ・ダウン型の経済制度や経済慣行など、支配のシステムの構造を非常に深く志向している点だ。

支配者構造の中核的要素の第一は、物的・心理的・経済的な統制によって維持される厳格なトップダウン型の序列である。この権威主義構造は、家庭内にも国や部族の中にも見られ、すべての社会制度のテンプレートとなっている。

第二の中核的要素は、子供や妻への暴力から慢性的な戦争状態まで、高レベルの虐待や暴力である。どの社会にもある程度の虐待や暴力は存在する。だが、支配のシステムでは、虐待や暴力が制度化され、理想化されている。これは、支配の厳格な序列――女性に対する男性の支配、男性に対する男性の支配、人種に対する人種の支配、宗教に対する宗教の支配、国に対する国の支配――を維持するために必要なのだ。

支配者構造の第三の中核的要素は、人間の半数が残り半数に対して行う支配の厳格な序列である。[4]ヒトラーが政権を握ったとき、ナチスのスローガンは「女を昔ながらの場所に戻そう」だった。[5]イランのホメイニやアフガニスタンのタリバンが掲げたのもこのスローガンである。スターリンの政策は、男女の地位を平等にしようとするそれまでの試みから後退するものだった。[6]イディ・アミンのウガンダでは、女性が男性に対して著しく従属していたので、一九八〇年代になっても、農村地帯の女性は、男性に話しかける際には跪くことになっていた。[7]

こうした人間の優越視と劣等視こそが、不平等で専制的かつ暴力的な文化の中心的な要素である。子供たちは、それによって頭の中に地図を思い描き、その地図に従って**あらゆる**違い——人種や宗教や民族に基づいたものであっても——を優越または劣等に色分けして考えるようになるのだ。

人間にこのような序列をつける見方は、歪んだ価値体系にも現れている。男性が女性よりも優るというランクづけに加えて、「荒々しい」とか「男らしい」と分類される性質や行動は、「軟弱」とか「女らしい」と分類されるものよりも上にランクづけされる。武器や戦争に資金を出すときなど、思いやりや非暴力やいたわりよりも、「英雄的な」暴力や「男らしい」征服に価値が置かれている。このような「女性らしい」価値観や活動は、女性や「男らしくない」男性の元に追いやられ、政策的支援を受けることはほとんどない。

このことが次に、支配のシステムの第四の中核的要素へとつながる。それは、支配や暴力を不可欠なものとして、さらには道徳的でさえあるとして正当化する考え方や説だ。このシステムを深く志向する文化や下位文化では、隣の国や部族の人々を殺すことも、女性を石で殴り殺すことも、「劣った」人々を奴隷にすることも、そして子供たちを叩いて言うことを聞かせることも、立派で道徳的なことだと教えられる。戦争は「神聖な」ものであり、これは、宗教的な支配者の文化だけでなく、非宗教的な世俗の文化にもあてはまるのだ。ナチスの若者たちにとって、敵を殺し、人種を浄化するために突き進むのは神聖なる使命であり、それはちょうど現在のテロリストたちが神をもち出して非人間的な行為を正当化するのと同じである。

これら四つの中核的要素――厳格なトップダウン型の序列、高レベルの虐待や暴力、男性が優れていて女性は劣っているというように人間に序列をつける考え方、支配や暴力を不可欠で道徳的なものとして正当化する考え方――が、支配のシステムのあらゆる社会・経済制度を形づくっているのだ。

支配と経済システム

支配者の経済システムは、「優れている者」を「劣っている者」の上に位置づける序列に基づいている。経済の原則や政策、慣行は、上にいる人たちに利益を与え、下にいる人たちのことはほとんど、またはまったく考慮しない。下にいる人たちとは、「生まれつき」劣っているか、または自分たちの立場を変えるための努力が足りないため下にいると見られている人たちのことだ。

支配のシステムに組み込まれた経済制度の構造は、経済運営を上にいる人たちの手に集中させることによって、トップダウン型の序列を維持している。こういった構造の構築と維持は、とくに経済に関する法律や規定に限らず、より広範囲の法律や規定、考え方、習慣、規範といった、より大きな社会システムの力によってなされる。

人間の本質：神話と現実

人間の本質についての私たちのイメージは、支配者の下で人間の心理に起こることによって歪められてきた。たとえばフロイトは、**エディプス・コンプレックス**を用いて男性支配者の精神を鮮やかに説明した。フロイトは、すべての男子は、支配を手にしようという尽きることのない葛藤の中で、父親を殺すことでその座を奪いたいという欲求を抱くと主張した。そしてこの理論は、フロイトの時代の、今よりもさらに厳格だった支配者文化の歪められた心理的ダイナミクスを説明するものとしてではなく、男性の心理を説明するものとして受け入れられた。女性が「男根羨望」に苦しむというフロイトの理論も、女性の心理を説明したものとして受け入れられ、支配者のシステムにおける女性が羨むのは男性の姿ではなく、男性の特権や自立性、行動の機会であるという事実をぼやけさせた。このようなフロイト理論はやがて疑問視されるようになったが、支配者の考え方や制度の多くは今も、世界中に広く行きわたっている。このような考え方の誤りを暴き、制度を変えられるかどうかは、私たち次第なのだ。

これまで見てきたように、家庭、教育、宗教、政府などの制度すべてが経済制度と相互に作用し合って、社会の基本的な性質を維持している。そして、これもすでに述べたが、幼児期の関係や男女の関係についての文化的規範がとくに重要である。なぜなら人は、こういった関係を通して、どんな種類の関係や社会構造や行動が正常で望ましいものであるかを最初に学ぶからだ。

支配者の経済システムは、「男性の仕事」と「女性の仕事」というダブル・スタンダードに端を発し、女性と母なる地球の生命維持活動の価値を低め、そこから搾取するに至っている。

男性は男女間のダブル・スタンダードからいくらかの利益を得ているとはいえ、その利益を上回る不利益が生じている。支配のシステムが男性に及ぼす損害は――絶えず続く戦争で負傷したり障害が残ったりすることから、自分より序列が上の人から支配されたり抑圧を受けたりすることまで――莫大だ。

子供たちは「人類の半数は誰かに仕えるためにこの地球に生まれ、残りの半数は仕えてもらうために生まれたのだ」と教えられると、頭の中に経済上の不平等についての地図ができあがり、やがてそれがその他の関係にも一般化される。子供たちは、すべての「劣った」外集団が「優れた」内集団によって従属させられ経済的に搾取されることを、無意識に受け入れることを学ぶ。

男性が女性の上に位置する序列と不公平な経済システムとの間の密接な関係は、封建時代や君主政治の時代には非常に顕著だった。そのような厳格な男性支配の時代には、王や皇帝や貴族は贅沢な暮らしをしていた。だが、こういった「優れた者たち」のために夜明けから日暮れまで働いていた男性や女性は、その「優れた者たち」のテーブルに食物を供給し、彼らの金庫を黄金で満たす一方で、自分たちは生きていくのがやっとだったのである。

また、もっと後になって、女性が劣っているという定説が復活した時代にも、この相関関係があった。

これらの時代にも、上にいる者と下にいる者との経済的格差が広がったという特徴があった。たとえば、労働者が容赦なく搾取されることが多かった産業資本主義初期の「悪徳資本家」の時代には、社会進化論者たちが、女性は生まれつき男性よりも劣っていると主張して、男女同権主義に対抗していた。現在では、社会生物学者が、男性が女性を支配するのは進化上避けられないことだと主張している一方で、経済層の形成も活発化してきた。企業の数百万ドルにのぼる給料は、ホームレスや飢餓と極めて対照的である。

もう一度強調しておくが、経済の不公平は、無秩序な資本主義の特質というだけではない。支配者の経済システムの特質なのだ。旧ソヴィエト連邦の共産主義体制の下では、党の上層部の人たちはキャビアを食べて快適なマンションや邸宅で暮らしていた一方で、大部分の家族はぎゅうぎゅう詰めのアパートに住み、女性たちは、最低限の生活必需品を買うために何時間も行列に並ばなければならなかった。

支配者の経済システムのもう一つの特質は腐敗である。権力は腐敗する、とよく言われる。これは避けられないわけでは決してないが、自分や自分たちのグループがうまみを得て、ほかの人たち――とくに序列が下のほうの人たち――のことはかまわない、という意味の腐敗は、支配のシステムに組み込まれているものだ。企業や政府の不正行為の伝統はずっと昔まで遡るものであり、企業や政府の「透明性」などという考え方が定着し始めたのは、パートナーシップのシステムに向かう動きが出てきてからのことである。(8)

厳格な支配者の文化では、政府のあらゆるレベル――末端の地方の小役人からトップの高官まで―

―で、賄賂の授受が慣例となっていることが依然として多い。米国においてさえも、大口の政治資金提供者が、納税者を食い物にして自分たちに利益をもたらす法案を書くことがよくある。科学の研究では、研究結果に利権をもつ製薬会社などの企業から資金提供を受けるということが、よく行われている。そして、エンロンやワールドコム、タイコで起こったように、企業の幹部が会社の帳簿を改ざんすることで従業員や株主を犠牲にして私腹を肥やす、というのもよくある話なのだ。こういったことは生まれつき欠陥のある「人間性」のせいだと言われることがあるが、決してそうではない。だが同時に、その企業や政府という樽の中にあった数個の「腐ったリンゴ」のせいだけでもない。思いやりや共感というものが構造的に抑制されている支配の階層制度に内在する腐敗の伝統に、深く組み込まれたものなのだ。

このようにして、支配の経済システムは市場の働きを妨害する。社会が支配のシステムを志向する限り、市場は、需要と供給を決定するものではなくなり、下にいる者を犠牲にして上にいる者を利するように歪められていくだろう。

他人の財産の横領が公然と行われることは、多くの厳格な支配者の体制における、もう一つの顕著な特徴である。スターリンは、数百万人の富農《クラーク》を殺させ、その土地を奪った。ホメイニは、クルド人やバハーイ教徒の財産を没収した。ホメイニの原理主義政権は、これらの外集団を恐怖に陥れ、逃亡に追い込んだり、神と徳の名のもとに殺したりした。もう一つの敵視すべき外集団だったユダヤ人から没収した資産を使って、ナチス政権下のドイツの景気回復を支援するために資金提供をした。ナチスは、私の両親も含めたユダヤ人から、家や芸術品、事業や銀行口座を強制的に取り上げた。ナチス党員には、こういった合法的に武装した強盗たちの略奪品が与えられた。ユダヤ人は男性も女性も子供も強制収容所に集められるか、または私と両親がそうだったように、亡命に追い込まれた。

自由市場：神話と現実

新古典派経済学理論の原理は、政府の規制を受けなければ市場は需要と供給の相互作用によって、社会の資源を効率的に分配するだろう、というものだ。その結果、「自由市場」が、政府の規制に反対するスローガンとなった。

だが現実は、支配のシステムという背景においては、市場は「公平な競争の場」にはほとんどなり得ない。市場は、需要と供給によって公正な価格や賃金を保証するどころか、誇大広告、労働条件の低基準または無基準、労働交渉力の妨害、消費者保護の脆弱または皆無、富裕層や権力者の思うがままにさせている政府の政策によって歪められている。

支配のシステムにおいては、独占企業が大いに繁栄し、規模の小さい競合企業は事業からの撤退を余儀なくされる。さらに、第六章で詳しく述べるが、支配のシステムは人工的なニーズ不足と人工的なニーズを生み出す。そして、こういったことすべては、支配のシステムが、思いやることや世話をすること、その他の「軟弱」とか「女らしい」という固定観念のあるものすべての価値を低めていることによって、さらに悪化するのだ。

つまり、社会が支配のシステムを志向している限り、市場は権力をもつ者によって――政府の公的手段によってであろうと個人的手段によってであろうと――制御される。実際、支配のシステムにおける「自由」は、支配者が説明責任を果たさずに権力を行使するために用いる暗語であることが多い。

こういったことすべてが、「人種の浄化」、「神の意思」、「私有財産という悪との戦い」など、無神経さや残忍さや強欲さを正当化するスローガンのもとに行われた。これらのスローガンは、「他者を傷つけたり抑圧したりするのは非人間的で不道徳な行為である」という基本的な真実をぼやけさせるものだ。実際、支配のシステムは拒絶によって自己のシステムを維持している。意識を押さえつけ、人が他者に及ぼす害を見えにくくしている。自分に及ぶ害でさえ気づきにくい。内集団に対する外集団という序列を押しつけ、維持しようとする場合、この意識の欠如が必要となるのだ。

パートナーシップと支配のシステムにおいて、ここで述べた社会ほど支配側寄りではない社会でも、同様のダイナミクスが、それほどあからさまで野蛮な方法ではないにしても、いくらかは見てとれる。米国は過去数十年間にわたって、政治的・経済的権力をトップに再集権化したり、私たちを「父親家長主義」の家庭に回帰させようと試みたり、また、対外関係において暴力の行使を増やしたりすることで、支配のモデルへの退行を続けてきた。この退行によって、それ以前のセーフティ・ネット的な経済政策から後退し、弱い立場に追いやられた外集団にはほとんど、またはまったく配慮せずに権力をもった内集団に利益をもたらす規則や政策や慣行へと逆戻りした。

もちろん、米国政府の高官が「劣っている」外集団の資産を没収して自分たちの仲間に直接与えていたわけではないが、上にいる人たちに税収を回したり、業績の悪い身内の企業に利益の大きな契約を与えたり、貧困層に必要不可欠なサービスを提供する社会制度を削減したりすることによって、効果的にこれを成し遂げてきたのである。したがって、支配のシステムへ退行していた間、貧しい子供たちや家庭を援助するための資金は削減され、税収は、大企業などの大口の政治資金提供者に対して入札なしで契約を与えたり、税額を控除したり、環境・消費者保護を撤廃または非強制としたりするために使われる一方で、政府は甚だしい反トラスト法違反を見て見ぬふりをした(9)。

こういったことは偶発的に起こってきたわけではない。支配のシステムに本来備わっているものである。このシステムを主に志向する社会には、公平な経済政策が存在し得ない。社会がもっとパートナーシップのシステムに移行したときにのみ、思いやりがあって持続可能な経済が広く栄えることができるのだ。

パートナーシップの構造

また、パートナーシップと支配のシステムのうちパートナーシップ側を志向する文化は、宗教的か世俗的か、東洋的か西洋的か、工業的か産業革命以前か脱工業化か、などの従来の分類を超越している。カリフォルニア大学の人類学者スチュアート・シュレーゲルが研究したフィリピンのティデゥライ族のような部族社会でもよいし、ペンシルバニア大学の人類学者ペギー・リーブス・サンデイが研究したスマトラ島のミナンカバウ族のような農業社会でもよい。スウェーデン、ノルウェー、フィンランドなどの科学技術が高度に発達した社会でもよい。実は、多くの国で現在、パートナーシップのシステムに向かう動きがある。

パートナーシップのシステムで第一の中核的要素になっているのは、家庭と一般社会の**両方に**ある民主的で平等主義の構造だ。しかし、パートナーシップのシステムを志向しているからといって、指導者のいない平板的な構造になっているわけではない。パートナーシップのシステムでも、両親は子供に対して責任を負っているし、教師は学生に対して、職場の上司は部下に対して、それぞれ責任を負っている。だが大きな違いがある。これはまさに、**支配の階層**と**実現の階層**との違いだ。前者が統制と恐怖に基づいているのに対して、後者では、両親、教師、上司が、他者を弱い立場に追いやるのではなく、励まし、支援し、権限をもたせている。この主題については後でまた述べる。

パートナーシップのシステムで第二の中核

表●パートナーシップのシステムと支配のシステム

要素	支配のシステム	パートナーシップのシステム
構造	厳格な支配の階層から成る権威主義で不平等な社会・経済構造	つながりと実現化の階層から成る民主的で経済的に平等な構造
関係	家庭や職場や社会の「優れた者」による極度の恐怖や虐待や暴力、妻子の虐待	厳格な支配の序列を維持する必要がないため、恐怖と暴力が少ない相互尊重と信頼の関係
男女の関係	人間の半分を占める女性よりも男性が、また、思いやることや世話をすることなどのような「女性らしい」と考えられる特性や活動よりも「男性らしい」と考えられるものが上だとする序列づけ	人類の半分ずつを占める男性と女性に対する平等な価値評価と、女性と男性と社会・経済政策における共感、思いやり、世話をすること、非暴力に対する高い価値評価
考え方	支配と暴力が不可欠かつ道徳的で望ましいものとして扱われ、それを正当化・理想化する考え方や説	道徳的で望ましいと考えられ、共感的で相互にとって利益になるような思いやりの関係に高い価値を置く考え方や説

的要素になっているのは、虐待や暴力が文化的に容認されておらず、より大きな信頼や相互尊重があることだ。だからといって、虐待や暴力がまったくないわけではない。しかし、厳格な支配の序列を維持するために虐待と暴力が不可欠である場合とは違うので、制度化する必要もないし理想化する必要もない。

第三の中核的要素は、男女間の平等なパートナーシップである。これがあれば、支配のシステムでは「女らしい」として侮辱されていた、非暴力やいたわりなどの性質や行動が、女性と男性の**両方から**高く評価される価値体系が生まれる。

このような価値観は、相互利益や相互説明責任、相互の思いやりに基づいた関係を支える経済システムの基盤である。繰り返すが、これは、どの人の経済的地位もまったく同じだということではない。だが、パートナーシップの経済では、持てる者と持たざる者との格差がそれほど大きくない。そして、思いやることと世話をすることの価値が低められていないので、事業慣行や経済政策が、自分や他者や自然環境を思いやるという精神によって導かれ得る。

このことがパートナーシップのシステムにおける第四の中核的要素へとつながる。それは、人間の本質について、より前向きでバランスのとれた見方をする考え方や説である。パートナーシップのシステムでは、残酷さや暴力や抑圧は人間の可能性として認識されるが、必然的なものとは考えられていないし、まして道徳的とも考えられていない。そして文化的な価値観や考え方が、共感的で相互に尊重し合う関係を支えている。さらに、このシステムは、後ろ向きの動機づけよりも前向きな動機づけのほうにより大きく依存している。

パートナーシップと支配の連続体のうち、パートナーシップ側を志向する社会は、理想的な社会ではない。だがその考え方や制度――家族や教育から政治や経済の制度まで――は、人権や自然環境の尊重を支援する。そういった考え方や制度は、持てる者と持たざる者との間に大きな格差はなく、いたわりや非暴力が男性にも女性にもふさわしいものと考えられ、社会的に支援される民主的な文化である。

基本的な人間の動機づけは二種類ある。一つは痛みを回避しようとするもので、もう一つは喜びを追い求めるものだ。パートナーシップと支配の両システムにおいて、この二つの動機づけが機能するのだが、どちらが強調されるかは各システムによって異なる。

支配のシステムでは、痛みに対する恐れが主な動機づけとなる。これは、「優れた者」からの懲罰に対する恐れの場合もあるし、権力や地位を失うことに対する恐れの場合もある。結果的に、以前に考えられていた「効率的な職場」というものの概念は、その多くが、従業員は恐怖に脅えれば脅えるほど一生懸命に働くだろうという考え方を基盤にしている。

図●パートナーシップと支配の連続体のダイナミクス

支配のシステム	パートナーシップのシステム
●権威主義で不平等な社会・経済構造	●民主的で経済的に平等な構造
●男性や「男性らしいもの」に対する女性や「女性らしいもの」の従属	●男性と女性に対する平等な価値評価、「女性らしさ」の価値に対する敬意
●極度の虐待や暴力	●暴力が少ない相互尊重と信頼の関係
●支配と暴力を正当化・理想化する考え方や説	●共感的で思いやりのある関係に高い価値を置く考え方や説

この各システムの要素間には双方向の関係があり、四つの中核的要素すべてが互いを強め合っている。これらの相互作用が、経済に関する制度や関係を含めた、社会の制度や関係すべてを形づくっている。

現在では、ビジネスの専門知識がある人ならたいてい、恐れや不安を感じている状況よりも、恐れではなく安心や思いやりを感じているときのほうが仕事の成果が上がるということを認識している。こういった安心や思いやりなどの志向に基づいた職場は、より高い生産性と会社への忠誠心を育むだけでなく、ギフォード&エリザベス・ピンチョー夫妻が「企業内起業家精神《イントラプレナーシップ》」と呼んだ、リスクを厭わない姿勢や創造性、革新を生むことがわかっているのだ(10)。そのため、第三章で見たように、成功している企業の多くでは、評価され気にかけてもらえる喜びが人々を常に最高の仕事へと駆り立てることが認識されている。

だが、痛みによる動機づけから喜びによる動機づけへの移行は、ほかのことと無関係には起こらない。これは、もっと大きな社会的な動き——企業の中だけでなくあらゆる制度や関係において、支配のシステムからパートナーシップのシステムへと移行する動き——の一部なのである。

パートナーシップの構造、価値観、関係

パートナーシップのシステムの中核を成す四つの要素——民主的で平等主義的な家族や社会の構造、虐待と暴力の少なさ、人類の半分ずつを占める男性と女性の間の平等なパートナーシップ、相互の利益、説明責任、思いやりを基盤にした関係を支える考え方や説——が、経済に関する制度や関係を含めた、社会の制度や関係すべてを形づくっている。

ティデゥライ族などの単純な社会を見てみると、このような要素の相互作用がより明確にわかる。

私がこの部族社会のことを初めて耳にしたのは、人類学者のスチュアート・シュレーゲル教授から電話をもらったときのことだ。シュレーゲル教授は、自分は長年にわたってフィリピンのある文化を研究していると言った。「私は彼らのことを徹底的な平等主義と表現しました。けれども、あなたの著作を読んで、森の民族であるティデゥライ族の社会は紛れもなくパートナーシップの社会だとわかりました」と教授は語った。

シュレーゲル教授は、著書である『熱帯雨林の知恵――フィリピン・ミンダナオ島の平和愛好部族』（仙名紀訳、アサヒビール、二〇〇三年）の中で、「ティデゥライ族の中では、男性であろうと女性であろうと、大人であろうと子供であろうと、また最高位のシャーマンであろうとごく普通の篭編みの人であろうと、すべての人間に等しく価値があり、社会の中の地位も等しいと考えられていた[11]」と書いている。各個人を尊重するこの価値観が仕事や生活のあらゆる側面にわたって浸透していた。

シュレーゲルはこう書いている。

女性は子育ての専門家であるが、男性も女性も幼い子を抱いて歩き、育て、助け合って育てる。男性のほうが強いとみなされてはいるが、それは決して、男女のどちらかがもう一方よりも優れているということではない。また、どんな形であれ社会的抑圧や組織的戦闘、私有財産の集中を正当化する理論的根拠にもならない。除草や木の伐採、篭編み、野生の豚の狩、出産、父親としての子育て――こういったものはどれも、異なる得意分野だというだけで、重みはどれも同じだ。

家族や社会の構造は平等主義で、社会的な関係に序列はなく平和的だった。意思決定は参加型で行われるのが当たり前で、やさしさや典型的な「女性らしさ」には美徳として価値が置かれる。共同社会の幸福が、仕事やその他の活動の主な原動力となっていた。自然や人間の身体には大いなる敬意が払われた。技術に重きを置くのは、人生を豊かにし、生命を維持することに重きを置くことだったのである。(12)

当然ながら、ティデゥライ族がいつも思いやりのある行動をとるというわけではない。シュレーゲルによれば、「彼らの信条や制度はどれも、暴力は決して許されないことをうたっていたが、問題を解決するために暴力に訴えることもたまにはあった(13)」。だが、彼らの文化には、争いを避けるための精巧なメカニズムがある。両者の側から法律に詳しい賢者が出て、解決を導き出すのだが、この役割は男性と女性の両方によって担われている。

ミナンカバウ族は、二〇〇万を超える人々から成る農業社会で、パートナーシップのシステムの中核を成す四つの要素がいかに互いに強め合っているかを示すもう一つの例である。人類学者ペギー・リーブス・サンデイは、スマトラ島のブルブスにあるミナンカバウ族の村に、足掛け二〇年以上にわたって住み、この文化の社会・家族構造が、支配と服従という序列ではなく相互尊重と思いやりを基盤にしていることを記録した。(14)ミナンカバウ族はパートナーシップのシステムを志向しているので、女性と男性のどちらも優位には立っていない。家族や社会の構造はもっと平等主義的である。そして暴力は制度化も理想化もされていない。

第一に、ティデゥライ族と同様、ミナンカバウ族の子育てに暴力という選択肢はない。「育児は権威主義的でも懲罰的でもない」と、サンディは書いている。「子供たちがぶたれることはないし、母親が子供を怒鳴りつけるのを聞いたことがない……いつかそのうちに正しいミナンカバウ族としての振る舞いを身につけるだろう、というのが彼らの考え方だ(15)」

女性にも男性にも等しく価値が置かれてはいるが、ミナンカバウ族では母系相続が行われている。男性の財産譲渡は、生物学的に父親であるかどうかの問題ではない。社会生物学者は、このような状況では、子供の生活において父親の果たす役割は小さくなると主張するだろう。だが実際には、その役割は小さくない。そうはいっても、父親と子供の関係は土地や家屋の相続に縛られたものではない。物質的なつながりというよりも、感情的なつながりなのだ。ミナンカバウ族の長老ナゴ・ベサールによれば、「生物学的な父権についての懸念は、子供の幸せについてもっと重要な点を強調することから注意をそらしている」という(16)。

また、ミナンカバウ族は、人類学者のクロード・レヴィ＝ストロースの「家族間またはグループ間の社会的結合を形成する手段として男性は女性を交換する」という論にも反している。ミナンカバウ族では、母親が息子を婿にやることによって氏族間の社会的結合が強化される。支配者のシステムを志向する文化で行われる婚姻交換と違って、こういった結合は、結婚持参金などによって固められることはない。この文化がパートナーシップ志向であることに即して、このような結婚は相互交換の形をとり、結婚式の宴は男性側と女性側の両方の家族によって準備される。

当然ながら、その他のパートナーシップ志向の文化もそうであるように、ミナンカバウ族の生活も完璧ではない。だがこの文化では、男性と女性の両方が子育てをするものと思われている。サンディの言うように、（支配するのではなく）育てるということこそが、ミナンカバウ族が、自然から学ぶ社会の知恵として何よりも重んじていることなのだ。その結果、社会制度は弱い者を守り、思いやりを育てるものになっている。さらに、ティデゥライ族と同様、ミナンカバウ族も、調停を用いて暴力を避け、平和的な暮らし方を奨励している。

自然、養育、進化

ミナンカバウ族は、子育てを自然の中核原理だと考えている。人類学者のペギー・サンデイはこう書いている。「一九世紀のダーウィンと違い、ミナンカバウ族は、男性の支配や競争よりも母親の子育てを重視している。私たちが男性の支配や競争を、人間社会の秩序や進化の基盤だと考えているのに対して、ミナンカバウ族は母親の子育てを、共通の利益や健全な社会に必要なものと考えている……自然界の若木と同様、花を咲かせ、しっかりとした強い大人になるように子供たちを育てなければならない。つまり、文化は、弱い者に焦点を当て、腕力は放棄しなければならないのだ[18]」

このように自然の生命維持力や、パートナーシップのシステムを志向する文化の特性に焦点を当てることは、今日の環境活動にとって不可欠である。そしてそれは、かつて神聖化されていた「自然の征服」を後押しする、自然を敵視する考え方とは、著しい対象を成すものだ。私たちの技術開発レベルでは、自然を敵視する考え方をしていると、進化の袋小路にぶつかることになるだろう。

北欧諸国のパートナーシップ

中には、この二つの例は、ティデゥライ族やミナンカバウ族のような、科学技術が未発達の文化ではパートナーシップがうまくいくことを示しているが、より複雑な先進工業国の文化では支配の組織が必要になる、という主張をする人もいるかもしれない。だが科学技術が高度に発達した先進国である北欧の国々は、ほかならぬそのパートナーシップ志向のおかげで大いに成功を収めている。

スウェーデン、ノルウェー、フィンランドなどの北欧諸国は、政治的にも経済的にも民主的な社会を創り出した。これらの国々には、支配志向の国々の特徴である、持てる者と持たざる者との莫大な格差がない。理想的な社会とまではいかないまでも、すべての人々の生活を一般的に良好な水準に保ち、他国に比べて進んだ男女平等を実現し、社会的暴力を少なく抑えることに成功してきた。調査の結果によると、北欧諸国の労働者の大半は、米国など、より高いＧＮＰを誇る国々の人たちよりも満足度や幸福度が高い(17)。

二〇世紀初頭、北欧諸国は非常に貧しくて、生活水準が低く、平均寿命もきわめて短かった。飢饉があったほどで、そのため多くの人々が米国などに移住した。だが今日、国連が毎年発行する人間開発報告書の国民生活の豊かさを示す指数を見ると、これらの国々は常に米国よりも上にランクされている。世界経済フォーラムの世界競争力ランキングでも、北欧諸国は上位に入っている(19)。

これまで何度となく、北欧諸国が経済的に成功を収めているのは人口が比較的少なく、同質性が高いためだと言われてきた。だが、全員が一つの宗派や一人の部族指導者または国王に従うことで絶対的に一致することを求められる、石油の豊富な中東諸国のような、さらに人口が少なくて同質的な社会では、持てる者と持たざる者との間の大きな格差をはじめ、支配のシステム特有の不公正が見受けられる。なぜ北欧の国々が貧困から脱して、好調な経済だけでなく、思いやりという点でも公平性という点でも優れた経済システムを作り出せたのかを理解するため、その他の要因にも目を向けなければならない。

北欧諸国を成功に導いたのは、パートナーシップの社会構造への転換であった。これまで見てきたように、より民主的で平等主義的な家族・社会構造と暴力の少なさに加えて、男女の関係がずっと平等であることがこの構造の主要な要素である。

スウェーデン、ノルウェー、アイスランド、デンマーク、フィンランドでは、女性が政治的指導者のポストに就くことができるし、実際に就いている。現実に北欧では、女性が行政官庁のトップを歴任してきた。そして国会議員の約四〇％が女性であり、これほど女性の割合が高いところは世界中を探してもほかにはない。

エコノミストが説く「北欧の国が栄える理由」

世界競争力ネットワークの事務局長でありチーフ・エコノミストでもあるアウグスト・ロペス＝クラロスによれば、「いろいろな意味で、北欧諸国は、さまざまな要素が互いに強め合って自国を世界でも有数の競争力のある国に押し上げる好循環に乗ったのだ」という。世界経済フォーラムが「世界競争力報告書二〇〇五～〇六年版」（フィンランドが第一位になった）を発表した際に行われた二〇〇五年九月二八日のインタビューで、ロペス＝クラロスは、「北欧諸国が世界市場において有効な競争を行う能力や、それぞれの国民の極めて高い生活水準を実現する能力に対して、高税率が悪影響を与えていることを示す証拠はない」と述べた。それどころか「高い税が、世界最高レベルの教育機関や効果的な社会的セーフティ・ネット、意欲があって高度な技術を有する労働力を提供するために使われる財源を生み出せば、競争力は損なわれることなく、かえって高まる」と語った。

［出典：www2.weforum.org/site/homepublic.nsf/The+Content/Global+Competitiveness+Report+2005-2006_+Video+Interviews.html］

ティデゥライ族やミナンカバウ族の社会と同じように、北欧の女性の社会的地位が高いことは、男性が「男らしさ」というものをどう定義するかに重大な影響を及ぼす。思いやりや非暴力といった特性は、「劣っている」女性らしさと関連するため、支配者の社会では男性にふさわしくないとみなされるのだが、女性の地位が高くなると、こういった特性の地位も高くなる。パートナーシップを志向する文化では、女性が従属的な存在ではないので、男性は文化の中だけでなく自分自身の中でも、このような特性や活動に価値を置くことができる[20]。

北欧女性の社会的地位が高いことに伴い、より多くの「女性らしい」価値観や活動を支援することが財政上の優先事項になる。よりパートナーシップ志向の強いこういった国々は、政府による育児支援、国民皆保険、有給育児休暇など、思いやりの政策を他国に先駆けて導入して、家族が暮らしやすいように、そしてより幸福な生活を送れるようにするとともに、労働力のストレスを減らし、生産性を高めることに寄与してきた。

パートナーシップの構造に移行する際、北欧諸国は、子供に対する家庭内暴力を禁じる法律も他に先駆けて制定した。非暴力による紛争解決の先駆けとなり、他国には軍事訓練学校しかなかった時代に、最初の平和研究プログラムを創設した。また、女性に対する男性の暴力をなくすことに取り組む堅固な運動が、男性によって行われている[21]。

さらに、北欧の国々は、スウェーデンの「ナチュラル・ステップ」のような、環境にやさしい産業の取り組みでも先駆けとなった。北欧諸国は最近、大半の先進国が頭を悩ませている見境のない物質主義を抑制する目的で、子供を対象にした企業広告を禁止する法律を他国に先駆けて制定した。そして、意外なことではないが、思いやりの国際プログラム——公正な経済発展、環境保護、人権のためのプログラム——に対するこういった国々の貢献度は、対GDP比で見た場合、他の先進国よりも大きい。

それだけでなく、北欧諸国はいち早くパートナーシップ志向の経済構造を活用している。先進工業民主主義国で最初に行われた試みの一部は、スウェーデンやノルウェーから始まった。同様に、職務の編成方法や労働時間などの基本的な事柄の決定の一翼を労働者が担うような、より参加型の構造が極めて効果的であることを示した研究も、この両国から発信された。

さらに、北欧諸国には、昔から「事業を行っている地域に対する配慮」を指針の一つに含めてきた企業協同組合の長い歴史がある。共同保有され、民主的に管理されている協同組合は今も、北欧の経済活動においてかなりの部分を占めている。協同組合振興促進委員会（COPAC——国連と連携して持続可能な協同組合の発展の促進・調整を行う機関）の報告によると、一九九七年、フィンランドの農業生産の七九％、林業生産の三一％は協同組合が担っていたという。同年、スウェーデンの保険組合であるフォークサムは、家計保険市場の四八・九％、団体生命・傷害保険市場の五〇％を占めた。[22]そのうえ、協同組合は再生可能エネルギーのプロジェクトにも深く関わっている。たとえば、デンマークに広く設置されている風力タービンの七五％は地方の協同組合によって保有されているし、スウェーデンの住宅協同組合の多くは、同国の石油依存率に関する目標を二〇一五年までに達成するため、代替エネルギー源への転換を進めている。[23]

社会・経済制度の構築

これまで見てきたことは、偶然同時に起こった無関係な進展というわけではない。これらはすべて、北欧の世界が支配のシステムよりもパートナーシップのシステムを志向しているという事実の結果なのである。

ティデゥライ族やミナンカバウ族、北欧諸国は「純粋な」パートナーシップ社会ではない。実際には、純粋な支配者のシステム、純粋なパートナーシップのシステムもない。その違いは程度の問題である。

だがパートナーシップ志向のシステムでは、社会制度は、家族から政府にいたるまで、支配者への権力集中を促進するのではなく、相互尊重や説明責任や利益を促進するように作られている。そのような構造を支えているのが法的枠組みだ。そして、もう一つ、パートナーシップをより志向する構造を支えているのが文化的な規範――つまり、標準的で望ましいと思われるもの――であり、この構造をしっかりと結合する接着剤の役割を果たしている。

パートナーシップの家族は、社会の制度が権威主義的で不公平であるか、それとも民主的で公平であるかを判断するうえで、とくに重要である。もちろん、パートナーシップの家族は、幼い子供たちも平等な発言機会をもつという意味での完全な民主的構造ではない。子供に代わって両親が重要な決定を行い、子供たちを導き、限界や可能性を教えなければならない。子供たちにはそれが必要だ。だが、パートナーシップの家族構造では、子供たちは最初から尊重され、その世話をする人たちは子供の必要性や要求に耳を傾ける。子供たちは成長すると、自分で考えて自分で決定を下すように促される。それはいつであっても名誉なことだ。腕力を行使する必要はなく、公平で思いやりのある行動が形づくられ、報いられる。また、このようなパートナーシップの家族構造は、伝統的な支配者文化における父親を長とする家族構造とちがって、不平等や権威主義ではなく、男女の平等を形づくる。そしてこのような家族は思いやることと世話をすることを――「軟弱なもの」とか「女性らしいもの」としてではなく、男性にとっても女性にとっても自分の存在に不可欠なものとして――形に表す。

家族構造を決定する規則や規範が、参加や共感、公平、思いやりに価値を置き、それを支援するものであれば、人々はそのモデルを他の制度にも持ち込む。パートナーシップの家族構造は、より公平で民主的な社会経済構造の基盤となるものだが、これは一方通行のプロセスではない。

これまでも強調してきたように、家族や教育、宗教から政治や経済までのあらゆる社会制度は、互いに支援し合う双方向の全体を形成する。つまり、そういった制度の相互作用が社会の基本的な性質を形づくり、それを維持するのである。

これも強調してきたことだが、このプロセスでは、社会の経済制度や政策、慣行がとくに重要な役割を果たす。トップダウン型の序列に基づいたシステムでは、経済制度は確実に、資源の管理権をトップの人々に集中させるという結果を招くだろう。このような制度の設計は、少数の人々の手によって行われるようになる。この力が行使されて、法的枠組みや政府の政策、事業慣行に加え通信機関までもが、経済力の集中を後押しするようになる。だからこそ、経済の構造や原則や価値観を変えることが、パートナーシップに向けた現代の動きを加速するためのカギとなるのである。

ここで、パートナーシップ志向の構造を構築するうえでの障害の一つとなっている、経済効率が良いのは支配者の構造だけだという思い違いに話を戻そう。第三章で垣間見たように、よりパートナーシップ志向の経営方針や経営慣行に目をやると、実は、パートナーシップの構造は、人間や環境に莫大な利益をもたらすだけでなく、経済効率も良いのである。

たとえば、現在では、協同組合は欧州連合（EU）経済の中で巨大な部門になっており、世界経済の中でも成長を続けている。[24] そしてこの成功は、こういったパートナーシップ構造が、社会的責任や環境的責任、地域社会への利益、起業家精神と、利益の分配や参加型の経営スタイルとを結びつけることができているおかげでもある。[25]

しかしながら、協同組合だけがパートナーシップの原理を組み込んだ経済構造ではない。前述したように、あらゆる種類の企業が――大企業も中小企業も――社会的・環境的責任をもち、より参加型の経営スタイルになり、そして、すべてのステークホルダーに説明責任をもつことが可能なのである。

さらに、一般化しているいくつかの誤解に反して、正しく機能している参加型の構造も完全にフラットなわけではない。もちろん、パートナーシップの社会・経済構造は、支配者のそれに比べればフラットであるし、意思決定はずっと民主的で参加型である。だがそれでも、政府には指導者がいるし、企業には経営幹部、家族には両親、学校には教師がいる。実際、パートナーシップの制度のほうが、権力が上層部に集中しておらず、グループのメンバーすべての意見に価値が置かれるため、多くのリーダーが存在する。

したがって、パートナーシップの社会・経済構造にも階層はある。だが前述したように、それは、**支配の階層**ではなく、いわゆる**実現の階層**なのだ。支配の階層における指導者や幹部の場合は絶対服従しなければならない命令を下すのに対し、実現の階層における指導者や幹部は、他者からのインプットを求め、考慮する。パートナーシップ構造における意思決定は、参加型の方法で行われる場合もあれば、あらゆるインプットを考慮した後で指導者または幹部が決定を下す場合もある。だがどちらの場合も、インプットやそれを提供した人々が評価され、認められる。

また、パートナーシップの制度と支配者の制度との違いは、片方が競争的でもう一方が協力的だというわけでもない。次のコラムの中で詳しく述べているように、両制度の違いは、パートナーシップのモデルまたは支配のモデルをどの程度志向しているかによって、協力と競争と権力の構造が非常に異なっているということである。

協力、競争、権力の社会的構造

一九八五年に、私が自分の研究によってより公平で平和的であることが証明された社会構造として**パートナーシップ**を取り上げたとき、まだこの言葉は主に業務提携を言い表す言葉として使われていた。業務提携の当事者は対等な立場にあり、意思決定に発言権をもち、相互利益のために努力するため、相互の利益や尊重や説明責任の関係を支えるシステムを言い表すのに、パートナーシップという言葉は適切であるように思えたのだ。そして『聖杯と剣』の出版から一〇年後、このパートナーシップという言葉はより広い意味に用いられるようになった。とくに戦略的提携などの共同事業における協力を意味するようになったのである。その結果、私の研究をよく知らない人々にとって、このパートナーシップという言葉は、競争に対する協力を連想させることが多い。

もちろんパートナーシップのシステムは、優れている者と劣っている者という序列に人々を分類したりせず、協力を促進するものである。だが、協力ならテロリストや侵略軍、独占企業も行う。つまり、支配のシステムにも協力は存在するのだ。したがって、一部の人たちが言うように、人々が力を合わせさえすれば私たちの問題はすべて解決するかといえば、残念ながらそうではない。支配のシステムに身を置く人々は、内集団の利益を高めるために常に協力する一方で、同時に、外集団を支配して搾取し、私の子供時代のオーストリアがそうだったように、殺すことすらある。

さらに、パートナーシップのシステムにも競争はある。だがそれは、敵に屈辱を与えたり、叩きのめしたり、または廃業に追い込んだりすることを目的とした、支配のシステムによって煽られる残酷な競争ではなく、他者の優れたところを見て刺激を受ける、達成志向の競争である。

同様に力という言葉も、支配のシステムとパートナーシップのシステムとでは、定義や用法が異なる。『聖杯と剣』という書名について言えば、支配のシステムにおける力を比喩的にたとえたのが剣であり、支配し、搾取し、命を奪う力を象徴するものだ。パートナーシップのシステムにおける力をたとえたのが聖杯で、命を与え、育み、明るく照らす力を古くから象徴してきたものだ。「力」の考え方としては、より女性らしいという固定観念のあるこちらの考え方への移行は、**支配の階層**から**実現の階層**への移行と共に起こる。実現の階層では、説明責任や尊重や利益が、単に下から上という方向に流れるのではなく、双方向に行き来する。

力に対するこのような考え方は、子供の世話をする母親の理想像と関連するもので、広く受け入れられるようになりつつあり、今日のリーダーシップや経営管理の文献に反映されている。そのような文献には、良いリーダーとは、警察官や統制を行う人ではなく、私たちの潜在能力を究極にまで高め、育む人だと書いてある。類型的には女性らしいと言われている性質に高い価値を置くこと——それを女性が体現していようと男性が体現していようと——は、脱工業化経済にとって極めて重要だ。このような経済には、創造性と柔軟性に富んだ、革新的な労働力が必要とされる。そしてそのためには、他者の力を奪うのではなく、他者に力を与える指導者や上司が必要となるのである。

〔出典：これらの問題についてのさらに詳しい議論は、リーアン・アイスラー著『聖杯と剣』（野島秀勝訳、法政大学出版局、一九九一年）、同著 *The Power of Partnership*（Novato, California: New World Library, 2002）を参照〕

ここで、ネットワークについて少し付け加えておくべきだろう。その構造が分権的であるため、多くの人が（私も含めて）パートナーシップの新しい社会構造としてネットワークを称賛した。[26] 当然ながらネットワークは、伝統的な支配者の組織と違って、相互に作用する自発的かつ水平的なコミュニケーションや交換によって人々をつなぐので、民主主義の機会をより多く提供する。だが残念ながら、ネットワークが支配や破壊のために効果的に利用されることもあり得ることは、歴史によって明らかになっている。

一九六〇年代に始まり今日まで、ネットワークはたびたび、環境保護、女性や子供の権利、経済的正義に取り組む活動家の手段として、また、思いやりが多く暴力の少ないパートナーシップのシステムを目指す運動を促進するその他の手段として役割を果たしてきた。しかし、ネットワークは同時に、テロリストや違法の麻薬カルテルなど、私たちをより暴力的で権威主義的な男性支配の生活様式に押し戻すものによっても利用されてきたし、実はますますこのような形で利用されるようになっている。

実際、アル・カーイダのような原理主義者によるテロリストのネットワークは、識者たちが「ネットウォーズ」とうまく言い表した新たな形の戦争の到来を告げた。従来の戦争と違って、こういったネットウォーズは、イランとヒズボラの関係のように、国家がテロリストのネットワークに武器を供給することはよくあるにしても、国家間の戦争ではない。兵士同士の戦闘というよりも、このようなネットウォーズの標的は主に一般市民である。さらに、テロリストのネットワークは市民社会の中に分散しているので、テロリストたちと戦う際にその周辺にいる市民に被害を与えないようにするのは非常に難しいし、実際には不可能だ。

したがって、デヴィッド・ロンフェルトとジョン・アーキラが *Networks, Netwars, and the Fight for the Future*（未邦訳）で書いているように、ネットワーク現象には、明るい面だけでなく暗い面もある。

これもロンフェルトとアーキラが書いていることだが、私たちの複雑な世界で、ネットワークが新たな組織の形式として成長を続けることと、インターネットなどの新情報技術によってこの傾向が促進されることは間違いないようだ。そのような情報技術があれば、ほとんど資金を使わずにネットワークを拡大できるからである。[27] だが真の問題は、ネットワークが成長し得る社会構造であるかどうかではない。パートナーシップの目的を促進するために利用されるのか、支配者の目的を促進するために利用されるのかが問題であることは明らかだ。

そうなると私たちはまた、パートナーシップ構造の性質か支配者構造の性質かを決定づける要因が絡まりあった大きなもつれに連れ戻される。家などの建物の物理的構造と違って、社会や経済の構造は物的な要素から成り立っているわけではない。社会や経済の構造に特定の特徴を与える要素は、ある特定の文化の考え方、習慣、規範、法律、規則であり、言語でさえもその要素だ。

たとえば、支配者の言語で男女関係の構造を言い表す言葉は、男子家長制と女子家長制の二つしかない。これらの言葉が言い表しているのは、支配者構造の二つのバリエーションである。私たちが通常使っている言語には、こういった関係に代わるパートナーシップの関係を言い表す言葉がない。[28]

それよりも大きな文化的な背景の重要性を考えると、パートナーシップまたは支配の経済・社会構造を、単にその外観によって言い表すことはできない。その基本となる価値観も考慮に入れなければならない。その価値観が今度は、それを取り巻く文化や下位文化に組み込まれて、その一部となっているのだ。

次章以降では、こういった双方向のダイナミクスについて、そして私たちの幸福、生活の質、自然環境にそれがどのように直接的な影響を与えるかについてさらに見ていくことで、引き続き、より大きな社会基盤の中での経済システムを探っていく。

第6章 支配の経済システム

The Economics of Domination

資本主義のことを、不平等と搾取を貪欲にむさぼる鬼のように思っている人もいる。そういった人たちは、地球を汚染したり、従業員や地元地域の福利や、ときには株主の福利さえも軽視したりする企業を指さし、この世の悪はすべて資本主義のせいだと非難する。だが、資本主義が鬼なのではない。私たちが受け継いできた、資本主義の根底にある考え方や構造や習慣が鬼なのである。

資本主義者の略奪的なやり方が大きな害をもたらすのは事実だ。しかし、資本主義世界の億万長者が莫大な富を築くよりもはるか昔、エジプトのファラオや中国の皇帝たちは、自国の富を蓄えていた。インドの権力者たちは、カーストの低い人々が赤貧に喘いでいる一方で、金銀の貢物を要求した。中東の部族軍の隊長は、略奪を行って人々を恐怖に陥れた。欧州の封建時代には、領主たちが近隣の敵を殺し、人々を抑圧していた。

このような前資本主義社会には、「人民」が「目上の人」に対して平等であり得るという考え方は想像もつかないものだった。経済上の搾取は、大衆の悲惨な状況と同様、動かすことのできない事実であり、もっと楽だと言われていた死後の世界の暮らしだけが人々の希望だった。

どの時代も常にそうだったわけではない。それ以前には、紀元前一四〇〇年頃まで地中海のクレタ島で栄えたミノア文明など、より平等な文化があった。古代ギリシャ文明のもつ、美を愛する心、建築、芸術の傾向などの特徴は、その多くが、技術的に進んでいたこの有史以前の文化の流れをくんでいる。ミノア人は、その時代の偉大な職人であり商人であった。このことによって、生活水準が一般的に高い、繁栄を極めた社会が生まれた。

ミノア文明は理想的な社会ではなかったが、パートナーシップのシステムのほうを志向していた。その後に興った大半の文明と違い、ミノア人のクレタ文明は奴隷社会ではなかった。クレタ島にあったさまざまな都市国家間に戦いがあった痕跡はない。そして、喜ばしい対等のパートナーとしての男女間に存在していた和の精神が、生活全体に行きわたっていたようだ。[1] ミノア人のフレスコ壁画を見ると、女性の地位がまだ高かったことがわかる。たとえば、クノッソスにある「行列のフレスコ画」には、位の高い女性の聖職者のもとに、男女の聖職者たちによって果物やワインなどの捧げものが運ばれているところが描かれている。ミノア人の美しい美術品は、彼らが自然を愛していたことも示している。ギリシアの考古学者ニコラス・プラトンは、「生活全体に、すべての創造と調和の源である自然の女神に対する熱心な信仰が浸透していた」と書いている。[2]

だが、ホメロスの叙事詩によると、ミノア人はミケーネ人によって侵略される。ミケーネ人はミノア人の遺産の一部をそのまま受け継いだが、ミケーネ人の文化はすでに、貿易ではなく主に征服によって富を獲得する戦士の文化だった。そしてミケーネ人の支配の後には、史学者が「ギリシャの暗黒時代」と呼ぶ、数世紀にわたって続く血なまぐさい争いと文化衰退の時期がやってくる。アテナイなど古代ギリシャの都市国家で再び欧州文明が興ると、それは、ミノアなど、パートナーシップ志向だったそれ以前の文化とは大きく異なる方向に進んだ。

非人道的な経済システムの継承

私たちは、古代アテナイからの遺産を理想化するように教えられている。この古代西洋文明に、私たちが慈しむべき素晴らしい側面があるのは確かだ。一方、称賛されてやまないこの社会には、アテナイの経済システムに目を向けたときに明らかになる暗い側面もあった。

アテナイの経済は主に家庭を基盤にしたものだった。そして家庭は、厳格な支配の序列構造になっていたのである。アテナイの子供たちは、その家庭の家父長の所有物だった。家父長が、生まれたばかりの子供を生かしておくべきか死なせるべきかを決めた。それが健康な男児であればおそらく生かしておいただろう。だが女児であった場合、母親の腕から奪い取られ、死ぬ運命に追いやられる可能性もあった。無条件に殺すことは合法的ではなかった。だがそのほうがまだ安楽な死に方だったかもしれない。慣行として受け入れられていたのは、望まれない赤ん坊を「捨てる」ことだった。捨てられた子供は、徐々に飢えて死ぬか、凍え死ぬか、アテナイに大勢いた年若い奴隷の売春婦たちに加わるかのどれかであった。

同じく古代ギリシャについて書かれた本で触れられていることはほとんどないが、歴史に名高いアテナイの民主主義は奴隷所有社会であった。財産のある自由民の男子だけが選挙権と被選挙権をもっていた。それ以外の人々――つまり、奴隷と、奴隷でない女性――には政治的権利はまったくなく、市民権もほとんどなかった。

ある程度の自由をもち尊重されていた奴隷がいたという説もある。だが大半の奴隷の運命はつらいものだった。ギリシャの散文作家デモステネスによれば、アテナイには、訴訟中に奴隷を日常的に拷問するための公開の拷問部屋があった。法廷で奴隷の証言が証拠として採用されるのは、拷問を受けて証言した場合だけだったからだ。奴隷は、主人の家や畑、鉱山で働いたが、その労働条件は劣悪だったため、一年もしないうちに死ぬこともよくあった。奴隷は、アテナイの有名な三橈漕船《さんどうそうせん》の漕ぎ手要員でもあったが、嵐や戦闘で船が沈めば若くして死ぬ運命でもあった。家付きの奴隷は、アテナイ人が「飲み込み防止装置」と呼んだ木製の装置をかぶらされることが多かった。それは、顎を閉じさせる装置で、食べ物を扱う奴隷にかぶせて盗み食いをしないようにするものだった。(6)

ギリシャにおける支配とパートナーシップの混合

大半の歴史書には、最初の欧州文明はいわゆるギリシャの暗黒時代の後に興ったと書かかれている。だが、ニコラス・プラトンやジャケッタ・ホークス、J・V・ルースなどの学者が指摘しているように、クレタ島に侵攻してミケーネ人を支配したアカイア人は、後にそれを征服したドーリス人と同様、征服した人々の物質的・精神的文化の大部分を吸収して前進したにすぎなかった。(3)

ルースはこう書いている。「火事で焼け焦げたオリーブの木のように、ミノア文化はしばらくの間、休眠状態に入った。そして、ミケーネ人の砦の陰で活き活きとした若枝を勢いよく伸ばした……『アトラスの娘』であるミノアの王女たちがミケーネ人の将軍家に嫁いだ。ミノア人の建築家がその王宮を設計し、ミノア人の画家がその部屋をフレスコ画で飾った。そしてミノア人の筆記者の手によって、ギリシャ語は初めて文字言語となったのである[4]」。

ルースが書いているように、ドーリス人による破壊後もすべてが失われたわけではなかった。大きく変わって、以前は強大な力をもっていたヘラやアテナやアフロディーテなどのタイプの女神たちが、ギリシャ神話の中ではゼウスに従属することになった。多くが忘れられ、ミノア文明の記憶さえも次第に伝説の中に消えていった。だがギリシャ文明にも、パートナーシップのシステムのほうにより適合する要素もあった。アテナイ人が芸術と美を愛した点、民主主義を試みた点、哲学的な知恵を重んじた点がそうだ。

それでもなお、古代アテナイには、トップダウン型の社会・経済構造があったこと、重大な虐待や暴力が構造的に内在していたこと、女性や「女らしさ」が男性や「男らしさ」に従属していたこと、支配や暴力を理想化する考え方や物語があったことなどが、支配のシステムの構造におおむね適合していた[5]。

女性はどうであったかと言えば、女性の詩人や哲学者もいたし、中には、ギリシャの黄金時代をもたらしたアテナイの将軍ペリクレスの愛人であったアスパシアのように、政治顧問さえ務めた人の例もある。だがそれらは極めてまれなケースであった。

古典学者のエヴァ・クールズが書いているように、アテナイでは女性は二流市民でさえなかったのだ。クールズによれば、「奴隷と同様、女性は、男性の所有物である範囲内で法の保護の下にあったが、それ以外には法の保護をまったく受けていないも同然だった[7]」という。父親が娘に財産を遺しても、娘にはその財産を使う権利はなかった。権限は、その女性の後見人の手にあったのだ。実際のところ、「きちんとした」自由民の女性も自由ではなかった。女性はその活動領域を**ジナイコニティス**という女部屋だけに制限されていた。

アテナイには、**ジナイコノモイ**という女性監督官がいた。アリストテレスが書いているように、この監督官は、女性の「貞節を守る」ためにその行動を制限する役割を担っていたのである。女の子はまだ子供のうちに嫁がせられることが多く、教育を受けられなかった。「自由な」女性も、たとえ自宅の中であっても男性と自由に交際することは許されていなかった。

男性は、主に家事を管理し息子を養育する者として、「きちんとした」女性たちを頼りにしていたようだ。男性の性的関係は、売春婦を相手にしたもの、または年上の男性と若い少年との間での同性愛関係だった。当然ながら、この支配者の性に関するダブル・スタンダードの下では、男性には完全な性的自由があった。そしてこの自由はさまざまな形で行使された。有名なギリシャのシンポジアがその例であり、それは現在の「シンポジウム」がもつ学問的な意味とちがって、アテナイの男性が、家の正面側にある**アンドロニティス**という男部屋で開く乱交パーティーであった。

奴隷の少女は、売春婦として男性に利用されることが多く、クールズが書いているように、「有無を言わさず、そのような制度の計り知れない恐怖にさらされていた。所有者による虐待、拷問、無差別の処刑や、最高値で買ってくれる人へ売られることに対する恐怖などだ」[8]。奴隷ではない売春婦も厳しく管理されていた。アリストテレスが書いているように、売春の価格統制はアテナイの重要な制度だった。「フルートやハープやキタラという琴を演奏する少女は、二ドラクマ以上を請求しないこと」が法律で保証されてさえいた[9]。つまり、女性が就くことのできる――それも、「場合によって就けることもあった」という程度だ――ごく限られた職業の一つによって、自分で稼ぐことのできた収入は、厳しく制限されていたのだ。

要するに、アテナイの有名な民主主義の恩恵を受けていたのは、アテナイの人口のうち、ごく一部の人だけだったということだ。大部分――奴隷の男性と、奴隷および「自由」市民の女性――は基本的に、自由市民の男性が利用するための存在だった[10]。

このように、ソクラテスやプラトンなどのギリシャの哲学者はパートナーシップという価値観を支持することもあったが、この古代社会――私たちは価値観の多くをこの社会から受け継いでいる――は、主として支配のシステムを志向していた。前述したように、西欧文化に大きな影響を与えたもう一つの文化であるユダヤ・キリスト教の伝統についても同様である。だが聖書の言い伝えも、その多くが野蛮な部族社会から生まれたものだ。そして、今も西欧の経済システムには、このような支配者志向のギリシャやユダヤ・キリスト教の伝統の影響を見て取れる。

このような伝統の一つがトップダウン型の経済統制である。支配者の部族社会では、首長はほかの男性よりも多くの妻や牛や土地を所有していた。こういった首長たちの中には、襲撃によって、また後には征服戦争によって、征服民の労働力などの生産資源を大量に管理下に置くようになった者もいた。そして、この首長たちは自分の富を息子に譲り渡したので、上の階層と下の階層との分裂が大きくなったのである。**有史以来ほとんどの時代には、労働力などの生産資源の管理が上流階級の人々の手に握られていた。**

欧州でこういった上流階級になったのは、剣によって広大な土地を蓄えてきた戦士出身の王たちの血統を引く「貴族」だった。そしてこういったエリートが自分たちの支配を強要するために作った法律は、彼らが支配する人々を私物化し搾取する権利を与えるものだった。

奴隷解放以前の米国南部のような、昔の西欧の奴隷社会では、現在の私たちが食料品や家具や衣服を買うかのように、多くの男女が（少年や少女も同様に）合法的に売買されていた。そういった人々は財産であり、奴隷には（性的なものも含めて）どのような奉仕を強要されるかについては選択の余地がなかった。法による保護は、あったとしてもごくわずかであり、逃亡すれば激しい痛みを伴う懲罰か飢えが待っていた。奴隷でない女性はどうかといえば、最初は娘として、そして後には妻として、同様に男性の厳しい管理下に置かれた。(11)

中世の封建制度の下では、支配階級のエリートたちは依然として、男女両方の農奴の肉体労働を合法的に私物化することができていた。農奴たちは領主の土地に住んでその土地を耕し、戦争時には領主のために戦った。領主は、史学者が「君主の義務」または「初夜権」と呼ぶ、農奴の花嫁と最初に性交する権利を与えられることもあった[12]。

封建時代の支配エリートの女性たちも下層階級であり、経済的な特権や法的な権利はほとんどなかった。十字軍の遠征など、男性が戦地に行っている間だけは、アリエノール・ダキテーヌと娘のマリーのような女性が強大な権力を握ったこともあったが、法律上は、結婚した女性は依然として夫の所有物として扱われていた。

たとえば、英国の慣習法の場合、これが後に米国の植民地に広まったのだが、女性は自力で訴訟を起こしたり、訴訟の対象になったりすることはできなかった。女性が過失による傷害を負った場合、その夫が提訴して、夫に対する妻の奉仕が損なわれたことを補償するよう求めることはできたが、妻には自分の傷害に対する補償を求める権利はなかった[13]。

女性の法的な無力化は、西欧においてさえも、一九世紀の資本主義の時代になっても続いた。女性は依然として、基本的な政治的権利や市民権、財産権の大半――選挙権や財産所有権から、高等教育を受ける権利や弁護士や医師などの職業に就く権利まで――を奪われていた。

一九世紀から二〇世紀初頭の「悪徳資本家」の資本主義の下では、女性も男性も子供も――ここでも、法的な保護がほとんど、またはまったくない状態で――危険で不衛生な環境の中、低い賃金で長時間労働を強いられることが多かった。そうしなければ、飢えることになったのだ。反抗したり組織化しようとしたりすれば、たいていはひどい暴力を受けることになった。

二〇世紀の共産主義革命の後も、トップダウン型の経済統制の大部分は依然として存続していた。旧ソヴィエト連邦では、「プロレタリアート独裁」が、武力と苦痛の恐怖によって、大半の男女にとっての人生の選択を厳しく制限した。人々の労働力は、同国の他の経済資源と同じく、基本的に国家の財産であった。そしてここでも、一部の男性エリートが上からの支配を行った。子供の世話や病人や高齢者の介護という、生命を維持するために女性が行う無給の仕事は、男性からすれば当然のことと考えられていた。女性は、食事の用意や掃除、子供の世話などの家事をこなし、不足している生活必需品を買い求めるために何時間も立ったままで長い列に並び、外では一般に男性よりも低い賃金で働くという、三重の負担を背負っていた。

現在、少なくとも建前上は、人の身体を所有することや、人の勤労を他の人が私物化することは、世界中ほぼどこでも法律で禁じられている。だが、それにもかかわらず、経済的支配の伝統は、変わるまいと強く抵抗し続けている。奴隷制度は、子供の奴隷も含めて、アジアやアフリカ、中東の一部の地域で、依然として公然と行われている。中南米の先住民族の多くは今も地主階級の農奴だと言っても過言ではない。畑や工場の非人間的な労働条件は多くの国にはびこっている。子供たち――とりわけ女の子――は、依然として教育を受けることができず、夜明けから日没まで働くよう求められている。それよりも「進んだ」国々においてさえ、育児や介護の仕事は、一般的に今も女性の手に、無給または極めて低い賃金で追いやられ、それに対して養老年金や健康保険などの経済的なセーフティー・ネットは整備されていない。企業や政府における支配の階層は、自然などだけでなく経済効率のために必要なものとして、今でも正当化されることが多い。これらはどれも、支配のシステムをより志向していた時代から私たちが受け継いできた遺産である。

事実、現代の職場は、支配者の社会組織に必要な条件を満たすように構築された。部下を管理するのは、現場監督であろうと最高幹部であろうと、その部門の責任者の役割だった。独占や共食い的競争が当たり前で、女性は低賃金で社会的地位の低い職に追いやられ、思いやりや共感は無関係なものとみなされるか、たとえ関係があるとみなされるにしてもほんのわずかであった。

当然ながら、このような人々がいなければ機能することができないような、主に信頼と思いやりに基づいた結びつきもあった。だが、このような非公式の関係の価値が称賛されることが多かった一方で、重要だったのは、より公式な垂直構造における位置づけであった。そのため、思いやりがあることや共感的であることで知られた実業家や経営責任者もいたが、全体として見れば、そういった人々は例外であった。

工業の職場は、男性的な性質の典型である「屈強さ」によって支配されるようになっており、労働者の安全や健康などのニーズを思いやることにほとんど関心が払われなかった。労働者たちは、産業用機械の歯車の歯であるかのように考えられた。そして、実現の階層ではなく支配の階層の性質と同様、説明責任や尊重は社会の底辺から上への一方通行にすぎず、命令には無条件に従わなければならなかった。(14)

このように不均衡で制度的に思いやりがなく、恐怖に基づいているうえ、たいていは虐待的で非人間的であった事業経営方法がもたらす人的損失は莫大であった。だが、経済生産性のためにはそれが必要だと言われていたし、一般にそう信じられていた。今でさえ、経済効率のためには支配の経営構造や企業文化が必要だと信じている人もいる。だが、第三章で見たように、このようなかつて神聖化されていた考え方や制度は、生産性や創造性を促進するのではなく、妨げるものである[15]。

現在、多くの研究によって、支配のシステムは組織の関係的資源――とくに脱工業化経済において経済上の成功のために欠かせない資源――を減少させることが実証されている[16]。実証的証拠によって、「軟弱な」感情や行動が生産性の障害となるという説が誤りであることも立証されている。これも第三章で述べたが、それどころか逆に、ミシガン大学のジェーン・ダットン教授の言葉を再び借りれば、人は気にかけてもらっていると感じると十分に元気になれるものだ――それはすなわち企業の生産性や経済発展を意味する――ということが、研究結果から明らかになっている。

飢餓と貧困の永続化

これまで見てきたように、支配のシステムの大きな特徴は、女性と、女性らしいとされるものすべてが従属的な存在とされていることである。この数十年間というもの、国際開発政策の目標として繰り返し宣言されてきたのは、慢性的な貧困と飢餓の撲滅だった。だが政府の高官たちもマスコミも、ある驚くべき統計を無視し続けてきた。世界中で絶対的貧困に喘いでいる一三億人のうちの七〇%を女性が占めている、という統計である[17]。その結果、ハンガー・プロジェクト協会のジョーン・ホームズ会長が指摘しているように、慢性的な飢餓と貧困のパターンを変えることに現実的に取り組むには、女性差別の伝統を変える必要がある[18]。

これは決して、支配のシステムを志向する社会で苦しんでいるのは女性だけだという意味ではない。男性も苦しんでいる。支配者のピラミッドの最下層に属している男性はとくにそうだ。

事業の成功とビジネス倫理

支配者の経済システムのもう一つの特徴は、倫理の欠如である。「恋愛と戦争においてはすべてが正当化される」などのよく知られたことわざと同様、古いラテン語の格言「買い手注意」は、事業は倫理的であるべきだという考え方など一蹴されたであろう昔から、私たちが受け継いできたものである。

『ビジネス・エシックス』誌の編集者マージョリー・ケリーが書いているように、今日のエンロン、ワールドコム、レフコなどの大規模な企業倒産の背後に倫理の欠如があることは明らかである。ケリーによると、倫理に反する企業慣行は、顧客や債権者や従業員に害を与えるだけでなく、企業価値をも危険にさらすということが次第に認識されるようになっている。[19] 倫理的な経済システムの必要性を強く主張しているデヴィッド・コーテンが書いているように、「健全な市場経済は、利益や市場競争だけに依存するものではなく、倫理的で人生を肯定する文化と、公共政策や公的な規制の健全な枠組み双方との関係において機能しなければならない」[20] という認識がますます広がっている。

ケリーもコーテンも書いているが、悪い知らせは、依然として多くの経済指標や経済原則によって、無責任な事業の行い方が奨励されている点だ。たとえば、企業に四半期ごとの財務報告を求めることは、企業が長期ではなく短期に焦点を当てることや、社会的・環境的コストを社会に転嫁することを助長している。企業が、露天掘りや森林の皆伐、有害廃棄物の投棄によって自然資本を使い果たしていても、現行の経済指標や経済原則ではこれらは単純に「外部性」とみなされる。人的資本と社会資本が搾取され、枯渇した場合も同じだ。経済指標や経済原則が人間や自然にとって害であるものを外部性として扱っている限り、企業は利益の増大という名のもとに、労働者を消耗品として扱い、地域社会全体の健全性を損なう可能性がある。

良い知らせは、ビジネスについての会話の流れが変わりつつあることだ。機能不全に陥っている経済原則をやめて、思いやりと倫理的な企業慣行を奨励し、それに報いるような経済原則に変える必要性を多くの人が認識するようになるにつれ、倫理的かつ長期的で、人生を肯定するような選択をする企業が増えている。

一九三九年にウィーンを脱出した私と両親はキューバに亡命し、私はそこで育ったので、貧困が男性や女性や子供たちにどのような犠牲を強いるかがわかる。私の両親はすべての財産を置いてこざるを得なかったため、私たちはウィーンでの快適な暮らしから、今にも壊れそうな悪臭のするホテルや下宿屋での生活へと落ちぶれた。両親がハバナで立ち上げた事業が軌道に乗り、生活が好転した後も、当時のフルヘンシオ・バティスタ大統領をはじめとするキューバの腐敗官僚などのエリート層が贅を尽くした華やかな暮らしをしている一方で、私の周囲の人々が苦しんでいるのを目の当たりにしていた。部屋が一つしかない、ゴキブリのはびこるあばら家に大勢の家族がぎゅうぎゅうになって暮らしている家庭や、路上で物乞いをするホームレスの子供たち、ハバナの埠頭で汗水たらして大きな荷物

を担いでいる男性たちを見た。だが、最も重い負担を背負っていたのは、夜明けから日暮れまで骨を折って働いている女性たちであることも目にしていた。自分自身と子供たちが食べていくために、メイドやお針子をしたり、乞食になったり、なかには、当時悪名高かったハバナの歓楽街で娼婦になる女性もいたのだ。

多くの発展途上国では、今でも何百万という女性がこのような運命を背負っている。女性は今も男性より労働時間が長いし、アフリカの女性たちが慣例としているように、大きな水差しや重い大量の薪を運ぶなど、大変な重労働を行っていることが多い。だがそれにもかかわらず、アフリカでは、女性が家長の家庭は最貧困層となっている。

世界全体で見ると、市場経済で同じ労働をした場合、女性が得られる収入は平均して男性の三分の二から四分の三である。そして、女性が家庭内で行う仕事の大半——育児、健康管理、高齢者の介護、掃除、料理、薪集め、水汲みや水運び、自給のための農業など——は経済的に生産性が高いとみなされていない。そのため、経済政策による支援を得られていない。

豊かな米国でも、世帯主が女性の家庭は経済的階層の最下層に属する。その結果、子供五人のうち一人が貧困生活を送っており、子供の貧困率としては先進工業国の中で最も高い[21]。さらに、米国国勢調査局によると、六五歳を超える女性の貧困率は、六五歳を超える男性の貧困率の二倍近くだという[22]。

世界の貧困と飢餓が女性と子供たちに偏って影響を及ぼしているという事実は、偶然でも必然でもない。今なお支配者の特質を強く残している政治・経済システムが生んだ直接的な結果である。たとえば、米国のような豊かな国でさえも、年老いた女性は年老いた男性よりも貧しい生活を強いられる傾向がずっと強い。その主な原因は、政府の政策や企業の経営方針が、平等な社会保障給付金や年金、退職年金によって高齢の女性を守ることができていないことにある。

男女差別の観点から財源の分配を見ると、女性や子供の貧困は、主に政治・経済上の優先事項が直接的に引き起こした結果である。とくに、政府や企業や家庭の予算が男性に特権を与え、女性を差別するように歪められた結果なのだ。そして、圧倒的多数の男女がこのような予算を当たり前だと考えている。

この差別傾向が最も顕著なのが貧しい国々だ。たとえば、アフリカやアジアの多くの国では、男性の教育費が女性の教育費よりもずっと大きい。医療などの公共サービスへの支出についても同様だ。加えて、経済学者のモニ・ムカージは、「女性よりも男性を対象にした、公共の秩序と安全への大幅な支出拡大が求められている。なぜなら女性よりも男性のほうが犯罪を起こしやすいからだ……経済的サービスへの支出もまた、男性に大きく割り当てられ、歪められたものになっている」[23]と書いている。つまり、男性の占める割合が大きい領域に資金拠出の優先権があるのだ。家族内の資源の分配においても同様の傾向が見られる。このような歪められた分配のパターンが、飢餓や貧困をさらに永続化させている――そして、経済・人間開発の妨げとなっている。

家庭の経済システム

従来型の分析では、今も家庭の経済システムは総じて無視されている。家庭は、生産または消費の単位と考えられており、それよりも大きな経済や政治のシステムの縮図であるとは考えられていない。その結果、たいていの分析は家族内の資源分配を考慮に入れていない。

一般的には、男性の家長が主な扶養者であると想定されている。だがこの想定は、科学的研究によって立証されている真実を無視している。

その真実とは、多くの最貧地域では、男性ではなく女性が主な扶養者として、栄養や健康など、家族の生命維持にかかわるものを提供しているということだ[24]。多くの家庭で、実際には女性が唯一の扶養者である。たとえばアフリカの大半の国では、女性が自給自足農業をして家族の命をつないでいる。こういった女性たちは、母子家庭の母親か、夫が都会に出ていてしまった――そしてそこで夫は別の女性と結婚している――女性である。

過去数十年間にわたって、両親の揃った家庭で経済資源がいかに使われているかについても多くの研究がなされてきた。こういった研究によって、支配者の前提や政策が人間開発や経済開発をいかに妨げているかがさらに明らかにされた。

ジュディス・ブルースとデイジー・ドワイヤーが共著の *A Home Divided*（未邦訳）で書いているように、男性には個人的な消費にお金を使う権利があり――男性にはそうする必要がある、またはそうする価値があると考えられている――女性の収入は家族の共同目的のためのものだという考え方を文化的伝統が支持するのはよくあることだ[25]。その結果、シンシア・B・ロイドとジュディス・ブルースが述べているように、「文化や所得がさまざまに異なる集団に共通して、男性よりも女性のほうが、子供のためになる物品や子供の能力を高める物品にお金を使う傾向があることを示す、無視できない実証的証拠がある」[26]

この傾向がどのくらい高くなり得るかは、ダンカン・トーマスの*Intra-Household Resource Allocation*（家庭内資源の分配）という報告書に示されている。トーマスによって、「ブラジルの場合、ブラジル人女性の管理下にある一ドルが子供の生存に与える影響は、男性の管理下にある一八ドルが与える影響と同じである」ということが明らかになった。[27] 同様に、ブルースとロイドは、グアテマラでは「母親の管理下にあるお金が一カ月当たり一一・四ドル増えると、幼い子供にとっては、父親の収入が一六六ドル増えるのと同じだけの利益がある」ということを明らかにした。[28]

当然ながら、厳格な男子支配の文化においても、家族のニーズを満たすことを最重要視する男性もいる。だが概して、このような社会の男性たちは社会生活に順応し、収入を飲酒や喫煙、ギャンブルなど、家族以外の目的に使うことが自分たちの特権であり、女性が不平を言うときは小言を言って支配しようとしているのだと信じている。国際NGOワールド・ビジョン・インドネシアの理事長を務めるアヌゲラ・ペケルティ博士が述べているように、多くの父親は、自分の子供たちが生き残るために必要なものよりも自分の目先の欲求を平気で優先させるようだ。[29]

さらに従来の経済理論は、資本主義であろうと社会主義であろうと、男性の家長が、自分の管理している財産を家族全員の利益のために使うという前提に基づいている。これが、家庭を単位として扱う従来の分析における前提であり、途上国における援助の大部分が男性を対象にしてきたという事実の背後にある前提の一つである。

開発援助計画は依然として大規模なプロジェクトに莫大な資金を割り当てているが、女性はそれに対してほとんど、あるいはまったく発言権がないうえ、こういったプロジェクトから貧しい女性や子供たちが得る利益は、たとえあったとしてもごくわずかだ。最近の「マイクロレンディング」と呼ばれる、主に女性を対象にした小口融資も、ごくわずかな金額しか提供しない。銀行融資の大半は、男性のエリート層が所有する企業か、男性の「家長」のもとに流れる。

先進国から途上国に向けた政府の人道支援は、その多くが結局はエリート層の手に行き着き、スイスの銀行に預けられたり、豪邸の建設に使われたり、私腹を肥やすのに使われたりする。資金が貧困層に直接渡ったとしても、ほとんどの場合、そのお金を家族のためではなく自分のために使う男性の懐に入る羽目になる。これが人々の一般的な生活の質に与える影響は明らかである。

繰り返し強調しておくが、私は、世界経済における悪の原因が男性だと言うつもりはない。私たちが扱っているのは、人類の半分は仕えるためにこの世に生まれ、もう半分は仕えられるために生まれたのだという考え方や、父親ではなく母親は自分のニーズや欲求よりも家族のそれを優先させなければならないという考え方を男女両方が受け入れるように適応したシステムである。

この経済のダブル・スタンダードは、より厳格だった支配者志向の文化から私たちが受け継いだ、男性が優れていて女性が劣っているという人間観から生まれたものだ。このダブル・スタンダードは女性を傷つけるだけでなく、人種であろうと宗教であろうと民族であろうと、さまざまな違いを優劣と同一視し、そして仕える側と仕えられる側、支配する側と支配される側という関係と結びつけるためのテンプレートとなっている。

支配のシステムには、パートナーシップの選択肢はない。支配するか支配されるか、その二つの選択肢が認められているだけだ。このことが人間関係に破滅的な影響をもたらしてきた。また、非効率な経済システムにもつながったのである。

不足を生み出す

支配者の経済システムや経済政策の最も非効率で破壊的な側面はおそらく、人為的に不足を生み出す点であろう。不足を生み出し、永続させることは、支配者のシステムを維持するための必須条件である。労働の主な動機づけとして痛みの恐怖を用いるこのシステムが自らのシステムを維持するために用いる主な手段が、不足を生み出すことなのだ。

もちろん、環境やその他の状況が真の不足をもたらすこともある。だが、支配者の政策や経済システムが、過剰消費、浪費、搾取、戦争または戦争の準備、環境の略奪を行い、思いやることや世話をすることに価値を置かず、質の高い人的資本に投資できていないことによって、常に人為的な不足が生み出されている。

最上層の人々による過剰消費や浪費は、支配者の文化に常に見られる特徴だ。贅沢なローマの饗宴であろうと、現代の大富豪が数百万ドルを費やすパーティーであろうと、王や皇帝や独裁者たちの壮大な宮殿、エンロンやワールドドコムの最高経営責任者（CEO）が住む贅を尽くした豪邸、フィリピンのマルコス大統領夫人イメルダが所有していた数千足の靴や、インドネシアのスカルノ大統領やスハルト大統領一族の莫大な銀行預金であろうと、同じことである。最上層の人々が資源を浪費し、底辺の人々はその残骸に殺到するのだ。

残骸をめぐる争いは、人種的・宗教的・民族的な意味合いを帯びる場合も多い。鬱積した偏見が煽られ、憎しみの炎や、ときには暴力の炎となって燃え上がる。ユダヤ人は邪悪な経済的陰謀団のそしりを受け、人種や宗教が異なる人々は、資源を利用する権利のある人たちから不公平にもその資源を奪っていると非難されている。

このようにスケープゴートを作ることには二つの役割がある。底辺の人々を分裂させ、互いに対立させる。そして、下層の人々に資源の不足をもたらす政策や習慣を行っていた張本人たちから離れたところに、欲求不満と怒りを向けさせるのだ。こういったことすべてによって支配と搾取のシステムが維持されている。このシステムにおいては、不十分な賃金と社会のセーフティー・ネットの欠乏が、行きわたるべきお金が十分にないという考え方をさらに強めることになる。

不足しているという心理は、貧困層だけでなく富裕層にも影響を及ぼす。最上層の人々は、自分たちもその不足に耐えなければならなくなるという恐れから、富をもっと公平に分配しようと思わなくなる。恐れと不足の真理は、生き残りのために必要だという理由で略奪的な事業慣行を許し、場合によってはそれを促しさえする経済原則や経済政策にもつながる。このことが、生活の手段を失った競争相手とその従業員を抹殺することによって、さらなる資源の不足を生み出す。

生活を支える資源の慢性的な不足を引き起こすのは、支配のシステムがもつさらにもう一つの典型的な特徴である、武器や戦争への資源の注入である。現在、破壊と支配の技術に出資されている年間数兆ドルが、人々の医療や教育、福祉に使われるはずの財源を枯渇させている。そして戦争が問題を悪化させ、資源だけでなく人々も破壊して、さらなる不足と不幸を生み出している。

米国の年報 *World Military and Social Expenditures* によると、米国の大陸間弾道ミサイルの費用があれば、五〇〇〇万人の子供たちに食料を与えるか、学校を一万六〇〇〇校建設するか、三万四〇〇〇カ所の医療センターを開設することができる(30)。ユニセフ（国連児童基金）の報告によると、原子力潜水艦一隻の費用で、農村地帯の四八〇〇万人に低コストの上下水道設備を提供することができるし、レーダー回避機能をもつ爆撃機一一機の費用で、一億三五〇〇万人の子供たちに初頭教育を四年間提供することができるという(31)。

米国のシンクタンクである政策研究所（IPS）の外交問題ウェブサイト Foreign Policy in Focus（FPIF）の試算では、二〇〇五年には、米国のイラクでの軍事行動による納税者への負担が一カ月当たり五六億ドルになるという(32)。だが、これらの天文学的な額の軍事費を認めたのと同じ連邦議会が、財源がないという理由で保健や教育、福祉への連邦投資を削減した。

また支配者の経済システムは、子供たちの肉体・精神・感情の発達のための活動への投資を抑制することによって、慢性的に不足を生み出す。このことが、軍備への莫大な予算の割り当て――社会の人的資本への投資を通じて全体的な充足を促進するために使うこともできる資金――と相まって、盛んに言われている「質の高い人的資本」の創造を妨げている。これらはどれも、不足や慢性的な飢餓や貧困を防ぐことのできる経済発展を遅らせるものだ。

だが支配者のシステムで浪費されているのは物質的な資源だけではない。感情的な資源もそうだ。厳格なトップダウン型の序列は、家族内の序列であろうと国内の序列であろうと、信頼や共感や思いやりにとって人工的な障害物となる。財産を管理することだけでなく他者を管理することが、基本的な人間のニーズを満たすことに取って代わっている。

現代のマス・マーケティングは、愛や安全や信頼を切望する人々の気持ちを操作することによって、まだ満たされていない需要にうまくつけ込んだ。デオドラント化粧品からダイヤモンドまであらゆるものの広告が愛を保証する。清涼飲料やハンバーガーや車のコマーシャルで、魅力的な女性とのセックスが暗示される。保険会社や証券会社の広告キャンペーンで、安全、信頼性、そして感情移入でさえも保証される。

あまり控えめとは言えない方法でこの種の宣伝が伝えているメッセージは、「愛や充足感、安全、喜びを切望する気持ちを満足させたいならば買って消費することだ」というものである。そうして、貧しい人々は一ドルショップの通路にひしめいてガラクタを買いこみ、富める人々は家やヨットを増やしていく。そして、このような無駄な蓄財が私たちの家や地球を散らかす一方で、支配者の階層制度の底辺に属する人たちは、飢えや病気で命を落とし続けている。

このことは、支配者の経済システムが人為的な不足をもたらすもう一つの原因である環境の略奪へとつながる。批評家はよく、増大する環境問題を工業化のせいにする。だが環境問題は工業化経済に特有なわけではない。環境からの略奪は、支配のシステムの特徴なのである。それはずっと昔に遡り、有史以前の牛飼いに始まっている。牛飼いは、過放牧によって土壌を疲弊させ、不足を生み出して、それが次には支配に基づいた関係を強化させたのだ。

真の福祉制度改革

困っている人々を思いやる政策が導入される場合も、思いやったり世話をしたりする「女性の仕事」には真の価値が与えられていないので、思いやりのない方法で実施されることが多かった。米国の福祉制度がその代表例だ。フランクリン・D・ルーズベルト大統領が世界恐慌の最中に、社会保障やその他の社会保険の取り組みとともに、有名なニューディール政策を始めたとき、「児童手当制度」という緩やかな政策があった。原則として、児童手当制度は、社会保険に加入していない母子家庭を援助するためのものだった。実際には、この制度は、警察国家型の管理方法を伴った、受給者にとっての悪夢と化した。

ソーシャルワーカーは、裁判所の令状なしに手当受給者の家を深夜に突然訪問して、余分の歯ブラシや男物の衣服がないか、また、給付される手当から差し引かれていない贈り物がないかを探すように命じられた。女性に交際している男性がひとりでもいるなら、その男性が女性とその子供を養うべきだからという理由で、このような夜襲は正当化された。そうして女性は、男女関係をもったために経済的に罰せられただけでなく、プライバシーと法的手続きという最も基本的な権利も認められなかったのである。

一九七〇年、母親たちの福祉団体から大きな圧力を受けた後、夜襲は憲法違反であるとの判断が下された。だが手当の給付金は依然として「慈善」だと考えられていた。児童手当制度は、支配者の家庭で男性の家長が母親にわずかな小遣いを渡して子供のための食料品や靴や衣服を買わせるようなものでしかなく、母親の行う育児や介護といった仕事にはほんの少しの価値も認められなかったのである。

したがって手当受給者の「怠惰」や「詐欺行為」は、リチャード・ニクソン大統領が提案した「家族支援計画」をはじめとする「福祉制度改革運動」を正当化するために利用されやすかった。一九九〇年代には、民主党のビル・クリントン大統領と、共和党の支配下にあった連邦議会の下、「政府には貧困生活を送っている母子家庭を援助する義務がある」という考え方に代わって、「貧しい母親は仕事をしなければならない」という考え方が主流となった。経済学者のランディ・アルベルダが著書 *Lost Ground: Welfare Reform, Poverty, and Beyond*（未邦訳）で書いているように、中流階級の女性が仕事を辞めて子供たちと家にいるように促されていた一方で、貧しい母親たちは最低賃金に満たない仕事をするために働きに出ていた[33]。

その結果、多くの子供たちが十分に世話を受けることなく、またはまったく世話を受けることなく放置され、いわゆる「鍵っ子」が増加して、ほかの子供たちにまで悲惨な結果をもたらすこともあった。ミシガン州に住む六歳の少年が、低賃金の仕事を二つ掛け持ちしていた母親の留守中に、同じクラスの六歳の少女を撃ち殺してしまうという事件が起こった。当然、マスコミはこの事件を大々的に取り上げた。だが、この悲劇と、思いやることと世話をすることといった「女性の仕事」に価値を認めることもそれを支援することもできていない「福祉制度改革」との関係を理解してはいなかった。この「改革」は依然として、子供たちの必需品を買うための単なる小遣いとしての給付金を計算するものであり、母親が行っていることも仕事であるという考え方を否定していた。

真の福祉制度改革には、まったく異なる手法が必要となる。母親にも父親にも、家庭ではともに有能な親で、市場経済においてはともに熟練した労働者でいられるよう力を与える手法が必要なのだ。これは、西欧諸国の大半でとられている手法であり、西欧では、貧しい人たちへの公的支援は社会の義務だと考えられている。この手法は、福祉制度が「税金の無料サービス」という烙印を押されてきた――その一方で、企業への数百万ドルの政府補助金や、富裕層を対象にした大幅な税控除は広く認められている――米国とはまったく対照的である。

自然の征服

現在のサハラ砂漠はかつて緑豊かな土地だった。紀元前四万～一万三〇〇〇年頃には、ゾウやウォーターバック、ダチョウやキリンの群れが北アフリカを移動していた。紀元前一万二〇〇〇～四〇〇〇年の土壌標本から、現在は年間降水量が一〇ミリメートルしかない地域に、当時は年間三〇〇～四〇〇ミリメートルの降雨があったことがわかっている。ブライアン・グリフィスが、砂漠化と文化の変容の歴史についての著書の中で書いているように、このように今よりも湿潤な気候では、北アフリカを横断して川が流れており、アンテロープや大型のネコ科動物たちのいる景色はおそらく、現在のケニアの国立公園によく似ていただろう(34)。

当時のサハラは、味気ない岩肌と砂丘の荒地ではなく、単に狩猟採集の拠点というだけではなかった。農業の発明とともに、耕作が可能になった。だが紀元前三〇〇〇年には乾燥期がやってきた。

この地域が砂漠化した原因には気候の変化も挙げられる。地理学者のジェイムズ・デメオは、数千年間にわたる気候の変化の情報を考古学的なデータと関連づけた大規模な電子データベースを用いて、デメオが「サハラシア」と呼ぶ大砂漠地帯（大まかに言って、北アフリカから中東を通り中央アジアにまで及ぶ地域）におけるこういった変化を地図に表した。[35] そして、かつて豊かな庭だったこの地が次第に不毛の荒地になったことがわかった。だが気候の変化は、全体の経緯の一部にすぎなかった。グリフィスが書いているように、土地が乾燥してくると、農業ができなくなり、家畜を育てたり飼ったりすることさえ難しくなった。干ばつが進行し、植生がさらにまばらになると、人間の営みそのものが砂漠化の原因となった。

一年中同じ場所で山羊と羊を放牧していたため、草地はさらに後退した。放牧地をさらに広げるために、木が伐採された。木や植物が消えるにつれて、雨の量もさらに減った。ちょうど、現在、森林が破壊されたときに起こることと同じだ。そしてさらに多くの牧草地で過放牧が行われるようになるにつれて、土壌はさらに不毛になった。

自然の生命維持システムが次第に疲弊するにつれて、このような土地開発のサイクルがさらに大きな不足をもたらした。だが支配と搾取のサイクルは自然に限った話ではない。このようにさらに過酷になった環境の中で、支配と搾取の習慣が当たり前のことになった。

草地や水の利用をめぐって他のグループと戦いを始めたグループもあった。そして、男性が家畜のことでますます暴力に頼るようになるにつれて、女性は地位と力を失った。

グリフィスが書いているように、「もともと羊飼いや山羊飼いはおそらく女性であった。狩人は野生の母山羊を殺した後、たぶんその子供を捕まえて家に連れ帰ったのだろう。そして女性が親のないその子山羊を育てることにしたのだ。このような家畜の世話は、今もインドや中国ではそうである場合が多いように、これまでも主に女性の仕事であっただろう」[36]。だが、牧草地がさらにまばらで途切れ途切れになっても、間違いなく女性は引き続き家畜の世話をしたり経済的価値のあるほかの仕事を行ったりしていた一方で、男性はそれとは大きく異なる、より積極的な役割を担うようになった。そして、家畜の群れを連れて遠くまで行くことだけでなく、家畜が奪われないように守ったり、自分自身が他人の家畜を奪ったりすることも男性の役割となったのだ。

やがて、男性の経済貢献――とくに力を用いて貢献すること――が主要なものとみなされるようになり、女性の仕事の価値は低下した。グリフィスは、いかに「不足が、基本的なニーズを満たすための手段としての威圧を促進するか」について書いている[37]。そして次第に、威圧の利用が文化の一部となるにつれて、襲ったり殺したりすることが、砂漠からもっと肥沃な地域へと広がった。

デメオも、人間の行動と社会制度についての地理学的考察の中で、これと同じ結論に達している。歴史的に、過酷な環境、女性の厳格な社会的・性的従属、男らしさと強靭で好戦的なこととの同一視という三つの条件間には相関関係があった、とデメオは書いている[38]。デメオはまた、最も厳しい環境の変化が起こったときに、遊牧民たちの隣接地域への侵入が激しくなったことを示すデータも提示している。

荒地の遊牧民族がさらに遠くまで移動するようになると、水のある土地で目にした豊かさや安全を自分たちも手に入れたいと願うようになった[39]。その結果、こうした遊牧生活をしながら牧畜や襲撃を行っていた人たちが、より肥沃な地域を侵害し始めた。初めは不定期的に侵入していたが、その後、征服者として自分たちの支配を押しつけるようになった。

遊牧民族の支配者たちが肥沃な三日月地帯に定住したとき、支配の習慣も持ち込んだ。彼らにとって、征服地域の女性は戦利品であり、妾か奴隷として自分のものにするか、思いのままに強姦したり殺したりするべきものだった。侵略者たちが定住すると、「彼らの」女性たちの状況もさらに悪化した。

グリフィスはこう書いている。「砂漠にいたとき、こういった女性たちは主に性的商品とみなされることが多かったが、少なくとも国内を自由に歩き回ったり仕事をしたりすることができた。それが今度は、最新の注意を払って周囲の社会から孤立させられた性的商品となったのだった」[40]。部族軍の将軍である夫は、征服された人々と接触しないよう彼女たちを隔離したので、彼女たちの制限された立場はやがて一般の人々にとっての理想となった[41]。そうして、女性たちは特別な営舎に閉じ込められ、外出する際はヴェールをかぶらなければならなかった。のちに、遊牧民族のアーリア人がインドに侵入した後、インドでも同じことが起こった。

女性が男性の所有物となったため、征服された土地の法律や習慣も根本的に変わった。グリフィスによれば、「シュメール初期王朝の紀元前二三七一年には、結婚と財産に関する法律は、男女に対してほぼ平等であった」という[42]。だがバビロン王朝（紀元前一七五〇年頃に始まった）とアッシリア王国（紀元前一二〇〇年頃に始まった）の時代には、男性の女性支配が極めて厳格になった。夫のものを盗んだ女性は死刑になることもあった。女性が着用を義務づけられていたヴェールをかぶらなかった場合には、棒で叩かれることになっていたし、逃げた妻をかくまった女性は耳を切り落とされることになっていた。

堕胎した女性は串刺しの刑に処され、じわじわと殺された。

その頃にはすべてが征服と支配――女性と「劣っている」男性と土地の征服と支配――のための態勢になっていた。その対象となった人々は情け容赦なく搾取された。さらに拡大する侵略――以前の遊牧生活をしていた時代のように、侵略が富の主要な源になった――に資金を提供するため、人々への食料供給に必要な灌漑システムでさえも放置された。

アッシリアの残虐な征服が、法外な年貢によって支えられた帝国を築いた。征服された農民たちは、その年貢を支払えなければ殺されるだろうとわかっていた。そこで一年中作物を育て、土壌を疲弊させたのである。こういったことのどれ一つとして、支配者たちにとっては重要ではなかった。それは、グリフィスが書いているように、アッシリア人は自分たちの帝国を巨大な襲撃場だと考えていたらしいからだ。ある地域の土壌が劣化したら、「遊牧民がどんどん乏しくなる牧草地を追いかけるように(43)」、ただ征服を拡大すればよかった。

この――自然と女性とその他の男性に対する――征服の心理は、のちのペルシャ王ダリウスのトレードマークでもあった。ダリウス王はその統治時代（紀元前五〇〇～三二八年頃）に、軍隊と宮殿を維持するための天文学的な額の資金を得るため、中東から搾取した。この王もまた、人々を必死に働かせることの環境コストが莫大であることを気にもしなかった。農民たちは、王がさらに多くの傭兵を雇い入れることができるよう自分たちの収穫の半分に相当する税を支払わなければならなかったので、選択の余地はほとんどなかった。年間の生産割当を守るために、休まずに耕作を続けざるを得なかったのだ。それだけでなく、戦争の費用が最優先されていたので、節水や灌漑のシステムには手が回らず、崩壊してしまうことも多かった。グリフィスが書いているように、そのサイクルは何度も繰り返された。「乾燥が軍閥を生み、軍閥が乾燥を引き起こした」のである。

そしてこのサイクルは決して終わることはない。このような支配の習慣は今の私たちの時代まで続いている。だが私たちの技術発展レベルでは、その習慣が一つの地域だけでなく生態系全体を脅かすことになる。**科学者たちは、自然を征服し搾取することから自然の生息環境を思いやることへの転換を強く主張する。次々に発表される報告書という報告書が、私たちが現在進んでいる道は持続可能ではないと警告している。**

二〇〇五年に国連の支援のもとに実施された「ミレニアム生態系評価」では、過去五〇年の間に人間の活動が世界の草地、森林、農地、河川、湖沼の六〇%を枯渇させたと報告された。自然の生息環境が受けている打撃に関するこの評価は、九五カ国からの一三六〇人の科学者がまとめたもので、わずか二〇～三〇年の間に世界のサンゴ礁の二〇%とマングローブ林の三五%が破壊された、と報告している[44]。

車や発電所からの排気が気温の上昇を引き起こし、それが極氷を溶かしていることによって、グリーンランドの氷河が、ほんの五年前と比べて二倍の速さで崩壊したり、ホッキョクグマが溺れたり、その他の多くの種が絶滅に瀕したりしている。さらにこういった排出によって、毎年、二五〇億メートルトン以上の二酸化炭素が大気中に放出され続けている。そのため、わずか二〇～三〇年以内に、海面上昇によって沿岸部の都市は水没する可能性があるという科学的な警告が出された。

英国王立協会の科学者たちが二〇〇五年に発表した別の報告書では、海が酸性化していることが明らかにされた。この報告書は、産業排出物が化学反応を起こして炭酸を作り出し、それが骨格や殻をもつすべての有機体に悪影響を与えている、と警告している。私たち人間やその他の種が食料として頼っている海洋生物を、取り返しがつかないほどに痛めつけているのだ[45]。

実際、毎日のように新たな研究が、私たちが現在進んでいる道がいかに常軌を逸しているかを詳細に伝えている。だが、支配と搾取の古い習慣が私たちの経済モデルや経済政策・慣行に非常に深く組み込まれているため、このような警告にはあまり注意が払われない。

まるで誰も気にかけていないかのようである――少なくとも、このばかげた進路を変えるための策を打つ立場にいる人たちはそうだ。そういった人たちが支配する巨大企業や政府は、引き続き地球上の熱帯雨林を破壊し、大気や水を汚染し、武器や戦争に資金を流用することによって人工的な不足を生み出している。自然の略奪は今や、数年間で、または数カ月間、数日間でひどい害を引き起こすような強力な技術に助けられて、勢いを失わずに続けられている。

だがこの中に避けられないものは一つもない。変えることができるのだ。

第7章 パートナーシップの経済システム

The Economics of Partnership

私たちの考えや観念は、将来の青写真である。当然ながら、考えや観念は他と無関係には起こらない。特定の時と場所から生まれるものだ。一八世紀になって、力強い考えが勢いを得た。現世でより良い生活をしたいという人間らしい望みは実現可能なのだと、人々が信じ始めたのだ。

有史以来ほとんどの時代において、洋の東西を問わず大半の人々は貧しかったし、教えられたとおりに、貧困を「避けられない運命」として受け入れていた。他ならぬアリストテレスは、人は皆その身分になるように生まれついている——奴隷は奴隷になるように、女性は男性に従属するように運命づけられている、と断言した。「生まれた瞬間から従属するように決められている人もいれば、支配するように白羽の矢が立てられている人もいる(1)」と、アリストテレスは書いている。のちには、教会がキリスト教徒に、苦しみは私たちの邪悪で利己的な性質に対して神が与える罰だと教えた。貧困については、『マタイによる福音書』に、イエスが「いつも貧しい者と共にいよ」と言ったと書かれている。

だが、欧州で産業革命が盛んになると、世界が変わる可能性も高まった。実際、新しい仕事や生活の方法が古い方法に取って代わろうとしていたので、世界は急速に変化していた。一七〇〇年代の半ばには、「人間の介入による進歩」というビジョンが経済システムにも適用された。生産手段を改善できれば、おそらく経済システムも改善できる。経済システムがどのように機能するのかをより深く理解することで、それをすべての人にとってよりうまく機能させることができる、というものだった。

このように経済のパターンを新たに詳しく探ることから、二つの経済理論が生まれた。一つは、現在の私たちが**資本主義**と呼ぶものであり、もう一つは、その提唱者が**社会主義**と呼んだものである。

理論とは、事実上の実際的影響を伴わない抽象概念にすぎない、とよく言われる。だが、これはまるで見当違いだ。実際、この二つの経済理論ほど現代の歴史に深く影響を与えたものはほとんどない。この両経済理論のそれぞれが、経済システムがどのように機能するか、どのようにそれを改善することができるかを説明した。そしてそれが、経済政策や経済慣行を変えただけでなく、人々の考え方や生き方も変えたのである。[2]

先に進むためには、このような理論やそれが生まれた時代を理解する必要がある。とくに、それらの理論に組み込まれた、支配の前提となるものを理解する必要があるのだ。これを理解することが、新しい経済理論――すべての人にとってよりうまく機能する理論――を構築する土台となる。

資本主義者のビジョン

資本主義理論の「バイブル」を書いたアダム・スミスは、一七二三年にスコットランドで生まれた。聡明で、風変わりだが社交的な人だった。生涯独身だったが、友人や同僚、崇拝者から成る広範な交友関係があり、その中には英国できわめて著名な人物もいた。その職歴は、大学で教鞭をとったり貴族の家の跡取りとともに欧州を旅行したりと輝かしいものであり、かなりの金額の報酬を得ていた。スミスが初めて執筆をしたのは、一七五九年に出版され、今ではほとんど人々の記憶から遠ざかっている『道徳感情論』（水田洋訳、岩波文庫、二〇〇三年）である。そして、アメリカ合衆国が生まれた年である一七七六年、有名な『国富論』（山岡洋一訳、日本経済新聞社出版局、二〇〇七年）を出版した。[3]

スミスは将来について楽観的なビジョンをもっていた。基本的にスミスは、人間は本質的に利己的であるという支配者の考え方を受け入れていた。だがスミスの見解は、この利己主義が——政府が干渉をせずに、生産と貿易の規制を市場に委ねさえすれば——共通の利益のためにうまく機能する可能性があるというものだった。

つまり、利己主義だけが人間の動機づけとなるという姿勢は、しばしばスミスの理論のせいにされるが、スミスは決してそう考えていたわけではなかったのだ。スミスは『道徳感情論』の中で、人間は他者への「感情」で行動できるし、行動するものだということを明らかにした。そして家庭内では、女性にとってはとくに、利他主義が重要な動機づけであると考えたのである。

また、スミスは反政府主義だと言われることも多い。だが国家の経済統制に対するスミスの非難は、歴史的背景の中で見ると、非常に異なった意味を帯びてくる。

スミスが同書を書いたのは、社会的・歴史的混乱が激しい時代だった。郷紳《ジェントリ》が共有地の大半を私物化し、土地を奪われて乞食に貶められた多くの農民が農村地帯をうろうろと歩き回っていた。また、本格的な一九世紀の工業化到来とともにやってくるはずのものがすでにその兆候を見せていた。鉱山では、年若い子供や女性たちが一日一二時間も働き、中には妊娠中の女性もいて、坑道で出産することもあった。工業都市でもそれほど条件が変わらないところもあり、二四時間体制で動く機械の番をする子供たちが休みなしで一二～一四時間働き続けていた。(4) だが政府――地主階級と商人によって完全に掌握されていた――は、このような状況について何かを変えようとは一切しなかった。それどころか、権力者の私利私欲をさらに助長するよう設計された近視眼的な政策で、事態を悪化させることが多かった。

政府による干渉に反対する主張をしたとき、スミスは間接的に、上流階級の経済統制に異議を唱えていた。自分の経済理論が強奪と強欲を正当化するために使われるなどと、スミスは考えただけでもぞっとしたであろう。実際、スミスはその二つを厳しく非難した。新興の商人階級の「卑劣な強奪」を激しく非難し、そのような人々は「人類の支配者でもなければ、支配者たるべきでもない」と書いた。(5)「大部分の人々が貧しくて悲惨な生活をしていながら、本当に繁栄して幸福になり得る社会など一つもない」とも書いている。(6)

スミスは、政府には果たす役割が何もないと言ってはいないし、政府サービスの民営化を主張したわけでもない。政府には、すべての市民のために「厳格な正義を行う」義務があると述べている。また、政府は「社会全体に大きな利益をもたらす可能性のある公的施設や公共事業」を構築し維持しなければばならない──「その利益は、特定の個人や少数の集団の支出に見合うような性質」のものではまったくない──ともスミスは書いている。そして、新興の実業家たちは「一般に、民衆をだまし、さらには抑圧さえすることに利害関係をもつ[7]」と警告した。

しかしながら、スミスの考え方の中心にあったのは、よりよい社会を構築する第一の原動力となるのは市場──つまり、商取引によって利益をあげるための財の生産と交換──であるという信念だった。スミスは、競争によって市場の力が利己主義に対抗するだろうと信じていた。本人の言葉によれば、「市場の見えざる手」によって、必ず一般市民はだまされることもなくなるであろうし、生活水準も上がるだろうというのだった[8]。

この議論は、九〇〇ページに及ぶ『国富論』の中でスミスが詳しく述べているものであり、資本主義の根底を成す原理となった。

社会主義者のビジョン

重要な点は、資本主義は、支配型の生き方からパートナーシップ型の生き方へと向かう前進であったということである。資本主義が、立憲君主制や共和制などの、より社会的説明責任のある政治形態に弾みをつけたし、中流階級を生み出す重要な要因となった。確かに資本主義は、それ以前の、貴族や王が大半の経済資源を所有する封建的で重商主義的な経済システムよりは望ましいものだった。

しかし、資本主義は個人の欲深さや強欲（利益追求）に重点を置いたもので、序列（階級構造）に依存し、暴力の伝統（植民地の征服と戦争）を維持しており、思いやったり世話をしたりする「女性の仕事」の経済的重要性を認めないものだった。こういった点やその他の点において、資本主義は重大な支配者の要素を持ち続けていた。

一九世紀には、資本主義が「共通の利益のために機能する経済システム」というスミスのビジョンを実現しようとしていないことが明らかになり、カール・マルクスとフリードリヒ・エンゲルスが大きく異なる理論を提唱した。このふたりの理論は**科学的社会主義**として知られており、スミスが信じたほぼすべてのもの——とくに市場の力への信頼——に異議を唱えるものだった。

エンゲルスは一八二〇年にドイツに生まれたが、マンチェスターにある父親の織物工場を経営しながら生涯の大半を英国で過ごした。エンゲルスは、同じ階級の多くの人々とちがって、貧しい人たちと自由に親交した。労働者階級の女性と恋に落ち、そのつながりは女性が死ぬまで続いた。そしてのちに、その女性の妹と共に暮らすようになり、彼女が死の床にあるときに結婚した。労働者階級の家庭の絶望的な状況を目の当たりにしたエンゲルスは、一八四四年に『イギリスにおける労働者階級の状態』（浜林正夫訳、新日本出版社、二〇〇〇年）を出版した。[9] これは、夜明けから夕暮れまで働いても、生きていくのがやっとの狭くて汚い住まいにしか暮らせないような生活に人々を追い込んだ資本主義制度を猛烈に暴いたものである。エンゲルスは、一八八四年の夏にパリにいるマルクスを訪ねたとき、すでに共産主義という平等主義の観念を抱いていた。この訪問は数時間だけの予定だったが、一〇日間にわたって熱い議論と協働が続くことになった。結局、エンゲルスはマルクスの生涯の友かつ仕事仲間となり、やがて、マルクスとその妻イエニーや子供たちを経済的に支援するようになった。

マルクスは常に貧しかったわけではない。その政治的信条の結果、貧しい生活を強いられたのだ。マルクスはまず新聞記事によってその政治的信条を発表していたが、ついには歴史的な経済論『資本論』（今村仁司他訳、筑摩書房、二〇〇五年）を著した。カール・マルクスは一八一八年、ドイツの裕福なユダヤ人家庭に生まれた。マルクスの父親が弁護士を開業するにあたって制限が少なくなるように、一家はのちにユダヤ教自由主義からキリスト教に改宗する。カールは法律を学ぶため、ボン大学とベルリン大学へ入学した。そこで哲学者ゲオルグ・ヴィルヘルム・フリードリヒ・ヘーゲルの弁証法的変化の理論——すべての歴史的な力がいかにしてその反対の力（アンチテーゼ）をもち、その相克する二つの力がやがていかにして合成し、今度はそこにそれ自身の矛盾が生まれるのか——に影響を受けるようになった。この理論はマルクスに深い影響を与える。マルクスは自分も哲学者になる決心をし、大学での教職を得ようとした。だが反動的なプロシア当局の怒りを静めるか、学者として生きる望みを捨てるかの間の選択を迫られた。そしてマルクスは後者を選択し、二三歳のときに大学を去り、ジャーナリストとして腕を試すことにした。自由主義の新聞の編集者となったが、専制支配を批判したことで面倒な問題を起こし、ドイツを出なければならなくなった。マルクスの生涯を通じて、このパターンが繰り返されることになる。マルクスとその家族はあちらこちらを転々とせざるを得なかった。エンゲルスの厚志がなければマルクス一家は生きていくこともできなかっただろう。エンゲルスはマルクスのことを、虐げられた大衆が自由と繁栄を手に入れる手段を創り出すことのできる天才だと考えていたのである。

マルクスとエンゲルスの科学的社会主義は、ロバート・オウエンやシャルル・フーリエといった理論家に代表される、**空想的社会主義**として二人がはねつけたものに代わるものであった[10]。英国の哲学者ジョン・スチュアート・ミルの政治経済学についての研究と同様[11]、マルクスとエンゲルスは政治過程と経済変数――とりわけ経済政策――との相互作用を主題とした。だが二人はミルの自由主義的な経済分析を超えて、生産手段の制御をめぐる闘いという観点から経済システムを考察した。

マルクスとエンゲルスは、歴史的に見て階級闘争は避けられないものだと考えており、封建的な土地所有貴族に対する**資本家階級**《ブルジョワジー》または商人階級の勝利の後には、**労働者階級**《プロレタリアート》の勝利がやってくるだろうと信じていた。だがふたりは新しい経済理論の構築に全力を挙げて取り組んだだけではなく、その理論を実行に移すことにも専心した。

マルクスとエンゲルスが階級闘争の理論を展開すると、実際に欧州全体で労働者の暴動が起こった。まずはフランスで、次にベルギーとドイツで、暴力革命が勃発した。だがどれも大規模な暴力による対抗を受け、鎮圧された。

しかしながらマルクスとエンゲルスは、時代は自分たちに味方していると信じていた。一八四八年にふたりが著した『共産党宣言』（水田洋訳、講談社、二〇〇八年）には、こう書かれている。

> ブルジョワ的な生産および交通諸関係、ブルジョワ的所有諸関係、このように強力な生産および交通手段を魔法でよびだした近代市民社会は、自分が魔法でよびだした地下の諸力をもはや支配できなくなった魔法使に似ている。……ブルジョワジーが封建制をうちたおすのに使った武器が、いまやブルジョワジー自身にむけられる。しかもブルジョワジーは、自分に死をもたらす武

器をきたえあげただけでなく、この武器をとることになる人びと――近代的労働者、プロレタリアをもつくりだした……かれらは、なによりもまず、自分自身の墓堀人を生産する。かれらの没落とプロレタリアートの勝利は、ひとしく不可避的である。(12)

〔『共産党宣言』(水田洋訳、講談社、一九、二〇、三〇ページ)〕

革命《レボリューション》と権限委譲《デボリューション》

やがて、共産主義革命の成功というマルクスとエンゲルスの夢は実現した。だがそれは、ふたりが予想したような先進資本主義国での革命実現ではなかった。その代わりに、半封建的な農業社会である、専制的な皇帝と貴族の国ロシアで革命が起こったのである。

社会主義政策は一般大衆の飢餓と貧困をなくし、医療と教育を大いに改善させたが、家庭と国家の双方における支配の伝統は変わらなかった。**マルクスが「プロレタリア独裁」と呼んだものは、また別の暴力的かつ専制的な体制に変わっただけだった。**

中央の計画立案者は、少数の上層部の人間によって資源が管理される、トップダウン型の国家資本主義形態を創り出した。モスクワでは、政府の**党幹部**《アパラチク》が海辺の別荘や豪華な宴会といった役得にあずかる一方で、大半の民衆はぎゅうぎゅう詰めのアパートに住み、主食さえも十分に食べられない場合も多かった。地方の州では、軍閥の長が共産党の委員になって、引き続き人々を恐怖に陥れていた。

問題は共産主義理論そのものにもあった。私有財産と階級闘争の廃止を命じただけでなく、「目的は手段を正当化する」という有名な格言にもあるような、暴力が権力の手段であるという支配者の原理を捨てることができなかったことも問題だったのだ。だが、さらに大きな問題だったのは、ソヴィエト連邦以前の文化の、厳格な支配者の性質だった。

ロシアの皇帝は、封建的な社会における専制的な独裁者だった。農奴は一九世紀になって初めて解放された。そしてこの自由は、権力構造があまり変わらなかったため、アメリカ南部の解放奴隷のときと同様、ほとんど幻想にすぎなかった。さらにソ連は、厳格な男性支配の文化を引き継いだ。人類の半分がもう半分を支配するというこの文化は、妻を殴るなど、暴力という伝統によって支えられたもので、これが不平等と搾取の基本モデルを提供した。

性差別と政治と経済システムとの間のこの関係は、現代史の中で最も有益な教訓の一つである。スターリンの容赦のない独裁体制にもこの関係がはっきりと見てとれる。スターリンは政権につくと、レーニンの下で制定された、男女関係をより平等なものに転換するソヴィエトの政策を廃止した。同時にソ連は、数百万にのぼる自作農を殺したり、スターリンの絶対的支配にとって脅威となるとみなした人物はすべて粛清したりと、さらなる暴力とトップダウン型の経済統制へと逆行した。

このようにより厳格な支配構造へと回帰した点において、全体主義的なスターリン主義政権はドイツのヒトラーによる全体主義的ファシスト政権と何も変わらなかった。ヒトラーは、有名なドイツの哲学者フリードリヒ・ニーチェと同様に、平等や民主主義、人道主義や婦人解放は「堕落した」「女々しい」思想だと考えた。スターリンもヒトラー同様、支配の考えにとりつかれていた。「社会的に純粋な」人が残りの人間を支配しなければならないのとちょうど同じように、男性が女性を支配しなければならないと考えたのだ[13]。

経済的・軍事的援助や征服、宣伝を通じて、ソ連は社会主義を全世界に広めた。数十年の間、東欧州、アフリカの一部、中国などのアジアの国、さらには中南米の数カ国まで、世界の半分は社会主義国であった。

そして一九八九年のベルリンの壁崩壊に続いて、ソ連の共産主義政権は崩壊した。ロシアや東欧州にとって、資本主義が新たな経済システムとなった。中国も民間企業を頼みにするようになり、すぐに主要な資本主義国家になるべく進み始めた（依然として共産党の支配下にある）。

資本主義と社会主義の間のイデオロギー闘争においては、資本主義の勝利が宣言された。だが、これが経済的繁栄に大きく寄与するものとしてもてはやされる一方で、間もなくそれが――少なくとも世界の圧倒的多数の人々にとっては――虚しい勝利であることが明らかになった。株価が上昇し、企業の利益が大幅に増加して、経営者の報酬は天文学的な額に達するにつれて、次から次に出される報告によって、大部分の人々にとって状況が悪化していることが明らかになった。

二〇〇五年に国連は、規制のない市場システムのグローバル化が実は貧困を生み出す主要な要因であると報告している[14]。乳児死亡率と妊産婦死亡率が上昇している地域もあった。富裕な米国においても、子供全体の五分の一が貧困生活を送っているというのだ。二〇〇三年にはすでに、国連の「人間開発報告書」で、一九九〇年に比べてさらに貧しくなった国が五四カ国あり、貧しい国民の数が減少するどころか増加した国が二一カ国あったことが明らかになっている[15]。大いにもてはやされた自由市場のグローバル化は、貧困を減らすどころか、さらに増やしているのだ。

資本主義と社会主義からパートナーシップ主義へ

スミスやマルクス・エンゲルスの両理論は、私たちが経済システムを理解するうえで大いに役立った。だがこれらが生まれた社会は、パートナーシップのシステム寄りにほんの数歩動いただけのものなので、両理論の考察・提案は十分に踏み込んだものではなかった。実際、それらの分析は、経済システムについての狭すぎる視野を持続させている。

スミスが思い描いた市場経済は、小規模事業者が構成する自由市場を前提としていた。確実に公正と繁栄をもたらしてくれるような一種の**救いの神**《デウス・エクス・マシナ》として市場を描いたのである。そしてスミスは基本的に、社会制度と経済制度の間の相互作用は無視した。

マルクスとエンゲルスは、経済制度とそれよりも大きな社会システムの間の関係を認識してはいたが、概してふたりはこの関係を、誰が生産手段を管理するかによって規定される、一方通行の関係だと考えていた。さらに、経済システムについてのマルクスの論文は主に資本主義市場の批判に重点を置いていた。そして、「プロレタリア独裁」によって上層部から支配される社会主義というマルクスの解決策は、最終的な結果として彼が思い描いた理想的な共産主義社会に転じることは決してなかった。

マルクスとエンゲルスの経済理論もスミスの理論も、すべての人がより幸福になるために機能する経済を創り出すという目的を達成することはなかった。そしてまた、依然として主に支配のシステムを志向している社会との関連においても、この目的は達成できていない。そのような社会では、社会・経済構造も文化的な価値観も、トップダウン型の支配の序列を維持し、思いやりの慣行や政策を妨げている。

スミスが思い描いた自由市場が実現することはなかった。競争が利己主義に対抗するだろうというスミスの前提は、J・P・モルガンやコーネリウス・ヴァンダービルトなど、ごまかしや賄賂、強引な力を情け容赦なく利用して競争相手や組合組織者を壊滅させる、荒っぽい金融業者の登場を考慮に入れていなかった。(16)

マルクスとエンゲルスが描いた社会主義も実現することはなかった。公正な平等主義のシステムの代わりに出現したのは、上層部の冷酷な人たちによって支配されるシステムだった。

歴史が証明しているように、生産手段を制御する人を変えるだけでは不十分だったのだ。その制御が支配のシステムの範囲内で行われるならば、ボルシェヴィキのトップがロシアの資産を掌握したときのソ連のように、ある種のトップダウン型の制御が別の種類のトップダウン型制御に取って代わるだけであろう。(17) また、市場の力学に重点を置くだけでも不十分だった。極めて多くの苦しみや破壊を引き起こす非人間的な行為や不合理を超えて進むためには、私たちは経済システムと、それよりも大きな社会システムとの相互作用だけでなく、あらゆる経済分野も考慮に入れなければならない。

経済システムは、常に相互に作用し合う過程の中で、その根底を成す社会構造や価値観を反映しもするし、持続させもする。社会構造や価値観が支配のシステムを志向していると、経済システムもそうなるだろう。だが同時に、マルクスとエンゲルスが認識していたように、私たちがどのような種類の社会構造や価値観をもつかにおいては、経済システムがどのように構造化されているかが非常に大きな役割を果たす。

だからこそ、私たちには緊急に、経済システムとは何であり、どのようになり得るかについての新たな物語が必要なのだ。この物語のカギとなる部分は、経済システムについての新しい理論である。それは、資本主義と社会主義のもつパートナーシップの要素を含みつつも、確実に人間のニーズと能力が育まれ、かつ自然の生息環境が守られるような、はるかに進んだものでなければならない。

この発展的な新しい経済理論を、私は**パートナーシップ主義**と呼ぶ。これは多くの人たちの知性と創造性を必要とする発展中の理論である。確かに、完全なパートナーシップ主義の経済的パラダイムは、支配者の伝統に縛られている手をさらに緩めない限り出現しないだろう。だが前例のない地球規模の問題に、より効果的に対処するつもりならば、私たちは経済システムについての考え方を転換することができるし、転換しなければならない。

資本主義理論も社会主義理論も、脱工業化情報経済へと移行したときに明らかになってくるものを認識していなかった。健全な経済や社会には、最適な人間開発を支援する経済システムが必要であるということを認識していなかったのである。[18] それとは対照的に、パートナーシップ主義は、質の高い人的資本――つまり人間の能力――の開発が、経済の健全性にとって（そして健全な生態系にとっても）最も価値のある構成要素であることを認識している。アマルティア・センが述べているように、経済政策の最終目的は、一人当たりの貨幣所得というレベルのものではなく、一人ひとりの人間の能力を発達させることであるべきだ。[19]

このことから、私たちはこれまでの理論のもつ次なる問題点にぶつかる。それは、従来の理論が、経済学者が「再生産労働」と呼ぶもの――出産や生きるための世話をする仕事――が人間開発にとってどれだけ重要であるかを認識できなかったことだ。

現在、心理学と神経科学の両方によって、子供たちが受けるケアの質が、大人になったときに全能力をどの程度まで伸ばせるかに直接的な影響を及ぼすことがわかっている。神経科学では、私たちの脳の発達は幼児期の経験によって深く影響されることが明らかになった。神経科学者のブルース・ペリーによると、「社会的・感情的・認知的・肉体的な経験が一生涯、機能に影響を与えるようなやり方で神経系を形成するのは、人生のその時期なのである[20]」という。ペリーなどの科学者たちによって、深刻な虐待や育児放棄《ネグレクト》を受けた子供は、ＦＯＣ（前後径周囲――幼い子供の場合、脳の大きさ、ひいては精神的・情緒的発達の可能性を測るのに適した指標）の測定値が異常に低くなる場合があることがわかっている[21]。

このような科学的知識から、経済理論の再概念化が求められる。最適な生産性をもつ経済の必要条件として、思いやることと世話をすることの重要性を考慮に入れなければならないことが明らかになっているのだ。

経済システムにおける思いやりの重要性をひとたび認識すれば、私たちの社会や環境の問題の多くを引き起こしているのは、思いやりの欠如を助長したり、それを求めたりすることも多い経済の原則や慣行や政策であることも見えてくる。たいていの経済学者が思いやりについて言及しないのには唖然とするばかりだ。だが、近代経済学を形成した二つの理論が生まれた時代には大半の人が女性に対する男性の優位性を受け入れていたことと、それに伴って「女性らしい」と考えられるもの――育児や介護を含めて——はすべて「男性らしい」ものよりも価値を低められていたことを思えば、それも理解できる。

スミスは女性に対して無私無欲で他者の世話をすることを期待していた一方で、この「女性の仕事」を非生産的なものと考え、女性の従属を自然なこととみなしていた。マルクスとエンゲルスは、彼らが「女性の問題」と呼んでいたものについて矛盾する二つの感情を抱いてはいたが、男性の支配を非難していた。だがこの二人も、女性の家庭内での経済的寄与の価値を認めずに、世話をする仕事を「生産」ではなく「再生産」という存在に追いやっていた。そして、マルクスとエンゲルスは、誰が生産手段を制御するかに焦点を当てていたので、彼らの経済分析においてこのような仕事はあまり重要ではなかったのだ。

自然について言えば、スミスもマルクスもその生命維持活動を自分たちの理論に組み込んでいなかった。彼らにとって自然は、食料や住まいや製造活動の原材料として人間に利用されるためにそこにあるものだった。**彼らは、家庭内であろうと無報酬の地域経済や自然におけるものであろうと、生命維持活動の重要性を認識していなかったので、これらの理論が基盤にしていた経済モデルは不完全なものである。**彼らのモデルは経済の機能や持続可能性に必要とされる活動の一部しか考慮に入れていない。

それだけではなく、これらの理論は、人間のニーズについても不完全なモデルを基盤にしている。物質的な生存のためのニーズだけを考慮に入れているのだ。当時の欧州に広がっていた飢餓と貧困が念頭にあったのだろうが、スミスもマルクスも、私たち人間には物質的な生存を超えた基本的なニーズがあることを織り込んでいなかった。

どこを見てもわかるように、現在の経済の構造や政策、慣行は、人間の物質的なニーズを十分に満たしていないし、ましてや個人の尊厳や意義、思いやりのある関係、暴力からの自由に対する私たちのニーズはなおさら満たしていない。この両方のニーズにもっと応えるようなシステムを作り上げるためには、この地球上で展開中のドラマの進展と、その中での私たちの位置づけをより完全に理解したうえで、それを踏まえた経済理論が必要である。[22] **この理論は、進化の過程で男性も女性も思いやりや創造性や気づきの能力――私たちを十分人間らしくあらしめる能力――を高めてきたということと、この能力を抑制するのではなく促進する原則や慣行が、すべての人のために機能する経済システムの基盤であるということを認識したものでなければならない。**

加えて、政策立案者に対して、短期的な考慮だけでなくそれ以上のものを織り込まなければならないことを示した経済理論が緊急に必要だ。米国証券取引委員会が要求する企業の四半期ごとの報告書など、現在の経済原則の多くは企業に対して、短期にのみ重点を置くよう圧力をかけている。だが、ますます壊れやすくなっている生態系を守るためには長期計画が不可欠であることと、技術革新の長期的な効果を考慮する必要があること、そしてもっと先のことまで考えないと私たちの子供や孫たちがひどく苦しむことになることは明らかだ。また、脱工業化経済に求められる人的資本に投資するつもりならば、その場合も長期計画は不可欠だ。そしてこの投資が今度は、私たち自身や将来の世代のためにより公平で暴力の少ない世界を構築するうえでカギを握る要因となるのだ。

さらに、第一章で述べたように、経済活動の価値を正確に測るために、時間軸を考慮に入れなければならない。このことは、質のよい保育と教育を支援することで犯罪を防止するコストに比べて現在の刑事司法制度の運営コストが莫大になっていることに関連して、次第に認識されつつある。私たちには、それぞれの経済活動が長期的にもたらす結果——現実のコスト（たとえば、現在「外部化」されて社会が負担している、犯罪から生じる費用）と機会コスト、つまり失われた潜在性（たとえば、もしも幼い頃に育児の支援がもっとあったならばその人が社会に寄与できていたであろうもの）の両方——を織り込んだ経済理論が必要だ。経済学者は方程式を用いて価値を割り出すが、彼らの理論や計算には、こうした時間軸が欠けていた。

パートナーシップ主義の経済理論も、私たちが現在、システムの自己組織化について学んでいることや、常に相互に作用し合っているフィードバック・ループにおける経済の原則や構造のあり方を組み込む必要がある。どのような種類の経済構造が効果的かつ公平であるのかを探求しなければならない。また、経済制度の構造が、家族や政府といったその他の制度の構造にどのように関連しているかも探求しなければならない。つまり、新たな経済理論は、思いやりのない政策や原則や慣行の原因となっている経済・社会構造を変えなければ、長期的な経済の健全性や環境の持続可能性、すべてにわたって公平な関係を促進するシステムを期待することはできないということを認識したものでなければならないのである。

経済システムと関係

「関係」という問題は、経済システムについての新しい理論や観念の発達にとってきわめて重要だ。関係に焦点を当てると、何が私たちを押しとどめているのか、そして前に進むためには何が必要なのかが見えてくる。

私の研究は、私が**関係のダイナミクス**と呼ぶ方法を用いている。この呼び名は、私が二つの重要なダイナミクスを研究していることを指す。一つは、常に相互に作用し合う自己組織化の過程で、社会システムのさまざまな部分が相互にどのように関連し合っているかである。二つ目は、そのシステムの中の人々が相互に、そして自然環境とどのように関連し合っているかである。これまで見てきたように、このような一連の関係は、文化や下位文化がパートナーシップと支配の連続体のどちら側をどの程度まで志向しているかによって異なってくる。支配のシステムでは――家庭内であろうと、政治であろうと、経済の世界であろうと――上層部の人たちが下層の人たちを支配する。それに対してパートナーシップのシステムは、互いに尊重し思いやり合う関係を支援する。

文化が主に支配のシステムを基盤としている限り、不公平で非効率なうえに環境を破壊する経済政策や経済慣行を排除することはできない。政策や慣行が、私たちの生存のための基本的ニーズと、地域社会や創造性、意義、思いやりのための――つまり、人間の潜在能力を最大限に実現するための――ニーズの双方を支援することができるのは、パートナーシップのシステムに近づいた場合だけだ。

このような転換が起こるためには、経済理論や経済モデルが、経済システムだけでなくあらゆる範囲における関係のダイナミクスに配慮したものでなければならない。経済の考え方にこういった広範囲の関係のダイナミクスを含めることによって、従来の理論では無視されていた自然科学と社会科学の両方から重要な新しい発見を引き出すことが可能になる。
健全な経済に必要な人的資本の育成において、幼い頃の経験や関係が重要な役割を果たすという科学的発見を、もはや無視することはできない。心理学でも神経科学における新しい研究でも、人々が能力のある労働者、責任ある市民、満ち足りた人間になるための能力を発達させるには、これらの関係が重要であることが実証されている。
また、経済の繁栄や公平と女性の地位との関係も無視できない。前述したように、男女間の平等または不平等が国の生活の質において重要な役割を果たすことを示した *Women, Men, and the Global Quality of Life*（未邦訳）などの統計的な調査結果さえある。[23]
このような研究は、有名な経済学者たちが一〇〇年以上前にすでに直感的に認識していたことを実証的に確かめたものだ。たとえば、一八九八年に発表されたシャーロット・パーキンス・ギルマンの有名な *Economics and Women*（未邦訳）は、より公正で生産的な経済システムには女性に対する機会均等が必要だと提言している。ソースティン・ヴェブレンは一八九九年のベストセラー『有閑階級の理論』（高哲男訳、筑摩書房、一九八八年）で、「女性の野蛮人的な地位」を告発し、自らが「経済的供給」と呼ぶものに女性の活動を含めて考えなければならないと主張した。[24]
だがこのような考え方は、教科書や授業を通じて伝えられる経済規範には加えられなかった。二〇世紀後半に米国の経済学の授業で教えられていたのは、大半が、市場の生産および消費や、「合理的経済人」がいかにして利己的な自己利益にもとづいて選択を行うかを扱ったものだった。家庭のことに触れるときは、「人は市場では利己的だが自分の家族のことになると利他的になる」という作り話を繰り返すだけだった――これまでに見てきた研究では、男性は家族の幸福のためには自分の経済資源を使わないことが明らかになっているのにもかかわらず、である。

当然ながら、異なった考え方をもっていた二〇世紀の理論家もいる。たとえば、ジョン・メイナード・ケインズやジョン・ケネス・ガルブレイスがそうだ。彼らも主に市場に重点を置いていた一方で、政府の規制の必要性を強調し、人間の幸福について深く憂慮して、ガルブレイスの場合、民主的な西洋においてさえもいかに女性が彼の言う「隠れた召使」であるかについて書いた[25]。「形式主義者」の分析は経済システムの文化的な背景を考慮していないため真実を歪めている、という認識に基づいた、制度派経済学や経済社会学として知られる経済学の分野さえあった[26]。

だが、米国の経済学派における主要な焦点であり、そして多くの場合に唯一の焦点であったのは、引き続き市場であった。実際、経済学は主として、私たちの生活で本当に大事なもの――人間どうしの関係と母なる地球との関係――を含まないことも多い、抽象的な定理と数学の方程式による学問になった[27]。

今日、ますます多くの経済思想家が、経済システムについて、より広い視野をもつようになりつつある。アマルティア・センやハーマン・デイリー、ポール・ホーケン、デヴィッド・コーテン、ポール・クルーグマン、マンフレッド・マックスニーフ、ロバート・ライシュ、エルナンド・デ・ソト、ジョセフ・スティグリッツなどの突出した人物は、地球の歴史の中でも極めて難しいが取り組みがいのある時代に私たちは生きているのだということを認識している。急速な技術的・経済的変化の混乱、暴力とテロの段階的な増大、持てる者と持たざる者の格差拡大、自然の生息環境に対する大きな脅威は、環境に対してより責任をもった、より公平な経済システムを必要としている。

経済システムを改める必要性は、バーバラ・ブラント、エドガー・カーン、ナンシー・フォーバー、ジャネット・ゴーニック、モナ・ハリングトン、ハイディ・ハートマン、ヘイゼル・ヘンダーソン、ダンカン・アイアンモンガー、ジュリー・ネルソン、ヒルッカ・ピエティラ、マリリン・ウェアリングなど、まだ作品が発表されていない思想家たちもずっとテーマにしてきた。こういった思想家たちが、家庭や地域社会の非貨幣経済からの経済的な寄与を織り込むことによって、経済分析は重要な一歩を踏み出す[28]。

こういった思想家たちの共通の前提は、経済理論は市場を超えたものでなければならない――もっと具体的に言うならば、思いやることと世話をすることの価値を認識したものでなければならないということである。ネルソンが書いているように、「経済システムを思いやりや倫理的な挙動に反するものという考え方を続けている限り、思いやりを脆弱で従属的な位置にとどめておくだけだ[29]」

これは、フォーバーの著作 *The Invisible Heart*（未邦訳）における中心的なテーマでもある。同書でフォーバーは、従来、家庭内で女性が行ってきた世話をする仕事を考慮に入れなければ、経済システムを理解したり変えたりすることはできないと述べている[30]。ピエティラによれば、「大半の家庭で日々の幸福に唯一最大の貢献をしているものが、未だに無報酬または非市場性の労働である[31]」という。フォーバーと同様、ピエティラも、健在の経済モデルは自然の生命維持活動を考慮に入れていないと指摘している。同様の主張はヘンダーソンも行っていて、現在の経済思想（および経済指標）は家計経済と地域経済の無報酬の寄与を無視していると指摘している。ヘンダーソンによると、市場経済はこれらの寄与を「飲み込んで」おり、経済という大建築全体がそれらの寄与によって支えられているのだという。ヘンダーソンは経済指標を、彼女が「良き財」と呼ぶものと「悪しき財」と呼ぶものとを区別できていないとして痛烈に批判している。ブラント、フォーバー、ハリントン、ハートマン、ネルソン、ピエティラ、ウェアリングなどのフェミニスト経済学者たちと同様、ヘンダーソンも思いやったり世話をしたりする仕事の重要性を繰り返し強調している。

経済システムの改正

こういった既存のものに代わる新しい経済分析は、パートナーシップ主義の経済理論の構築に重要な洞察を与えてくれる。本書の冒頭で述べたように、その新しい経済分析が、経済システムを実際に構成する六つの分野——家庭経済、無報酬の地域経済、市場経済、不法経済、政府経済、自然経済——すべてを含んだ経済モデルに、その基盤となる要素を提供するのだ。ひとたびこれらの経済分野すべてを認識してしまえば、経済システムの新しい理論的な枠組みを思い描くことができる。

この理論的枠組みは一気にはまとまらないだろう。理論の下位集合が数多くできると思われる。[32]だが、**より思いやりのある構造と原則に対する需要が世界的に大きくなれば、経済政策や経済慣行における前向きな変化を支援するような方法で、経済システムの改正に着手することができる。**

これらの変化はまず、第一の経済分野である家庭経済から始まる。家庭は、機能する経済に必要な労働力が生み出され、世話をされる場所である。家庭内で行われる世話をする仕事の価値を織り込んだ新しい経済指標が必要だ。また、生活費の助けになるようなやり方でこの仕事に報いるような経済的発明も必要だ。このような発明はすでにいくつかある。育児手当や有給の育児休暇などで、これらは世界各地で取り入れられるべきだ。だが、そのような発明は、今日よく耳にする質の高い人的資源を生み出すために不可欠でもあるので、さらに多くのものを作りあげていく必要がある。

第二の経済分野である無報酬の地域経済では、無料でサービスを提供したことに対する、交通費の割引などの恩典といった経済的発明によって、ボランティアの保育や介護の活動を認めることができる。地域通貨など、住民や中小企業が財とサービスを交換するバーター取引のシステムは、この不可欠な仕事の真の価値を認めるために利用できるもう一つの経済的発明である。エドガー・カーンの考案した地域通貨タイム・ダラーは、その顕著な例だ。

地域経済における思いやりと世話に価値を与える経済的発明

タイム・ダラーは、弁護士、作家、大学教授の肩書きをもち社会活動家でもあるエドガー・カーンが考案した地域通貨である。政府発行の通貨にだけ頼るのではなく、人々は自分の技能や資源を用いて他者を助ける（保育や介護、輸送の提供、料理、家の修繕などを行う）ことによってタイム・ダラーを稼ぐことができる。そして自分が稼いだタイム・ダラーを使って、自分や家族が助けてもらったり、地元の食料品店や医療機関の割引を受けられるクラブに加入したりできる。

またタイム・ダラーは、カーンの言う「コ・プロダクション」のためのツールでもある。コ・プロダクションとは、一方的な慈善行為を相互主義に変える——つまり、カーンによれば、礼儀や思いやりや利他主義が、援助を受ける人による自己妥当性をもった貢献の促進役に変わる——方法である。「コ・プロダクションは、思いやることと世話をすることに真の価値を与え、生産的な仕事というものを、市場で認識されるものを超えて定義し直す」とカーンは述べている。(33)

〔カーン教授による、社会問題に取り組むための経済戦略としてのタイム・ダラーの利用は、米国の三六州に加えて、スウェーデン、日本、カナダでも実施されている。米国ワシントンDCに本部のあるタイム・ダラー・インスティチュートとコ・プロダクションについての詳細は、www.timedollar.org を参照〕

第三の経済分野である市場経済にも、思いやることと世話をすることの認知度を高め、それらに価値を与える経済的な発明が必要である。ここでもすでに実例がいくつか生まれている。たとえば、保育や看護、介護などの世話をする職業の訓練の質と賃金を高めることが、「同一価値労働同一賃金」——つまり、同等レベルの技能や訓練を必要とする仕事に対する同等の賃金——を求める運動の中心として、長きにわたって提案されてきた。

市場において世話をする仕事の認知度を高め、それに価値を与えるもう一つの経済的発明は、急速に成長している社会的責任投資（ＳＲＩ）ファンド産業である。これは、より思いやりのある事業慣行や経営方針を支援する手段を投資家に提供するものだ。このファンドによって、従業員や顧客、消費者、周囲の地域社会、自然環境の安寧に関心を払わない企業の株を買わないようにすることができる。(34)

それに加えて、本章の最後でより完全に明らかにするように、企業がもっと思いやりをもつように駆り立てられるようなインセンティブを確実に与える経済法則や経済構造が必要だ。悲しいことに、企業の経営幹部の中には、自社が引き起こしている健康上・環境上の害に気づいていながら、うまく逃れられると思っている間はそのことを故意に隠す人もいる。[35] だがたいていの場合、問題は一人の悪しき人ではない。支配者の経済構造と関係から生まれ、その維持に手を貸している悪しき経済原則が問題なのである。これらの原則は変えることができるし、変えなければならないものだ。

だからといって、市場経済に代わって中央計画経済にすべきだということではない。ある程度の中央計画は確かに必要だが、市場には重要な機能がある。実際、健全な経済において市場は重要な役割を果たす。だがこれまで見てきたように、現在の市場の価値評価は、歪んだ文化的価値観のシステムを基盤にしている場合が多い。そして、しばしば単なる需要と供給のダイナミクスと称されるものが、実は人工的に生み出された、不健全な需要で作られているのだ。

さらに、効果的かつ公平に機能する市場の場合、価格システムは、自然や人々を搾取するコストを外部化することはもはやできない。しかし現在の経済原則は実際のところ、人々や自然に害を与えるようなやり方で利益を計算するよう企業を促している。

この害の問題が、人々にとっても自然にとっても非常に有害である不法経済という四つ目の経済分野につながっている。グローバル化が、合法的な商取引だけでなく不法な商取引に対する障壁までも低くしてしまったため、現在、不法経済は数十億ドルの規模になっている。一九九二年から二〇〇二年までの間に、世界の麻薬取引は二倍以上に増加し、年間九〇〇〇億ドルに達した。そのほかにも偽造品の取引が年間六三〇〇億ドルに上っている。さらに武器の不法取引が一〇〇〇億ドルで、これがアフリカやアジア、中東、中南米のテロリストやゲリラ兵に武器を供給している[36]。最も急成長している最も利益の大きい不法取引の一つが人身売買だ。毎年、子供を含めた数十万人が奴隷として売られ、海外で売春などを強要されている。ユニセフ（国連児童基金）によると、アルバニアだけで、大人と子供を合わせて一〇万人以上の女性が売買されて国外に送られたが、その多くは家族によって売春業者へ売られたのであった[37]。

思いやりが欠如していなければ、このようなことは一切存続し得ないだろう。政府のあらゆるレベルの役人が、賄賂によって共謀している、そして地域によってはマフィアと連携しているという事実がなかったら、不法経済がこのように成長することもなかっただろう。

このことが五つ目の経済分野である政府経済へとつながっていく。国民の安全と福祉を確保する政策を成立させるのが政府の責任だ。米国を除く大半の先進国は、基本的な人間のニーズに対処することを市場に任せておくことはできないと認識している。実際、なぜ米国の企業が政府による医療保険制度を強く要求しないのかは謎だ。なぜなら、医療費が世界経済における米国企業の競争力を弱めているし、それと同時に、第三章で述べたとおり、実は現在の米国のシステムは他の先進諸国よりも費用がかかるうえに、効果は小さいからである。

マサチューセッツ大学経済学部のランディ・アルベルダ教授が述べているように、職場は従業員のために何かをすることができるし、するべきだが、何から何までをすることはできない。企業がするべきこととして期待されることを定め、職場の方針や制度の補完に関する規定を設けるのは公共政策の役割だ[38]。

また、政策立案者は、現在米国の共働き世帯で最も厄介な問題の一つになっている「家族との時間の不足」を解決するために、保育や介護の仕事への支援が必要だという研究結果も考慮に入れるべきである。すでに述べたように、この問題は、米国における欠勤や労働者の生産性低下の主な原因になっているだけでなく、育児休暇や質の高い保育、フレックス・タイム制などの家庭にやさしい政策が当たり前になっている国々の労働者よりも同国の労働者の幸福度が低いという事実の主な原因にもなっている。[39]

また、政府部門は公共サービスを直接提供することもあれば、民間企業に請け負わせていることもあるので、公務員や請負業者に対してケアの基準を設けるべきだ。そして当然ながら、事業における誠実さや責任の規則を作って施行し、自らその基準に従って行動するべきである。

現状では、米国政府は多額の政治資金提供者に対して、数十億ドルの税金を還付している。政府が政治仲間の懐を豊かにするのではなく、確実に国の福祉を発展させるような、真の選挙資金改革やその他の規則によって、このような腐敗に終止符を打たなければならない。

この政治腐敗の問題は、経済政策が六つ目の経済分野である自然経済を守れない主な要因である。必ずしも政治腐敗と呼べるものばかりではないが、強大な企業の利害が、政治献金によって環境破壊的な政策の保護を金で買い取るような場合は、まさにそれである。

だが、経済全体の基礎となっている自然資源が過剰に開発されていることは今でも明らかなのに、自然のさらなる商品化を解決策として提唱する経済学者もいる。水やエネルギーや地球の大気までも私有財産にすることで、それらをより効率的に管理できるだろう、というのだ。

こういった主張は、企業が自然の生命維持システムに対して自分たちの及ぼしている害を無視して事業を行っているという、私たちが至るところで目にしている現実を無視したものだ。国連開発計画（ＵＮＤＰ）開発研究室長のインゲ・カウルが指摘しているように、私たちに必要なのは、より持続可能で公平な方法で自然資源を総合的に管理することができる国際的な規範である。[41] このような資源は、カウルや他の経済思想家が「地球公共財」と呼ぶものだ。地球公共財を守るためには、思いやりに――母なる地球を思いやることも含めて――真の価値を与えなければならないということを認識した、新たな経済の指標や原則・慣行が必要である。

地球公共財を創造する

インゲ・カウル、イザベル・グルンベルク、マーク・スターンに加えて、ジェフリー・サックスやアマルティア・セン、ジョセフ・スティグリッツなどの著名な経済学者が、人間の安全保障と生存と発展を促すのに役立てられる新しい概念を提唱した。それは地球公共財《グローバル・パブリック・グッズ》と呼ばれる概念である。

経済学者がこれまで長い間「公共財」という言葉で言い表してきたのは、公園や教育、警察や消防による保護など、誰でも利用できる財またはサービスであった。だが、地球公共財という概念はさらに踏み込んだものだ。そこには、平和、公平性、財政の安定、環境の持続可能性が含まれる。そして、これは国境を越えて広がっているものだ。

革新的な経済学者ヘイゼル・ヘンダーソンが述べているように、課題は、市場と市民組織、地方自治体、中央政府のパートナーシップによって地球公共財を体系づけ、作り出すことである。ヘンダーソンは、経済学者が「負の外部性」と呼ぶものを抑制し、代わりに「正の外部性」を促進するのに役立つ経済的発明を提案している。「初めの一歩は、すべての国が自国の外部性――つまり国々が国境を越えて生み出す良い『波及効果』と悪い『波及効果』――の全容を明らかにすることだ。それがわかると、国家間の現実的な交渉を促進することができる」と、ヘンダーソンは書いている。もう一つの実際的な提案は、各国の税制の一覧表を作ることである。ヘンダーソンの主張によれば、国際的な仕組みによるタックス・ヘイブン、資本逃避、マネー・ロンダリングなどの問題に、より効果的に対処するためには、このような経済的発明が必要だという。

ヘンダーソンとカウルはどちらも、市場が大きな利益をもたらし得ることは認識している。だが二人は同時に、市場のグローバル化と公共財の創造および公平な分配とのバランスを保つ規則や仕組みの必要性も認識している。カウルが書いているように、「どんなに富裕な人でも、地球公共財を含めた公共財なしに生きていくことはできない。市場も同じだ。人間も市場も、効果的に機能するためには、財産権、法的制度、用語の統一、教養のある人々、平和、安全が必要である」。つまり、ヘンダーソンが言うように、海洋や大気から地球の電磁スペクトルやサイバー空間にいたるまでの「地球の財」という領域があるのだ。これらの資源の利用・分配方法については、各国政府、企業、地域社会、草の根団体などのすべてが発言権をもつ国際協定によって規定されなければならない[40]。

実際、私たちが見てきたことのほぼすべてが結局は一つのものに帰着する。それは、自分自身や他者や自然への思いやりを促し、支援する原則・政策・構造を生み出す、ということだ。

経済制度の構造

経済構造という重要な問題をさらに論じることによって本章を締めくくりたい。なぜなら、この問題に注意を払わずに思いやりの経済システムへと移行することは不可能だからだ。

前述したように、家や機械などの物質的な構造体とちがって、企業や政府、家庭は生きている構造体《リビング・ストラクチャー》である。このような構造体は、モーターやネジやボルトで一つにまとまっているわけではない。考え方や行動の習慣、そして習慣を形づくる観念や原則によってまとまっている。

人間のニーズをより十分に満たす経済システムへの移行には、物質的な構造体の変化――たとえば、緑の空間や社内託児所のある工場やオフィスの建設――を必要とする。だが、さらに重要なのは、私たちの生きている構造体の変化だ。家庭や企業、政府などの社会制度を形成する相互作用のパターンにおける変化こそが重要なのである。

このようなパターンは主に、その構造を左右する法律や規則、考え方によって決定される。そして法律や規則や考え方は、社会が、パートナーシップと支配のシステムのどちらをどの程度まで志向しているかによって大きく異なってくる。前述したように、支配のシステムをより厳格に志向していた時代から私たちが受け継いだ構造は、上層部の人々の手に支配権を集中・維持させるように設計されたものだ。これが依然として、今日の経済実体の最中枢である株式会社を含めた、現在の経済構造の多くに当てはまる実情である。

現在の私たちが知っているような企業は、英国の東インド会社やハドソン・ベイ・カンパニーといった、大英帝国の勅許会社の流れをくんでおり、英国植民地の支配と搾取のための手段として設計されたものだ。デヴィッド・コーテンが書いているように、このような企業は、「植民地の労働力や資源を絞り取り、その市場を独占することによって植民地を搾取するために形成されたのである」[42]

この支配者の遺産が依然として現在の企業設計や企業慣行を特徴づけている。株主が国王に取って代わってはいるものの、現代の企業は基本的に金儲けの機械であり、人々や自然を含めたそれ以外のことは軽視している。そして企業の設立や事業経営の規則は政府の設立認許によって作られる一方、こういった認可は今も基本的に企業というものを、単に株主のために短期の金銭的利益を出し、金融資産を増やすための手段と定義している。

そして金融資産は今や、現代の世界帝国となった巨大企業にますます集中するようになっている。実際、巨大企業は大半の国よりも多くの資産を掌握しているのだ。たとえば、現在、世界第一〇〇位までの経済実体のうち五一は国家ではなく企業である[43]。

つまり、現代の巨大企業は、経済力の集中をさらに強固なものにすることによって、支配のシステムの手段となったのだ。巨大企業が市場を支配し、自由市場という概念を空虚なものにしている。その強大な広告戦略が、自分たちの金庫を豊かにするような消費者の購買パターンを形作っている。巨大企業は、政治家に対する合法的な支援・違法な支援の両方によって、多くの政策を支配し、税金で賄われる多額の補助金を受け取っているうえ、環境規制や労働規制をうまく妨害している。さらに、その絶大な経済力と政治力を個々に行使するだけでなく、連帯して行使している。

このような巨大企業は、国際貿易のための規則を策定する世界貿易機関（ＷＴＯ）や国際通貨基金（ＩＭＦ）などの多くの国際機関を通じて、その権力を行使している。非常に皮肉なことに、いわゆる新自由主義の経済学者は社会主義の中央計画経済に断固反対しているが、現在の経済はかつてないほどの地球的規模で、企業によって左右される中央計画経済になっている。(44)

こういったことすべては、デヴィッド・コーテンやトム・ハートマン、ポール・ホーケンなど多くの人によって徹底的に立証されてきた。彼らは企業を規定する法律や設立認許を変えなければならないと提案している。(45)企業とは政府の許可によって生み出された架空の創造物なので、企業に今よりも説明責任をもたせたり、その独占的な権力を制限したり、企業活動が富の創出という名のもとに人的資本や自然資本を枯渇させることがないようにしたりする措置は実現可能であるし、緊急に必要なものでもある。たとえば、設立認許が、説明責任を確実に大きくする手段として、企業の取締役会に従業員と地域住民の代表を含めるように求めることもできるだろう。スミスの思い描いた自由市場を実現したいのであれば、すでに成立している独占禁止法を徹底・強化することも可能であるし、またそうしなければならない。

さらに、もう一つの重要な経済構造である株式市場の規則を変える必要がある。株式市場は、企業の株式売買を促進することによって企業のために役立っている。現在、そこでの取引の多くは、単なる投機か、コーテンやジェフ・ゲイツなどが述べているように、真の価値をまったく生み出さないギャンブルである。[46] つまり、ヘイゼル・ヘンダーソンが簡潔に言い表しているように、現在の株式市場は、株価が上がるか下がるかの賭けが行われている「世界的規模のカジノ」である。

こうした状況を、より賢明な法律や規則、規制によって変えなければならないし、変えることができる。きわめて短期的な株式取引に国内外で高率の税金をかけることで、価値のある財やサービスにはまったく寄与しない過激な金融投機を阻むことができる。国家機関や国際機関が、人々や自然に害を及ぼす慣行による人的損失や環境コストを企業が「外部化する」――つまり社会に転嫁する――ことを許さない規則を制定することもできる。

富と経済力が企業にはなはだしく集中していることが非常に多くの乱用を引き起こしているため、経済学者の中には、大規模な株式会社は廃止すべきだと提案し、その構造そのものが社会的・環境的な害を引き起こす活動を奨励していると主張した人さえいる。[47] また、より公平で持続可能な経済システムを望むのであれば、グローバル化をやめて小規模の地域限定的な経済単位に立ち戻らなければならないと提唱した経済学者もいる。彼らは、そうすることで地域社会が経済上の決定に発言権を増していくべきだと論じている。また、地方の企業経営者は自分も地元の地域社会や環境の中で生活しなければならないので、そこの社会や環境に深刻な害を及ぼす可能性が低いとも主張している。[48]

確かに、コーテンが書いているように、大企業は、所有権や権力をますます少数の人の手に集中させるための理想的な手段であることがわかった。また、企業によって押しつけられたグローバル化の規則は、ますます企業を民主主義の説明責任の力が及ばないところへ――実際、中央政府の手の及ばないところにまで――置くことにもなった。コーテンの言うように、「民間の経済力が勢力を伸ばし、政府が多額の補助金と規制緩和によって雇用と投資を呼び込もうと競い合うにつれて、今日の国境なきグローバル経済は、あらゆる人や地域や企業を熾烈な競争に放り込んでいる」(49)。さらに、大規模な組織の非人格化も、その企業官僚主義や政府官僚主義とあいまって、思いやりのない慣行や政策につながっている場合が多い。

しかし、歴史的に見ると、もっと小規模の構造でも多くが同じ問題を抱えていた。小企業は、価格の吊り上げなどの不正直なやり方から影響を受けずにはいられないし、小規模の工場は労働者の搾取や環境汚染を続ける。実際、現在のグローバル経済においてきわめて残酷な搾取は、地方の小企業で骨を折って働いている労働者に対するものである。このような地方企業の中には、子供を含む奴隷を使っているところさえある。たとえば、インドやパキスタンのじゅうたん店では、子供たちが長時間にわたる縫製によって視力を失っている。タイやインド、ビルマの売春宿では、一〇歳や一一歳の少女が虐待され奴隷状態になっている。また中東のラクダレース場では、子供の騎手――商人に連れてこられて騎手として売られた少年――が、ラクダよりもひどい扱いを受けている(50)。さらに、グローバル企業の下請けをしている小企業の多くでは、労働条件も最悪であり、このような事業を経営しているのは地方の企業なのである(51)。

当然ながら、このような非人道的なやり方は今に始まったことではない。第六章で述べたように、それは、規模が小さかろうと大きかろうと、支配の経済システムに内在する搾取と非人間化の長年にわたる伝統に根ざしている。

付け加えておくが、ルソーが「高貴な野人」を理想化したのにならって、今でも部族社会が理想とされることが多い。しかし、繰り返すが、現実はもっと複雑である。第五章で紹介したティデゥライ族などの部族社会の中には、より平和的で公平な社会もある。だが同時に、不公平で暴力的な部族社会もある。たとえば、植民地時代以前のアフリカにいたマサイ族は、近隣部族の悩みのもとになっていて、周期的に近隣部族を襲撃したり殺したり強姦や略奪をしたりしていた。さらに、マサイの女性はひどく野蛮な方法で屈辱的な儀式や性器切除、経済的な搾取を受けさせられている。(52)

こういったことすべてが示しているのは、単に規模を縮小し事業経営を地域に限定するだけでは、より公平で持続可能な経済システムへの移行は実現できないという事実だ。より小規模で地域に根ざした経済単位は、より多くの人と人との接触を促進するが、思いやりの経済システムには、もっと根本的な変化が必要だ。それには、全面的に——大規模な組織であろうと小規模な組織であろうと——支配の関係ではなくパートナーシップの関係を支援するシステムへの移行を加速する必要がある。

そういうわけで、本書の中心テーマに再び立ち戻る。すべての制度において、支配のシステムからパートナーシップのシステムへと移行する必要性へと戻ってくるのだ。また、思いやったり世話をしたりという生命を維持するための仕事が、細やかさや思いやりなどの「女性らしい」性質と同様、組織的に価値を低められることが——そして支配の序列が維持されることが——ないように、文化的価値観を変える必要性にも戻ってくる。

人的資本も自然資本も枯渇させることのない経済システムにするには、経済制度の構造的な変化と、それを規定する価値観において文化的な変化が起こる必要がある。とりわけ、これまでの理論で対処されてこなかった問題を考慮に入れた、経済システムについての新しい考え方が求められる。

すべての人がより幸福になるために真に機能する経済システムを構築するには、時間もかかるだろうし、多くの人の努力を要する。だがこれは絶対に不可欠だ。実際、次章で見ていくように、思いやりの経済システムへの移行は、脱工業化の時代へとさらに進むにつれて、いっそう緊急の課題になっている。

第8章

科学技術、仕事、脱工業化時代

Technology, Work, and the Postindustrial Era

一九二〇年にチェコの劇作家カレル・チャペックがロボットという言葉を作ったとき、人間のように動いたり働いたり考えたりする装置は空想であった。今では、ロボット工学やオートメーションは現実である。ロボットは、米国や日本などの先進国の製造業で日常的に使われている。自動装置が、数百万件に上るインターネットによる売り上げの処理、銀行取引やその他の商取引の取り扱い、顧客からの電話への応答、軍事情報の選別・評価、株取引の監視をはじめ、最近までもっぱら人の手で行われていた何千もの職務を行っている。

映画「スター・ウォーズ」に登場する、愛すべきR2D2や3CPOなどの人間型ロボットも、つい最近までSFの世界の創造物だった。今ではそれも現実になりつつある。米国では、カーネギーメロン大学の研究チームが、自然言語の音声命令を用いて、インターネットから天気予報やテレビ番組表などの情報を提供する家庭用の移動型コンパニオン・ロボットを開発した。[1] ロボット犬でさえ実現しようとしている。マサチューセッツ工科大学（MIT）メディア・ラボのシンシア・ブリージールは、体重、運動、食生活に関する情報を集めるために万歩計や体重計を読み取る、コンピュータ化された犬を製作中だ。このロボット犬は、人間の日々の食料摂取量と運動量を監視したり、禁じられている食べ物を食べないよう警告したりすることによって、減量の手伝いをする。[2]

当然ながら、現在のところ、ロボットが人間に取って代わる未来は、『アイ，ロボット』などのSF映画の中に限られた世界だ。だが、すでに「頭のよい」ロボットがいくつか売られている。二〇〇五年九月、三菱重工業から、一万語を認識し、一〇人の顔を見分けることができる、身長約一メートルの「留守番」ロボットが発売された。高度なロボットはやがて大きなビジネスを生むだろう。日本ロボット工業会は、次世代ロボットの日本での市場は、二〇一〇年に一四〇億ドル、二〇二五年には三七〇億ドル以上に達すると予想している。[3] ロボット分野における技術革命は、科学者たちが「新たな技術融合」と呼ぶものの一部にすぎない。生物工学は、生体の遺伝子構造を変える道を開いた。ナノテクノロジーによって生物と無生物双方の原子や分子の再配列が人間の成せる業となった。人工知能は複雑な人間の思考を数千倍の速さで行うことができる。ほかにも、以前だったら思いもよらなかったような技術上の躍進が近い将来に実現しそうである。

科学者や実業家の中には、これらの脱工業化技術を魔法の杖のように考えている人もいる。彼らは、技術上の躍進がいかにしてすばらしい新世界を作り出すかについて、楽観的な見方をしている。一方、まったく異なった見方をする人たちもいる。人間がかつてないほどの力をもったことが大きな危険をもたらすと見ているのだ。細胞や原子を変えることは、自然や神に任せておくべきだというのが彼らの主張である。そんな技術を使えば人類は破滅するだろうと恐れる人さえいる。

だがこうした技術という魔神は、いったん解き放たれたら、元には戻せない。新しい技術が開発されればそれは利用される、ということは歴史が証明している。解決法は、現実に目をつぶって新技術が消えてなくなると主張することではない。新技術が、破壊や支配のためにではなく、確実に、より人間的で繁栄した世界の創造のために用いられるようにすることだ。

だからといって、技術上の躍進それ自体が地球規模の問題を解決するだろうと言っているわけではない。だが政府や企業、そして私たち全員がどのようにそれを利用をするかが、私たちの社会や経済の将来に深い影響を及ぼすだろう。

技術と労働の未来

ロボット工学や他の形態のオートメーションはすでに、これまでにない形で経済の状況を変えてきた。米国だけを見ても、一九六九年～九九年の間に、ロボット化と情報技術のために姿を消したブルー・カラーの仕事は、全体の五〇％に上った[4]。雇用喪失の波の中、肉体労働や反復作業を含む一〇〇〇万以上の雇用がオートメーションに取って代わられたが、これは物語の序の口にすぎない。電話交換手や受付係のように、ホワイト・カラーの仕事でもオートメーションによって徐々に失われた雇用は数百万に上る。さらに、その他にも数多くの高賃金の職が姿を消した。

製造業やホワイト・カラーの職、次第に増加しているプログラマーなどハイテク関連の職の喪失は、そういった仕事が人件費の安い国にアウトソーシングされていることも原因の一つになっている。だがオートメーションのコストが安くなって普及するにつれて、こういった職の多くも大部分がオートメーション化によって取って代わられるだろう。

米国の調査会社ストラテジー・アナリティックスが二〇〇五年に発表した報告書では、顧客サービスやサポート・センター、電話番号案内に関連するサービス業の第一レベルの職は、その多くがやがて自動応答システムなどによって失われるだろうと予想されている。[5] その調査報告書を書いたハーヴェイ・コーエンは、意思決定や助言や解析の機能をもつ自動化されたシステムの拡大によって、中間レベルと高レベルの職にも危険が迫っていると警告している。こういったシステムがすっかり人間に取って代わるということはなさそうだが、企業や政府の活動に必要な人の数を激減させるだろうとコーエンは言う。[6] 結果として米国では、失業や不完全雇用だけでなく、一般消費者の経済的基盤の不安定化がすでに生じている。職の二極分化が進んでおり、主に修士・博士号の必要な職やハイテク関連技能を要する職に高い賃金が支払われる一方で、多くの人が、たいていがパートタイムで福利厚生もない低賃金の職に追いやられているのだ。

脱工業化がさらに進んでいくにつれて、米国内の工業の雇用基盤は、かつて農業の就労基盤に起こったのと同じように、労働者全体の過半数から五％未満へと著しく縮小するだろう。だが工業化のときと違って、オートメーション化は代わりの職を多数提供することはない。現代の雇用の大多数を占める非専門的な仕事においてはとくにそうである。

問題は、オートメーションやロボット工学、人工知能システムなどの技術的進歩が通り道に残していく「余剰」人口をどうするか、である。このような問題や、それがもたらすであろう大きな苦しみを予見して、自由主義経済学者のロバート・シーオボールドは、困っている人々を援助するための年間所得保障制度を提案した[7]。同様の理由で、暴力の蔓延や社会的・経済的に不可欠なインフラの崩壊を避けるため、保守派経済学者のミルトン・フリードマンは、負の所得税を提唱した。これも、所得のない、あるいは少ない人々に政府給付金を支給するというものだった[8]。

だがこのような対策は、農業や製造業、知識経済における新技術によって生産的な仕事であると思われるものの多くが次第に消えていくという予測への対応としては適切ではない。このような対策は、単に金のばらまきを引き起こし、経済の発展にも個人の発展にもまったく寄与しない。

年間所得保障制度も負の所得税も、生産性や創造性を促進することはない。どちらも、受益者に有意義な仕事の機会を提供しないので、人々から自分が重要なことをしているという感覚を奪うものだ。また年間所得保障制度も負の所得税も、好ましい行動に報いもしなければ、有害な行動を阻みもしない。どちらも、思いやりのない経済政策や企業慣行に対処するものではない。また、そのような政策や慣行が私たちの健康や自然の生息環境に与える損害や、それに伴う人間の潜在能力の損失を考慮に入れていない。つまり、これらの対策は、慢性的な経済の不公平や非効率の背後にある権力の不均衡に対処していないのである。

脱工業化世界の課題にもっと適切に対応する方法がある。**思いやりの経済へと移行すれば、オートメーション化された脱工業化技術への移行は必ずしも悪材料にはならない[9]。それどころか、このような技術が、比類のない人間の能力を活用する形で——つまり、より人間的で繁栄する世界に適した**

形で――生産的な仕事とは何かを定義し直す道を開くことになる。

脱工業化時代への移行には、どんなに高度な機械やハイテク装置であってもできないような活動――つまり、創造的で、柔軟で、思いやりがあること――を支援し、それに報いるような経済政策が必要である。また、世話をする仕事の教育や、このような必要不可欠な仕事への十分な報酬に投資する必要がある。

年間所得保障制度や負の所得税の代わりに、連邦議会や州知事は――企業や組合や活動家に促されて――私たちが直面している困難を乗り切っていけるような、質の高い人的資本の開発に早急に着手しなければならない。それはつまり、自分たちや子供たち、そして増加している高齢者の世話をするという不可欠な仕事の価値が高まり、訓練や支援に資金が配分されるように、ゲームのルールを変えるということだ。

新たなルールの下では、育児休暇や保育、教育、保健医療を支援する支出が、現在のように毎年計上されて財政赤字を増やすということはなくなるだろう。このような支出は、国の最も重要な資産である未来の人的資本への不可欠な投資として認識される。そしてその支出は、組織が効果的に機能することを可能にするその他のインフラへの投資と同様に、一世代のうちに償却されるだろう。

政府の給付金が支給される場合、対象が人間であるにせよ、自然の生命維持システムであるにせよ、また家庭経済や地域経済であるにせよ、思いやったり世話をしたりする仕事に報いるためのものであるべきだ。また、質の高いケアの訓練に資金を供給するものでもあるべきである。

こういった手法をとれば、脱工業化時代の労働力に必要とされる柔軟で革新的な思いやりのある人たちが必ず現れるようになるだろう。実際、最も急激な成長を見せる米国の求人市場はサービス産業であろうと予測されている。サービス産業こそ、思いやりが極めて重要な業種である。

人々や自然を思いやることに高い価値を置くことは、自然資源が汚染されたり使い果たされたりしないように、そして世界中で暴力や抑圧が減るようにすることにも役立つだろう。そして、より思いやりのある家族や、より満たされ、進化した人間へとつながるだろう。思いやりを奨励する政策が、世界の人々によって求められ、世界中で実行されると、世界中の企業や政府の慣行が一般的に今よりも思いやりがあって効果的なものになるだろう。そして、人々が思いやりに真の価値を置くことをおぼえるので、この手法は科学の精神を、そしてそれによって技術発展の精神を、より責任があって思いやりのあるものへと変えることになるだろう。

技術の利用と乱用

現代科学技術の破壊的な影響は、ハイテク戦争による荒廃から産業公害や地球温暖化まで、私たちのまわりのいたるところに見られる。私たちの苦しみを科学技術のせいにする人がいたとしてもそれほど不思議ではない。だが問題は科学技術ではないのだ。

特定の技術的大躍進がどのように利用されるかについて、あらかじめ決まっていることは何もない。**同じ技術的進歩でも、社会の構造や考え方が支配と搾取の関係を促進するか、それとも相互利益と思いやりの関係を促進するかによって、まったく異なる用途につながる可能性がある。**

なぜ製造工場は、人間が産業用機械の歯車の歯になるような組立ラインにされなければならなかったのか、その本質的な理由は何もない。このような非人間的な仕組みは、機械の発明によって決定づけられたのではなく、支配の精神と、この精神が支える社会・経済システムによって決定づけられたのである。

工場は、のちにノルウェーやスウェーデンなどの、よりパートナーシップ志向の北欧の国々で発展した産業民主主義の手法を用いることもできたはずだ。工場を、支配の序列ではなく実現化の序列に組織することも可能だったはずである。また、工場は、労働者がチーム単位で働いて創造性を駆使し、工場長が支配したり威圧したりするのではなく円滑にはかどらせる役目をする生産方法を用いることもできたはずである。

産業技術には本来、労働搾取工場や鉱山やその他の企業に、危険な職場で男性も女性も子供たちをも実質的に奴隷化させるようなものは備わっていなかった。それどころか逆に、このような技術は、骨の折れる非人間的な仕事から人間を解放するために用いることができたはずだった。

産業技術には、それを利用してさらに効率的な環境略奪を行うことを求めるものは何もなかった。これもまた、生命を与えたり支えたりする自然の能力を——生命を与えたり支えたりする女性の能力と同様に——好きなように利用または乱用する権利が人間には当然あるものと考える支配者の精神がもたらした結果なのである。

根本的な問題は、科学技術が支配の精神によって導かれているのか、それともパートナーシップの精神によって導かれているのか、である。生物工学やナノテクノロジーなどの新しい分野で、かつては想像もできなかったような飛躍的な進展が見られる今、これは日を増すごとにいっそう緊急の問題になっている。

生命工学は大きな利益をもたらすことができる。ヒトゲノム・プロジェクトや幹細胞の研究からの発見は、健康の増進や寿命の延長につながる可能性がある。現在は治療が難しいパーキンソン病やアルツハイマー病、エイズや癌といった病気の治療法が見つかる可能性もある。胎生初期や胎児期に遺伝手術を行うことで、つらい苦痛をもたらす異常を防ぐことができるかもしれない。遺伝子組み換え作物は、世界の、とりわけ発展途上国における飢餓の解決策だとさえ言われている。

だが同時に、こういった新しい工学的応用は深刻な問題を提起する。たとえば、遺伝子組み換え食品がもたらす健康上のリスクについての懸念がある。科学者の中には、抗生物質抵抗性遺伝子をもっている組み換え作物は家畜や人間に抗生物質に対する耐性を生じさせる可能性があると危惧する人もいる。導入遺伝子が栽培作物から近縁野生種に拡散したり、(すでに起こっているように)周辺農家の有機栽培作物やごく普通の品種を汚染したりする環境リスクもある。そして、種子の特許権侵害で農家を訴えている、モンサントなどの巨大企業の問題がある。最近、同社の遺伝子組み換え種子がカナダのある農家の土地に飛散し、今度はこの農家が土壌汚染の被害を受けたとしてモンサントを訴えるということが起こった[10]。そのほかにも、遺伝子組み換え作物が、ゲノム内で予期せぬ相互作用を引き起こし、未知の影響を及ぼすのではないかという懸念もある[11]。

軍事目的に利用される遺伝子組み換え技術の躍進は、さらに差し迫った危険をもたらす。生物兵器は、すでにイラクのサダム・フセインがクルド人に対して使っており、モントレー研究所不拡散研究センターの報告によると、アルジェリア、カナダ、中国、フランス、ドイツ、イラン、米国など一二カ国が、炭疽菌やボツリヌス毒素から天然痘や発疹チフスまでさまざまな物質を用いた化学・生物兵器を開発済または開発中である。[12] さらには、生物テロの恐怖や、政府の工作員として、または独自に個人で行われる攻撃で、「敵の」民間人に対して用いられる化学・生物兵器の恐怖が見え隠れしている。

また、思想や行動を制御する手段として行われる遺伝子操作の恐怖もある。軍が兵士や民間人をコントロールするために、または独裁政権や独裁政権の志望者が市民をコントロールするために生物学的物質を用いる可能性がある。

さらに、ジェレミー・リフキンが『バイテク・センチュリー――遺伝子が人類、そして世界を改造する』(鈴木主税訳、集英社、一九九九年)の中で指摘しているように、人種の浄化などの大量虐殺政策が現実となると、「望ましくない」人たちを抹殺するための人種改良計画に生物工学は力を貸すことになる。リフキンは、その兆候は、六〇〇万人のユダヤ人と、ポーランド人やジプシーなどその他の「望ましくない人々」数百万人の殺害およびドイツ人障害者の毒ガスによる殺害という結果をもたらした、ナチスの人種改良計画によって示されていたと指摘する。そして悲しむべきことに、白人至上主義者とネオ・ナチのグループの激しい台頭が示すように、ニーチェやヒトラーの「超人」というビジョンは必ずしも過去のものではないのだ。[13]

リフキンはまた、大きくもてはやされているように、遺伝子操作を用いて「欠陥のある」遺伝子を選択的に排除することについては、真の深慮がなければその結果は、人間の遺伝子プールの危険なまでの縮小という結果をもたらしかねないとも書いている。生命の進化においては突然変異が重要な役割を果たしてきたのであり、長期的にはこのことが人間の進化そのものに影響を与える可能性がある。
最近のイタリアの科学者たちによる脳神経細胞とシリコン回路の結合も、難しい（そして恐ろしい）問題を提起するものだ。この画期的な研究成果は、やがて精巧な人工神経の創造によって、やがては神経疾患の治療や、生きている神経細胞を用いて計算する有機コンピュータの開発を可能にするものとしてもてはやされているが、起こり得るもう一つの進化の悪夢に向けての第一歩でもある。その悪夢とは、人間を電気的形質と結合した新種の誕生だ。[14]
ナノテクノロジーに関しても難しい問題が起きている。ナノテクノロジーとは、新たな原子構造や分子構造に信じられないほど小さな構成要素を組み込むものである。一ナノメートルは一〇億分の一メートルだ。このように小さい構成要素を扱うことは、かつてはあり得そうにないことに思えた。だが今日の科学者たちは、製造から医学までのあらゆる分野で大変革をもたらすために設計された実験で、まさにそれを行っている。
ナノテクノロジーは、診断や薬物送達のために人体に挿入される生物医学装置によって、医学を根本的に変えるだろうと信じられている。たとえば、現在のところ、最初期段階の癌を発見する診断方法はない。また、初期段階ではどのような種類の癌が進行しているかを見分ける方法もない。ナノ流体トランジスタは、癌細胞が二つか三つの段階での診断を約束するものであり、病気の進行を止める可能性を劇的に高める。[15]
ナノテクノロジーは、ほぼすべてのもの――ワクチンからコンピュータ、自動車用タイヤ、そして今のところ想像もされていないようなものまで――の設計・製造方法も根本的に変えるだろうと予想されている。いわゆるナノチューブ――炭素などの原子から自発的に自己組織化する微小だが超強力な分子――は、これまでの製造業を完全に変える可能性がある。[16] カリフォルニア大学バークレー校の研究者たちはすでに、分子を電気的に制御するナノトランジスタを創り出した。これは、化学的・生物学的処理の電子制御のためのラボチップにつながる可能性がある画期的な技術革新である。[17]

これらは、人間を機械的な仕事から解放する可能性がある。オートメーションと共に、これらの発見は、私たちを比類なき存在にするその能力を人間が自由に開発し利用できる時代の到来を告げているのかもしれない。ナノテクノロジーは、希少性によって決まる経済価値を変える可能性さえある。たとえば、原子の配列を変えて石炭からダイヤモンドを作れるかもしれないことを実験結果が示している。もしも原子の配列を変えることで石炭からダイヤモンドを作れれば、ダイヤモンドは希少なものではなくなるだろうし、それどころか、市場で供給過剰になるだろう。このことは、真に価値があるもの――家庭や地域社会や自然界の生命維持活動など――についての新たな議論へ道を開く。

だが、医学やスーパーコンピューティング、エネルギーにおける輝かしい大躍進が予想されているにもかかわらず、ナノテクノロジーにはゾッとするような危険性もある。人間の眼では見えないほど小さな生成物がどのような挙動を見せるかは、誰にもよくわからない。ナノ世界の基本設計要素である原子や微小分子が、より大きな物質を扱うおなじみのニュートン物理学ではなく、ほとんど知られていない量子力学の法則によって支配される場合はとくにそうだ。

一つの懸念は、さらにずっと厳密な実験を行わなければ、ナノテクノロジーがフランケンシュタインのような怪物を生み出す可能性があるという点だ。ライス大学教授のマーク・ワイスナー博士は、ナノチューブは針状の形をしているため、アスベストの二の舞になる可能性があると警告している。その他の科学者たちは、カーボン・ナノチューブや同類のナノスケール微粒子について、薬物を脳に送達できそうなものとして魅力的に思わせる性質によって、毒素も運べてしまう可能性があるかどうかを懸念している。さらに、バクテリアに吸収されたナノ微粒子がどのように食物連鎖に入りこむ可能性があるかについての研究不足を案じる人もいる。[18]

究極の悪夢は、一部の科学者が「グレイグー」と呼んでいる破滅の結末だ。これは、自己複製する、バクテリア程度の大きさの微小なロボットが世界を埋め尽くして人類を壊滅させるシナリオである。[19]

分離から思いやりへ

科学的な大躍進がどのように応用されるかは主に、科学を導く精神によって決まる。現在のところ、支配的な科学の精神は依然として「第三者的な客観性」である。「第三者的な客観性」とは、表面的には、偏見がないことを意味するので耳障りがよいかもしれない。だが実は、科学者も含めて私たちは皆、支配のシステムを維持している多くの偏見を内に抱いている。したがって、多くの科学者が「価値中立」でなければならないと主張するが、価値中立であることは、広く行き渡っている前提や考え方をただ補強し、維持するだけだ。さらに、より詳しく見てみると、対象から一定の距離を置く「分離」とみなされるものは、「客観的な」科学に「主観」を注入するのは適切ではないという主張によってごまかされているが、共感や思いやりなどの「軟弱な」性質の抑圧である場合が多い。

科学についてのこのような見方は、より厳格な支配の時代から私たちが受け継いだものだ。科学史学者のデヴィッド・ノーブルがその著書 *A World Without Women: The Christian Clerical Culture of Western Science*（未邦訳）で述べているように、現代科学は、女性と軟弱なものや女性らしいという固定観念のあるものすべてを軽視する世界観に根ざしたキリスト教聖職者（たいていは修道士）の文化から生まれたものだ。女性や「女性らしさ」に対するこの侮辱は非常に根深く、聖職者は女性を排除しただけでなく、修道士は掃除をしに来た女性との接触でさえいっさい避けた[20]。

現代科学は宗教上の教義とは決別したが、昔の聖職者の文化がもっていた女性や女性に関するものへの侮辱を依然として変えなかった。ノーブルが示しているように、その結果の一つが共感や思いやりの抑圧を特徴とする科学である。もう一つの結果は、全体論の欠如、つまりつながりを考えることの欠如を特徴とする科学だった。

近年、科学に女性が参入してきたことによって、共感など、固定観念で女性らしいと考えられている特性を科学の方法論から排除する趨勢に変化が見え始めた。たとえば、バーバラ・マクリントックが一九八三年にノーベル賞を受賞したときの受賞理由となった植物遺伝学の研究は、イヴリン・フォックス・ケラーが「生物への思いやり」と言い表した手法を用いている。より共感的で全体論的な科学的手法の別の例としては、ジェーン・グドールやダイアン・フォッシー、シンシア・モスなどの動物行動学者の研究がある。これらの女性たちは、共感的な手法と労を惜しまない観察とを組み合わせることによって、この分野に大きな変革をもたらした。その結果、男女を問わずますます多くの科学者たちが、直観的・共感的な方法と客観的な方法の融合に向けて移行しつつある[21]。

また、多くの科学者が、科学は「価値中立」でなければならないという概念を否定している。これまで以上に強力な科学技術が、私たちや地球に及ぼす長期の影響にほとんど注意が払われないまま発展することに対して、ますます多くの科学者が懸念をあらわにしている。

サン・マイクロシステムズの主任研究員であるビリー・ジョイが二〇〇〇年に書いた記事のテーマは、荒れ狂った新技術の危険性であった。そしてジョイは情報技術の先駆者として非常に目立つ存在だったため、彼が書いた「Why the Future Doesn't Need Us」という記事は国際的に注目を集めた[22]。

ジョイは、二一世紀の核・生物・化学（NBC）技術には大量の原材料（その多くは希少な材料）や技術情報、大規模産業の利用が必要であると書いた。それに対して、二一世紀の遺伝子操作・ナノテクノロジー・ロボット（GNR）技術には大規模な設備も希少な原材料も不要だという。それだけでなく、こういった新技術の中には、複製が可能な――つまり、自己の新バージョンを作ることができる――ものもある。核爆弾がさらに多くの爆弾を生むことはなかったし、有害物質の流出がさらなる流出を増やすこともなかった。もしも自己複製するGNR新技術が世界に放出されたならば、その回収や制御はほとんど不可能になるかもしれない。したがって、ジョイは自らが「知識の力による大量破壊（KMD）」と呼ぶものについて警告を発した。GNR技術の急激な開発と利用をやめなければ、私たちが人類最後の世代となる可能性があるとジョイは書いている。

このシナリオは悲劇的すぎるかもしれない。だが、生物工学やナノテクノロジー、ロボット工学やその他の強力な新技術の開発には、思いやりと責任の精神に導かれた基準が緊急に必要だという点では、ジョイは明らかに正しい。

これは、研究をやめるべきということではない。それどころか、基礎研究と応用研究の双方に十分な投資を続けていかなければならない。科学的研究は経済的に利益を生むだけでなく、大いに人間のためになるものだ。これまでにも、そういった研究が、コンピュータ・チップやレーザーからインターネットや心臓移植手術にいたる、すばらしい工学的応用につながった。だが、工学的応用が商業的に開発される前に必ず適切なリスク評価が行われるようにするための規制が必要なのである。

だが実際には、現在の経済モデルや経営のルールは、責任あるリスク評価を促進するのではなく、むしろそれに水を差すものになっている。市場における短期的な売上や利益によってのみ経済の生産性が測られれば、政策は右へならえになるだろう。今後も、健康上・環境上のリスクや、それがもたらす社会的・経済コストなどの「外部性」を無視したものであり続けるにちがいない。

実際、たとえナノテクノロジーの長期的な影響はまったくわかっていなくても、その商業利用はすでに私たちの日常生活の一部になっている。ナノスケール微粒子はすでに、日焼け止め剤や汚れのつきにくい軍服、創傷包帯などの消費財に組み込まれている。ほかにも、派手にもてはやされているナノチューブの応用例が、長期的な影響について実際の試験がまったく行われないまま、設計段階にある。

この状況を懸念している人は多い。だが多くの議論がある一方で、科学や技術のルールにはほとんど変化が起こっていない。

不健全な市場のルールが健全な科学技術の障害になっている

製薬大手のメルク社が鎮痛剤「バイオックス」を、命取りになる副作用が原因で回収しなければならなくなったことがある。重要なのは短期的な利益だけだという考えは、新製品の影響についての責任あるリスク評価を妨げているが、それだけではない。何よりも利益を優先する経済原則のせいで、本当に治癒力のある製品を患者が入手できなくなる可能性もある。

たとえば、樺の木の皮に治癒力があることは何世紀も前から知られていた。アメリカン・インディアンは今でも樺の木を、その実用的・医学的・精神的な特性のために、神聖なものとして扱っている。古代ロシア人は、樺の木の皮を貼り付けると傷が早く治ることを知っていた。それに樺の木の皮は安価でどこでも手に入る。だが、ミネソタ大学ダルース校の化学教授であり樺の木の応用についての先駆的研究者であるロバート・カールソンによれば、同教授や他の科学者が樺の木の抽出液でヘルペスが治癒することを示したが、「それが合成物質でなかったため、製薬会社は尻込みをした」という。事の次第をカールソンは次のように要約している。「製法の特許をとることはできるが、自然の特許をとることはできない。だから、もしかするとヘルペスの最良の治療薬かもしれないものが、発見後一〇年たっても入手できないままなのだ[23]」。

ここで問題なのは、一つの特許法ではない。実際、生物化学企業からの圧力を受けて、特許法は、遺伝子の特許取得までも許可するように改正が行われているところだ。問題は、合成品を製造する巨大製薬企業が一般的に、薬草のような低コストの薬やその他の伝統的な治療法に反対してきたことである。こういった傾向は、企業の定款が、その会社の短期的利益だけでなく、すべてのステークホルダーの長期的な利益に注意を払うことを求めるようにならなければ変化しないだろう。

技術に対する新たな視点

ポストモダンの技術融合が確実に好ましい用途に用いられるようにするためには、どのような種類の技術を開発したり市場に出したりすべきなのか、またはすべきでないのかに関する私たちの考え方を形作っている、文化的価値や社会制度に注意を向ける必要がある。まずは、技術の定義を広げて、私たち人間が目標を達成するために用いるあらゆる手段を含めるようにすることから始められる。

技術は、技術史家のルイス・マンフォードが**テクニックス**と呼ぶ、ハンマー、掃除機、コンピュータなどの単なる物質的人工物ではない。伝説の未来学者バックミンスター・フラーの考えに基づき、私は技術の定義を、テクニックスだけでなく、新たな現実を創り出す、人間に独特のツールである私たちの手と脳も含めた、より広義のものにすることを提案する。

私たちの脳が思い描く人工物や方法は人間の創造物である。人間の決めた目標を達成するために私たちが用いる主なツールは、もともと私たちの脳だったし、今もそうである。テクニックそのものではなく、脳の生み出す考えが技術の用途を決めるのだ。

目的に焦点を当てることによって、同じ技術基盤の好ましい利用法か好ましくない利用法かを区別することができる。技術を、缶切りから水素爆弾までのあらゆるものを投げ入れられる一つの大きな分野と考えるのではなく、三つの基本型に分けることができる。

一つ目は**生命を維持する技術**である。このような技術は、私たちの身体や環境の生命と健全性を維持するように設計される。ここには、農業、製織、建設など、生き残りのための基本的なニーズを満たす方法が含まれる。さらに、言語や私たちの足からジェット機、ラジオ、電話、電子メールまで、ありとあらゆるコミュニケーションと輸送の技術もここに含まれる。

また、生命を維持する技術には、健全な出産を促進する方法や、間隔をあけて子供を産むことで十分な扶養ができるようにする方法も含まれる。病気を予防したり治癒したりする技術や、自然環境の枯渇や汚染を防ぐ技術も含まれる。

二つ目の型は、私たちの最も高い潜在能力である、意識や論理的思考、共感、創造性、愛の能力の実現に役立つよう設計される技術である。私はこれらを**実現化の技術**と呼ぶ。こういった技術は、思いやりの関係や意義、正義、自由を求める、人間の切実な望みをかなえるのに役立つ。

実現化の技術にも、有形・無形の両方の方法がある。古くからある実現化の技術の例は、音楽、芸術、瞑想など、精神の成長を目的とした手法である。実現化の技術の多くは、よりよい育児や教育の方法など、つながりに関する技術である。また、学校教育や議会制民主主義政治、公平な経済システムやその他の人間の創造物といった、社会的技術でもある。

三つ目の型は、私が**破壊の技術**と呼ぶものである。この技術は他の二つの技術とは大きく異なる。創造ではなく破壊がその目的なのだ。これには、古代戦士の鋭い刀剣に始まり今日の核戦争や細菌テロのための兵器など、あらゆる恐怖のテクニックスが含まれる。

もちろん、生命維持や実現化の技術が必ずしも共通の利益のために用いられるとは限らない。これらの技術も、支配の精神によって導かれれば、主に上層部の人たちの利益になり、残りの人たちには

「浸透《トリクルダウン》」による利益しかもたらさないような方法で利用されるだろう。そうでなければ、私たちから人間性を奪うような方法で用いられるだろう。そしてこれは、パートナーシップ志向のシステムにおいて、退屈きわまりない苦役から人間を解放する可能性のあるような画期的な技術革新であっても同じなのだ。

だが、私たちの将来にとって最大の脅威は、主に支配のシステムを志向する文化においては、画期的な技術革新が破壊目的に利用されるのを防ぐ方法はないという事実にある。過去の歴史を見ても、このような文化においては、常に破壊の技術が最優先のものとされた。

現在、核や生物学の技術の破壊力は、かつては全能の怒れる父なる神だけのものだった、すべての生命を破滅させる力と同じくらいに強大化している。そして、生物工学やナノテクノロジー、ロボット工学の研究は、軍事技術をこれまでに聞いたこともない領域にまで押し進めている。

米国国防総省のある機関は最近、その瞬間の環境を推定し、空と地面、道路、木とを見分けて、すばやい決定を下すことのできる無人の後方支援車両の試験を行った。そしてこれはまだ序の口なのである。

米国戦力統合軍研究所の関係者が二〇〇四年にニューヨーク・タイムズ紙に語ったところによると、軍隊のロボット化は、行うかどうかの問題ではなく、いつ行うかの問題だという。殺すべきかどうかの判断ができる電子化された高度な機械が開発されるのは間違いないというのだ。その人は「弁護士に聞いたところ、人間の生死を決めるロボットは法律で禁じられていないそうだ」と述べた[26]。

ロボットに人の生死を決めさせるなど狂気の沙汰に聞こえるかもしれない。だが支配者の頭の中では、大いに筋の通ったことなのだ。人間は人を殺したり傷つけたりするのをためらうことがある。ロボットならそのように気がとがめることはないだろう。だから、ポストモダンの技術融合が好ましい目的に用いられるのでない限り、こういった形で、ビリー・ジョイが「Why the Future Doesn't Need Us」の中で描いたシナリオが現実のものとなる可能性がある。

科学技術と私たちの生活

今日のエレクトロニクス技術——テレビ、コンピュータ、ビデオからファックス、電子メール、携帯電話まで——は私たちに、学習、創造、通信の驚くべき新たな方法を提供する。地球の反対側で起こっていることをリアルタイムで見ることができるし、はるか遠く離れた人と瞬時に通信でき、また、コンピュータを使って本を書いたり編集したり、さらには自分で出版したりすることさえできる。

だがこのような技術の驚異は、一連の新たな問題にかかわってもいる。子供たちが長時間座ったまま、（暴力行為の場面が一時間当たり平均二五回あるアニメも含む）テレビ番組を見たり、(24) ひどく暴力的なビデオゲームをしたりするようになるにつれて、小児肥満症や少年犯罪が広く見られるようになった。心理学者は新たな依存症状を確認している。子供たちがとりつかれたようにビデオゲームやネットサーフィンをしたり、インターネット上のチャットルームに参加したりしていて、それが宿題や生活の妨げとなっているのだ。

もちろん、コンピュータ依存になる大人も多い。それだけではない。高度なエレクトロニクス技術――インターネット、携帯電話、ファックスからボイスメール、電子メール、ワイヤレス携帯端末「ブラックベリー」まで――に私たちの時間がますます多くとられるようになっている。テレビやインターネットのニュースが私たちに信頼できる情報をいっせいに浴びせるので、私たちは情報過多の状態になって、本当の世界で何が起こっているのかを理解しにくくなっている。そして米国では労働時間が短くなるどころか、新たなエレクトロニクス技術によって可能になった通信速度が、人々をさらに忙しく長時間の労働へと追い込むことに主に利用されたのだった[25]。

このような事態が避けられないわけではないことは西欧諸国によって証明されている。西欧では従業員の労働時間は以前よりも短くなっているのだ。米国でも労働時間を短くして、女性も男性ももっと多くの時間を家族や友人と過ごせるようにすることはできる。そして、そうしたとしても、疲労やストレスが減れば効率が上がるので、生産性が落ちることはないだろう。エレクトロニクス技術がもたらした社会的孤立や疎外、精神麻痺も避けられないものではない。技術は、人間のニーズを考慮に入れて設計することができる。私たちは、いっそうめまぐるしいペースに追い込まれるような方法ではなく、身体のリズムを考慮に入れた方法で高度な技術を利用する経済システムに移行することができる――それはちょうど、自然のリズムを考慮した方法で技術を設計・利用することができるのと同じである。

技術の幻想から国際的な現実へ

すべての親は――そして政府や産業界のすべての政策立案者は――新しい技術の開発と利用が思いやりと責任の精神によって導かれているかどうかに気を配るべきである。だが、新技術についての企業や政府の報告がこの極めて重要な問題に触れていることはめったにない。

大半の事業報告書は、もっぱら新技術が米国やその他の技術先進国にもたらした利益に重点を置いている。たとえば、経済研究所の二〇〇二年の報告書は、家庭や自動車、オフィスのインテリジェント・ネットワーク化はまもなく三五〇〇億ドル規模の産業になるだろうと予測している。また同報告書の予測によると、遺伝子組み換え生物（GMO）という新産業はまもなく一四〇〇億ドル規模に達するであろうし、農業のオートメーション化は数年のうちに一六〇〇億ドル産業になるだろうという。電気ではなく光波（レーザーや光ファイバー）によって動作する光コンピュータはやがて一二〇〇億ドル産業になり、家庭から工場までどこでも仕事をこなすことができる高性能ロボットはまもなく九〇〇億ドル産業になるという。[27]

また米国政府の報告書も、新しい科学技術がいかに莫大な利益をもたらすかに熱狂している。米国中央情報局（CIA）の外郭組織である国家情報会議（NIC）が公表した報告書 *Global Trends 2015*（未邦訳）は、高性能かつ多機能で環境に適合した数多くの新製品がもたらす経済効果について熱狂的に語り、それらの製品が製造や物流、個人の生活様式に大きな恩恵をもたらすだろうと予測している。[28]

米国国立科学財団（NSF）と商務省の委託による政府の報告書では、これらの技術は「人類史において新紀元を画する時となるであろう黄金時代」の到来を告げるものだと断言し、ナノテクノロジーや生物工学、人口知能が二〇年以内に人間の進化を変えるだろうと予測している[29]。

ときには、このような報告書に、新しい画期的な技術革新がモラル上・法律上・環境上の問題や社会問題を提起することを認めた部分が短く挿入されていることもある。だが、こういった報告書が、そのような技術の商業利用や軍事利用に猛進することの危険性について言及することはめったにない。科学技術の理想郷についてのこういった楽観的な予測は、脱工業化時代に移行していったときに、実は世界の大部分の人々に何が起こるかについて触れることもない。

過去一〇年間に、富裕層と貧困層の格差が広がったため、実は大部分の国民にとって状況が悪化した、という国が後を絶たない。二〇〇五年八月二五日に公表された国連の報告書によると、サハラ以南のアフリカだけで、わずか一〇年あまりの間（一九九〇年～二〇〇一年）に貧しい人々の数が九〇〇〇万人近く増加したという。中南米では、一九九五年に七％近くだった失業率が二〇〇二年には九％にまで上昇した。

資本主義のグローバル化がすべての人の生活水準を引き上げるという主張にもかかわらず、この一五八ページから成る国連の報告書 *The World Social Situation: The Inequality Predicament*（未邦訳）には、経済のグローバル化が拡大するにしたがって、国家間においても国内においても格差が大きくなったと書かれている。米国やカナダ、英国などの比較的豊かな国でさえもこの傾向を避けられなかった。そして、中国とインドは著しい経済成長を遂げたが、このアジアの二大国における不平等は改善されておらず、中国においては悪化している[30]。

同報告書によれば、最も広範囲にわたって見られる不平等の形の一つは、依然として男女間の不平等であるという。女性の労働力への参入が増えたことで多くの女性が経済的に独立できるようになったが、今でも世界的に女性の賃金は男性よりもかなり低い。そして発展途上国ではとくに、規制されていない——つまり非公式の——市場経済に女性が閉じ込められていることが多い。人権活動家のリン・チェウによると、その労働条件をひとことで言い表すならば「汚い（dirty）、危険（dangerous）、屈辱的（demeaning）の3D」だという。[31]

非公式の市場分野で働いている世界中の労働者のうち約六〇%が女性であるが、女性の就労率が男性よりも低いという事実を考えると、この割合は非常に高い。そして、ますます多くの女性や少女が教育を受けるようになっている一方で、公式の雇用統計の示す女性の雇用は伸び悩んでおり、世界の中には減少している地域さえあって、数百万人の女性が、自分と子供たちが辛うじて食べていけるだけの生活を支えようとしているが、たいていはそれもできていない。

ユニセフの報告書『世界子供白書二〇〇五——危機に晒される子供たち』（平野裕二、日本ユニセフ協会広報室訳、日本ユニセフ協会刊、二〇〇五年）によると、世界の子供たちの半分以上が、貧困や戦争、HIV／エイズのために極度の欠乏にあえいでいるという。この欠乏が子供たちに永久的な損傷を及ぼし、人権と経済発展へ向けての前進を妨げている。[32] 二〇〇五年に公表された世界保健機関（WHO）の報告書によると、アフリカの子供たちは現在、寿命が延びるどころか、一〇年前よりも死亡する危険性が高まっている子供が全体の三五%もいる。

このような統計は、恐ろしい苦しみを詳細に伝えてはいない。こういった統計では、食べ物がなくて死にそうになっている何百万もの子供たちの顔は見えない。路上生活をする羽目になった孤児や、夜明けから日暮れまで必死に働く男女、医療を受けられないために出産時に命を落とす女性たちの辛さも伝わってこない。

グローバル化と支配とパートナーシップ

グローバル化が世界の悪の原因だと非難されることがある。実際には、グローバル化の状況はもっと複雑である。

確かに、デヴィッド・コーテンなどグローバル化を批判する人たちが指摘するように、貿易の自由化や市場の規制緩和を求める通商協定は、往々にして低賃金や搾取的な労働条件、略奪的な自然の開発を助長する。コーテンたちが指摘するように、財やサービス、雇用に対する人々の基本的なニーズが地域内で満たされれば、地域社会は経済的により安定したものになり得る。また、不在所有者の企業とは対照的に、地元企業は地元の資源をより責任をもって管理する可能性も高いかもしれない。なぜなら、地元企業は自分たちの幸福もその資源に依存しているし、自社の活動が環境被害や健康被害を引き起こしたならば、自分たちもそれと共に生活していかなければならないからだ。

だが経済システムの地域特化は万能薬ではない。地域の文化的伝統は、社会・経済構造と同様、極めて不公平なものであるかもしれない。

世界経済フォーラムの世界競争力ネットワークでチーフ・エコノミストと理事長も務めるアウグスト・ロペス=クラロスは、グローバル化の失敗についてこう指摘している。「グローバル化のせいにされた問題の多くは、思慮に欠けた社会政策の結果だと言ったほうが正しい。つまり、グローバル化の現象そのものとは無関係の文化的習慣や伝統を押しつけた結果だったのだ」。ロペス＝クラロスは例を挙げて、「換金作物から得た収入が、それを稼いだ男性たちによってどのように使われるかということは、グローバル化よりも、アルコール依存症や性差別など根深く定着した社会問題のほうとずっと深く関係している」と述べている。またロペス＝クラロスによれば、今も極端な男性支配が残っている地域では、仕事を得たり、それによって暴力や虐待という状況から逃れられるようになったりすることにグローバル化が役立っているという。

したがって、繰り返すが、経済慣行や経済政策は、経済システムだけに焦点を当てても変えることはできない。より公平で持続可能な経済システムに移行するには、もっと広範囲の文化に注意を払う必要がある。

市場のグローバル化にプラス効果があるかマイナス効果があるかは、主にそれを支配するルールや政策次第だ。労働者や消費者を保護する機能や、天然資源の保護、思いやりの国内または国際政策があるかどうかによって決まる。世界貿易の提唱者が主張するように、世界貿易が真にすべての人の生活水準を高めるためには、経済システムと経済原則を変える必要がある。そして、巨大企業が経済システムだけでなく政策までも支配するのを防ぐ国際的な規範が必要だ。また、社会的責任と環境保護責任を求める規制や、短期的な企業目標ではなく長期の目標への注目が必要である。

再びロペス＝クラロスの言葉を借りれば、「グローバル化の経済システムは、グローバル化のプラス効果を持続・向上させる社会政策の介入と連動しなければならない」。結局のところ、局地的なものであろうと国際的なものであろうと、経済システムが一部の人だけのために機能するか、それともすべての人の利益のために機能するのかは、その根底にある社会構造や文化的価値が支配のシステムとパートナーシップのどちらを志向しているかによって決まる。

つまりこういうことだ。貿易のグローバル化は、脱工業化時代の経済の厳然たる事実である。問題は、それを制御しているのが支配の精神なのか、それともパートナーシップの精神なのかだ。(33)

The World Social Situation に書かれているように、開発戦略として経済成長と所得の創出だけに重点を置くことは、非人間的であるし、効果的でもない。同書では、この手法が少数の人による富の蓄積と多くの人の貧困悪化につながっているだけでなく、社会不安も引き起こしていて、「その代償を払わなければならなくなるのは全員だ」と指摘されている。(34)

どう考えても、世界の大部分の人々が貧困生活から抜け出せないのであれば、高度な科学技術が私たちに「黄金時代」をもたらすという予測はばかげている。人類全体にとってよりよい時代に移行するためには、私たちは人々の生活の現実に対処しなければならない。

一分ごとに子供が一人、防ぎ得る原因で命を落としているという事実や、毎年数十万の女性が妊娠に関連する合併症で死んでいて、その原因の多くが、何としてもこれ以上子供を産まないようにしようと必死の女性たちが求めた堕胎であるという事実に対処しなければならないのだ。また、脱工業化技術によってすでに機械が人間に取って代わりつつあり、多くの基本的な財とサービスの生産には人間の労働力があまり必要でなくなるであろうという時代に、人口の指数関数的増加に対処しなければならない。

主に人口の指数関数的増加が原因で、今では人間以外の種全体の三分の一以上が絶滅の危機にさらされているという事実にも対処しなければならない。科学者たちによれば、すでに絶滅した種に加えて、哺乳類の約二四%（一一三〇種）と鳥類の一二%（一一八三種）が絶滅の危機に瀕している。[35]
人間の活動が自然の生命維持システムを破壊しているということをますます多くの科学者が懸念するようになっているが、私たちはそれにも対処しなければならない。国連の「ミレニアム生態系評価」によれば、過去五〇年間に世界人口が倍増したので、世界の草地、森林、農地、河川、湖沼の半分以上が失われたという。この評価をまとめた、九五カ国からの科学者たちの一致した意見は、政策や制度を大きく変えない限り、今後五〇年間に人口は現在の六五億人から九一億人に激増すると予測され、食料や清浄水、燃料の需要増が悲惨な結果をもたらすだろうというものだった。予想されたのは、新しい病気の出現、水質の悪化、沿岸域の「デッドゾーン」、漁場の崩壊、地域気候における大きな変化などである。[36]この中にはすでに顕在化し始めている問題もいくつかある。
人口増加や経済格差は、世界的なテロや戦争にも拍車をかけている。当然ながら、この暴力は、よく主張されているように、単に経済資源の管理を求めて争っている持たざる者の問題というわけではない。それはもっと根深いものであり、支配者一族に端を発する、暴力を用いて他者を支配するという伝統にまでかかわるものだ。たとえば、九・一一の同時多発テロを行ったテロリストたちの大半は、女性や子供たちが厳しく非人間的な支配の下にあることも多い、裕福なサウジアラビアの一族出身だった。だが、人口が増加していること、貧困国の若年人口の割合が高いこと、国家間の経済格差が大きいことは、国際的な暴力を増大させる重要な要因である。

新しい科学技術はこのような問題を解決してはくれないだろう。確かに、新技術は人々が生き残り、よりよい生活を送るのに手を貸すことはできる。だがそれは、短期的な企業利益を生み出す技術だけでなく、長期的に社会的・環境的な利益を生み出す技術にも経済的投資の重点を置くということだ。つまり、家族計画の技術に多額の投資を行って人口増加を安定させ、通信技術をもっと利用して、女性を「男性に支配された生殖技術」だと定義する規範を変えることである。また、低コストの太陽電池などの分散型エネルギー源に大規模な出資をしたり、伐採によって土地が丸裸になるのを防ぎ、薪や石炭によるコンロの煙や炎で命を落とす事故をなくすために発展途上国向けのソーラー・オーブンに投資したりするということだ。また、科学と技術の基準や脱工業化の技術融合を、破壊の技術ではなく生命維持や実現化の技術に振り向けるということでもある。

だが、たとえナノテクノロジーや生物工学、ロボット工学が生命維持や実現化の技術として利用されるとしても、私たちが直面している難題を乗り越えるには十分ではないだろう。即効薬はなく、物質的な技術における技術革新によるゆっくりとした解決策しかない。私たちは、物質的な技術だけではなく社会的な技術《ソーシャル・テクノロジー》にも焦点をあてなければならない。

私たちの未来にとって最も重要な問題は科学技術ではない。世界で実際に起こっていることや、人間や自然環境への思いやりを促す生き方や生計の立て方に移行するためにしなければならないことを、私たちがどれだけ速く認めることができるかである。この後の二章で見ていくように、人間とは何であり、また何になり得るかについての深く固定された考え方を変えることができたときにだけ、私たちはこの移行を実現することができる。

第9章
私たちは誰で、どこにいるのか

Who We Are and Where We Are

カナダのノース・グレンビルの小学校で一年生の先生がクラスの生徒に、アフリカの子供たちはきれいな水が手に入らないために病気になったり命を落としたりしている、という話をしたとき、ライアン・ヘリルジャックは六歳だった。ライアンは援助資金を集めようと決心した。いつもより多くの家事を手伝ってまず七〇ドルを貯め、その後ほかの人たちにも協力を求めて必要な二〇〇〇ドルを集めて、一九九九年にウガンダ北部のアンゴロ小学校の近くに井戸を掘ることができた。それ以来、ウォーターカンやフリー・ザ・チルドレンのような非営利組織の支援を得て、ライアンの井戸基金は一〇〇万ドル以上の資金を集め、一〇カ国一九六カ所の井戸掘削を支援し、三五万人以上がその恩恵に預かっている(1)。

クララ・ヘイルは一九九二年に八七歳で死ぬまでに、エイズにかかった子供や麻薬中毒の母をもつ子供、誰にも望まれなかった子供など八〇〇人以上の世話をした。ヘイルは最初、ニューヨーク市のハーレムにあった自分の小さなアパートで、捨て子の面倒を見ていた。そして半年もしないうちに、HIVに感染した赤ん坊ばかり二二人を育てるようになっていた。やがて、地元自治体の援助を得て、立派な家を入手することができた。ヘイルとスタッフはそこの家で、すべての子供たちが愛情を必要とするし、愛情を受けるに値するという信条を実行に移し続けた。(2)

この二人は、赤の他人を助けるために手を差し伸べた人々のほんの一部の例である。このような人たちは世界中に数千人もいる。ときには、一度も会ったことのない人たちを助けるために自分の命を危険にさらすことさえある。溺れかけている人を助けようと危険な水の中に飛び込んだり、逃げ遅れた人を助けるために燃え盛る建物の中に突入したりする。見知らぬ人を助けるために自分の家族全員の命を危険にさらす人さえもいる。たとえば、第二次世界大戦中に、ナチスからユダヤ人をかくまった人たちがそうだ。もしも見つかったら、そのユダヤ人たちだけでなく自分たち家族も全員その場で撃ち殺されるだろうと知ってのことだった。

このような私心を捨てた心優しい行動は、人間は本質的に利己的で邪悪な存在であるという従来の考え方――「原罪」を犯した、致命的な欠陥のある人間についての宗教神話から、人間の進化は、直接的にせよ間接的にせよ、自分の利益になる場合のみ他者を助けるように私たちを仕向ける「利己的な遺伝子」によって動かされているという社会生物学の理論まで――に逆らうものだ。(3)

当然ながら、世界の片隅で起こった出来事が良くも悪くも私たち全員に影響を及ぼす可能性がある、今日の相互に関連し合った世界では、遠く離れた場所にいる人々を助けることは自分たちの利益になるという主張もできる。したがって、たとえそれが見知らぬ人に対してであっても、思いやりや共感は、自己の利益のためと考えることができる。自己の利益は明らかに人間にとって重要な動機づけなのである。

だが人間の行動や性質には、単なる利己心よりもずっと多くの意味がある。確かに私たちは、無神経で残酷、貪欲で暴力的になりかねない。だが同時に、寛大で思いやりがあり、細やかで共感的になることもできる。

私たちの思いやりの能力は、残酷さの能力とまったく同様に――おそらくはそれ以上に――進化によって私たちの中に組み込まれている。人類の永続には思いやりが必要なのだ。子孫を思いやることは、他の哺乳類にとっても生き残るための必要条件であった。だが、人間の子供は非常に長い期間、世話をしてもらうことに全面的に依存しているので、進化の途上に人類が登場したとき、思いやりはいっそう不可欠なものになった。

進化の恵みによって、私たち人間は、他者を思いやるときに喜びを感じる神経を身につけている。誰でもこの喜びを経験したことがあるはずだ。子供や恋人、友人を思いやるとき、そしてそれがペットであっても、心地よく感じる。見知らぬ人であっても、誰かの役に立ったとき、心地よく感じるのである。

他者の世話をしたり助けたりしたいという人間の衝動はすでに赤ん坊のときに備わっている。このことは最近になって、マックス・プランク進化人類学研究所の科学者であるフェリックス・ヴァルネケンによって立証された。ヴァルネケンは、タオルを洗濯バサミで干すとか、本を積み上げるといった普通の仕事と「格闘している」自分を一歳半の赤ん坊に見せるという実験を考え出した。何度も何度もヴァルネケンが「ついうっかりと」洗濯バサミを落としたり、本をひっくり返してしまったりすると、実験を行ったよちよち歩きの二四人の赤ん坊は皆、数秒以内に手伝おうとした。だがそうしたのは、ヴァルネケンが手伝ってほしそうに見えたときだけだった。ヴァルネケンが洗濯バサミを床に放り投げたり、本をわざとひっくり返したりしたときは、赤ん坊たちは反応を見せなかった。一方、ヴァルネケンに手伝いが必要に見えたときは、赤ん坊たちは急いでよちよちと歩いてきて、そのモノをつかみ、しきりにそれをヴァルネケンに手渡そうとするのだった。(4)

赤ん坊たちの動機を検証するため、ヴァルネケンはあえて赤ん坊たちに感謝を示さないようにした。その結果、赤ん坊たちの動機は、ほめられることやその他の報酬への期待というよりも、むしろ共感や利他主義であることが確かめられた。赤ん坊たちは単に、見知らぬ人が助けを必要としていることに反応して助けを申し出ているだけなのだ。

したがって、私たち人間は生物学によって、人を助け、思いやる行動をとるように強く仕向けられているということを論証できる。ではなぜこの世界では助け合いや思いやりがこれほど欠けているのだろうか、と思うかもしれない。その質問に答えるために、生物学から文化へと目を移していこう。

神経科学から学ぶ経済学の教え

過去数十年間にわたって、科学者たちは、人間の脳が環境とどのように作用し合うかの理解において大きく前進してきた。昔ながらの遺伝・環境論争は、その両者が互いに作用し合うという理解にゆっくりと移行しつつある。

科学者たちは、脳の発達が主に出生後に起こることや、この発達の方向性において幼少期の経験が主要な役割を果たすことを明らかにしてきた。脳の神経構築は、私たちの遺伝子と幼少期の環境――とりわけ人間環境と、どんな種類の世話を受けたか――との相互作用によって形成される。

これは、私たちの挙動が幼少期の経験によって決定されるということではない。幼少期の経験は重要であるが、脳は大人になってからも、遺伝子や環境、選択の相互作用によって変化し続ける。

私たちが行う選択は、私たちがどのように振舞うかにおいて大きな役割を果たす。当然ながら、私たちの選択は私たちの人生経験と遺伝子の両方によって影響を受ける。だが私たち人間は、意識的な決断を行う能力を独自に備えている。

私たちは進化によって、無意識の衝動を超えて慎重な選択を行うことを可能にする前頭葉をもつようになった。そしてこういった選択が、今度は私たちの人生経験や文化的環境に影響を及ぼすのだ。

実際、科学的研究によって、私たちの行う選択が脳の中で起こることに影響を与えるということが明らかになっている。二〇〇二年、エモリー大学の神経科学者たちが、機能的磁気共鳴画像法（ｆＭＲＩ）という新しい手法を用いて、人が完全に欲から行動することを選択するとき、または相互利益のために行動することを選択するとき、その人の脳の中で何が起きるかを観察した。(5) 研究者たちが驚いたことに、金銭上の利益を求めるゲームにおいて、脳の最も活発な反応は、ゲームの勝ち負けとは関連していないことがわかった。本当に脳がパッと明るくなったのは、参加者が「ミーイズム」と呼ばれる自己中心主義ではなく相利共生を選んだときであった。そして明るくなったのは、快い感覚と関連する脳の回路だった[6]。

実験を行った科学者の一人であるグレゴリー・S・バーンズ博士がニューヨーク・タイムズ紙に語ったように、最も明るい信号は協力的な協調の中で起こる。そしてこれらの信号は、脳の中でデザートや魅力的な顔、お金、コカイン、合法・不法を問わずあらゆる喜びに反応する部分で起こる[7]。つまり、脳の喜びの中心地で起こるのだ。

参加者が相互利益の戦略に長くかかわっていればいるほど、脳内の喜びの回路に血液が強く流れ込む。だが、人ではなくコンピュータを相手にゲームをすると、あまり協力しなくなった。そしてこのゲームに参加する誘因となるのは金銭的な利益であったが、ゲームそのものにおいては、相利共生の喜びが金銭的な動機を上回っていた[8]。

金銭的な利益を考えることよりもむしろ人間のつながりを考えることが最大の喜びを生み出すということは、私たちが、効果的な生き残り戦略として互恵主義や相互の思いやりを求める進化によって結ばれていることを意味するだろう。また、この実験の参加者のように、明確な選択肢を有する場合、私たちは、より多くの喜びをもたらすという理由で、貪欲やまったくの利己主義ではなく互恵主義や相互の思いやりを選択する傾向があることも意味するだろう。

私たちは通常、選択は個人の問題だと考える。それはまぎれもなく真実だ。だが私たちの行う選択は、私たちが有する、あるいは有すると思っている選択肢によって制限される。

エモリー大学の実験では、参加者の選択肢は研究者たちによって決定された。だが現実の生活では、私たちの選択肢は主に、私たちが暮らす世界の文化の種類によって決定される。その文化が支配のシステムを深く志向していると、人々の実際の選択肢や認知される選択肢は制限されるだろうし、序列が下のほうの人々を思いやることはほとんど、あるいはまったくないままに選択が行われるであろう。

たとえば、インドの貧しい家庭は、一一歳の娘を性的奴隷として売ることを選択するかもしれない。たとえその選択が娘に、零落と暴力、そしてついにはＨＩＶに感染する人生を宣告することになるとわかっていても、である。ほかに取るべき道はなく、自分たちにとってそれが、どうしても必要なお金を手に入れ、その娘の結婚持参金を払わないで済ませるための、そして息子を学校に行かせる資金を得るための唯一の手段だと考えるのかもしれない。彼らにとってこの選択は、東南アジアの一部地域で伝統になっている「幼い花嫁」の習慣を延長しただけで、理に適った選択肢であるようだ。[9] 娘本人もおそらく承知することを選択するだろう。なぜなら、この娘も、女の子が男の子よりも価値が低いと考えられている文化の中で、自分の価値を低めることを覚えていたし、いずれにしても、その村ではこのような売買が容認されているので、逃げる場所もないからだ。

私たちには、どうして両親は自分の子供にそんな残酷なことができるのだろうか、と思えるかもしれない。確かに、文化的な問題が主な要因ではある。しかし、繰り返すが、神経科学における発見から、もっと根本的な答えを見つけることができる。深刻なストレスを慢性的に受けていると、共感する能力とともに、選択肢を認知し、筋の通った理性的な選択を行う能力も抑制されることがわかっているのだ。

神経科学者のデブラ・ニーホフが立証したように、ストレスの神経化学によって、他者を意識することがより難しくなるし、自分自身を完全に意識することさえ難しくなる。なぜなら、痛みから逃れる方法——少なくとも痛みを意識しなくなる方法——に多大なエネルギーが向けられるためだ。ニーホフは「共感は、ストレスが和らいだ神経系の気の遠くなるような不快感を緩和することよりも優先順位が低い」と書いている。[10] そして当然ながら、共感は思いやりの主要な構成要素だ。ストレスは、代替手段を認知する能力も抑制する。ストレスの専門家であるブルース・マキューエンが述べているように、「よく『ストレスでおかしくなる』と言うが、本当のところは、ストレスは選択肢を制限するのである。[11]」

もちろん、生活には常にストレスがある。ストレスは、新たな機会を探り、新たなスキルを開発することへの挑戦にもなり得る。だがストレスが極端であったり慢性的であったりすると——支配のシステムに身を置く多くの人々の場合がそうだ——その影響はかなり異なったものになる。

慢性的なストレスによる副作用の一つは、自分や周囲に起こっていることを意識しなくなることだ。再びニーホフの言葉を借りると、「ストレスが神経系を擦り減らすにつれて、危険性の評価が次第に不正確になってくる。ちょっとした侮辱が重大な脅威に思える。善意で伝えた詳細が新たに切迫した感情を呼ぶ……四方八方を現実と仮想の脅威に囲まれ、この人は昔ながらの生き残り戦略に訴える。つまり、戦うか、逃避するか、動きを止めるかである[12]」

したがって、ストレスは、私たちが正しい選択をする能力の障害になるし、すべての選択肢を認知する能力さえも妨げる。同時に、ストレスは、共感や思いやりの自然な能力の発現も妨げる。このようにストレスに関連して共感や思いやりが抑制されるという事実によって、インド人の家族がいかにしてあれほど残酷になり得たかを説明できる。ひどく苦しい貧困のストレスや、厳格なトップダウン式の序列関係に組み込まれたその他のあらゆるストレスによって、感情や認知の能力が麻痺していて、自分の子供にそのようなひどい行為をすることを正当化することができた。そして彼らの文化では、女の子は男の子よりも価値が低いと考えられているので、息子に教育を受けさせる必要があるということを根拠にして、それを正当化することさえできたのである。

インド人の家族の残酷な行為は極端な例だ。だが代々にわたって、多くの親が自分の子供たちを残酷に、虐待的に扱ってきた。なぜなら支配の文化では、子育ては絶対的な服従と厳しい罰——つまり、威圧と痛み——と結びついているからだ。こういった種類の子育てには意識の抑圧が必要となる。したがって、親たちは虐待すると同時に、子供を愛しているとも言うのだ。

愛しているというこのような主張を偽善だとしてはねつけることもできるだろう。だが、大半の親は自分の子供を愛しているのだ。親が子供を非共感的に扱うことを可能にしているのは、ストレスによって引き起こされる、支配のシステム維持のためのメカニズムである「否定」である。自分自身の残酷さを否定するとき、支配のシステムに身を置く親たちは、多くの場合、自分自身が支配者の家庭内の子供として経験した残酷さの否定を繰り返しているのである。

否定は、現実の人間の知覚と経験を無意識の中に抑えることだ。厳格な支配者の家庭では、子供たちは往々にして、自分自身がそうだとよく言われているように、「それを受けるに値する」者に対する虐待や暴力が間違っているということを否定することを学ぶ。痛みが大きくなることへの恐れから、子供たちは、自分に痛みをもたらす大人たちに対して怒りや欲求不満をあらわにしないことを覚える。子供たちはこのような負の感情を直接表現することができないので、劣っているとか、不道徳だとか、力が弱いと認識するように教え込まれた人々に、その感情を向ける[13]。

幸い、支配者の家庭で育った人すべてがそうなるわけではない。中には、成長するにつれてこのような子育てを否定するようになり、生活のその他の領域における無神経や残酷、不公正に反対さえするようになる人もいる。このことも、人は変われないわけではないことを意味している。

だが変わるためには、人々は代わりの選択肢があるということを意識しならなければならない。そして、支配者の考え方や制度や挙動に代わるものについて学ぶために、パートナーシップ志向の考え方や制度や挙動の可能性に触れなければならない。

経済システムと政治とストレス

世界各地の文化についての話は、その多くが、支配のシステムを人間が取るべき唯一の選択肢として描いている。おとぎ話は、王や女王による「普通の人々」の支配をロマンチックに描いている。ホメロスの『イリアス』やシェイクスピアの『ヘンリー六世』三部作などの古典も「英雄的な暴力」をロマンチックに描いている。宗教的な物語の多くが、女性に対する男性の支配や所有さえも、普通で道徳的なことととして描いている。

こういった物語は、「純粋な」支配のシステムをずっと強く志向していた時代に生まれたものだ。そのような時代の物語は、人間性に関するこのような偏狭な考え方を保持していたそれ以降の時代の物語とともに、私たちがこの世界をどう見るか、その世界でどのように暮らすかにおいて、大きな役割を果たしている[14]。しかし、価値観の形成において物語が重要であるからこそ、新しい物語が不健全な価値観を変える一助となる可能性がある。

重要なのは、人間性についての新たな物語だ。私たちが誰なのか、そして誰になり得るのかをより完全かつ正確に描いた新しい物語――とてつもなく大きな意識・創造・思いやりの能力が人間の進化にとって不可欠であることと、このような能力こそが私たちを人間たらしめているのだということを示す物語――が必要である[15]。

当然ながら、物語を変えるだけでは不十分だ。文化的な物語と社会構造は連動する。政治や経済といった公的な分野と、家庭やその他の親密な関係といった私的な分野の両方にわたるあらゆる制度において、支配の構造をパートナーシップの構造に置き換えるためにも努力をしなければならない。

これまで見てきたように、**支配の構造が人為的にストレスを生み出しており、ストレスの産出は、支配と服従の関係を押しつけ、維持するための手段なのである。**これも見てきたことだが、**とりわけ幼少期における深刻なストレスや慢性的なストレスは、私たちが生まれながらにもつ意識や思いやりの能力を大きくかき乱す。**

支配の序列が痛々しいまでに強いられている家庭環境で育った子供は、このような関係は避けられないもので他の関係はあり得ないという考え方をする場合が多い。彼らは往々にしてこの考え方を仲間の集団に持ち込み、他の子供たちをいじめることでそれを実行することがある。そして、彼らの文化における他の構成要素――おもちゃやゲームから教育、宗教、マスメディアまで――も、同様に、支配の序列をごく普通の道徳的なものとして描いたり、さらにはおもしろいこととして描いたりすることすらある。そうすると、このようなパターンが、あらゆる関係に対する子供の認知地図や感情地図の一部となってしまう[16]。

これに加えて、支配の文化をもつ家庭の子供たちが人類は男性上位・女性下位だという考え方を教え込まれると、支配の序列は普通のことだという考え方がさらに強化される。このような家庭の子供たちは、違うということが、優れているか劣っているか、支配するか支配されるか、仕えるか仕えられるかと同じだとみなされることに気づく。彼らは別の選択肢に触れない限り、経済的・社会的不公平を「そういうものだ」として受け入れがちであることが多い。

心理学者のエルス・フランケル＝ブランズウィックは、自身が「権威主義的人格」と呼んだものについての研究において明らかにしたように、恐怖や罰に大きく依存している家庭や、「関係が、支配と服従という点から明確に決められた役割に基づいている」環境では、「経験の特定の側面は、認識されないようにせざるを得ない」。このような慢性的にストレスの多い家庭では、認識を抑圧することは、「争いや不安を減らし、お決まりのパターンを維持する」ことに役立つ[17]。

フランケル＝ブランズウィックは、ナチス・ドイツで起こったことを理解しようとする取り組みの一環としてこの研究を行ったのだが、支配型の家庭の子供たちは、敵意や危険を強調し過ぎる傾向があることにも気づいた。そうすることが自分たちの日常の経験に適うからだ。これによって、知覚が硬直し、実際に起こっていることが見えなくなることから不適応な個人・政治行動につながることの多い、敵対的な世界観をもたらすのだ。

このようなダイナミクスは、支配のメンタル・モデルや感情的な習慣に捕らわれたリーダーのやり方を説明する一助となる。支配型の家庭で育ったリーダーは、より公平な選択肢に触れることがない限り、強い者は常に正しく、弱い者は常に間違っているという自分の家庭の状態を再現することが多い。そしてこのような家庭では、世話をするという「女性の仕事」が、男性に割り当てられた仕事よりも価値が低いと考えられているので、そこで育つリーダーたちもまた、思いやったり世話をしたりする仕事の価値を低めることを覚える。

支配と服従に基づいた家族関係からも、暴力について重要なことがわかる場合が多い。子供たちが暴力を受けたり、または母親への暴力を目にしたりすると、腕力を用いて自分の意思を他者に強いることが許されるのだと学ぶ。この考え方は往々にして、国際関係など、他の関係にも受け渡される。このような考え方をもった人たちは、国の安全保障は暴力に依存しなければならないと信じ、暴力を助長する社会・経済状況を変える政策は支持しない傾向がある。

つまり、パートナーシップの関係がモデル化されない状況で育つと、選択肢は支配するか支配されるかのどちらかしかないと信じてしまう場合が多い。また、人間の本質というのは思いやりがなく暴力的で、女性や「女性らしさ」に関連すること――思いやることや世話をすることなど――はすべて、男性や「男性らしさ」に関連するという固定観念のあるどんなことよりも劣っているのだと信じてしまうことも多い。

こういったことが、慢性的な飢餓や貧困、人口過剰、環境破壊などの地球規模の問題を無視し、さらには悪化さえさせる政治的・経済的意思決定の背後にあるダイナミクスである。その悪影響を受ける人たちへの共感が欠けていることが明らかなうえに、相互に関連し合ったこの世界においては最終的に私たち全員に悪影響を与えることになる政策の背後にはこのダイナミクスがあるのだ。

もう一度強調しておきたいのだが、支配型の家族のストレスにさらされた人がすべて支配と服従の関係を受け入れたり持続させたりするわけではない。ときには、こういった支配の伝統を拒絶し、それを変える取り組みをすることさえあるかもしれない。

もう一つ強調しておきたいのは、支配型の家庭におけるストレスの多い子供時代の経験だけが、多くの人が不公平な関係を受け入れている理由ではない。もっとずっと複雑で、支配型の家庭、教育、メディア、宗教などの制度が、支配型の子育てや、その他の幼少期の経験と相互に作用して、互いに強め合っているのだ。そして、この悪循環においては、支配型の経済政策や経済慣行が重要な役割を果たす。


第六章で見たように、人類学と考古学のデータによると、厳格な支配型の文化は、資源が希少だった荒れ果てた自然環境——砂漠や大草原、干ばつで荒廃した土地——を起源とする。[18] だが、これもすでに述べたが、肥沃な谷や沿岸地域などの住みよい環境でも、支配の経済システムは、慢性的な不足と、それに伴う慢性的なストレスを生み出すことによって維持される。

支配のシステムは、上層部の人々に誤った資源の配分をすることによって、人為的な不足を生み出す。また、環境破壊、慢性的な戦争、その他の形の制度化された暴力によって、物的資源や人的資源を破壊する。支配型の政策も、子供たちの身体的・精神的・感情的発達への配慮に社会的投資をあまり行わないことによって、不足を生み出す。このことが、質の高い人的資本を活用できる可能性を制限し、不足の回避に役立つ経済発展を遅らせる。そして、とくに最近、兵器システムが著しく高価になると、支配の経済システムは、軍備に莫大な額の資金を支出することによって、人為的な不足を生み出している。これは、基本的な教育や医療、社会の人的資本へのその他の投資へ出資することによって、全体的な豊かさを促進するために使えたはずの資金だ。

神経科学の政策的含意

私たちの行う選択が、一生を通じて私たちの脳神経に影響を与える。私たちは、瞑想、食習慣の変化、運動が脳神経に影響を与えることを学びつつある。私たちの経験する関係の種類が変わると、大きな違いをもたらすことができる。また、考え方や社会構造が変わった場合も同様だ。こういったことすべてが私たちの脳神経に影響を与え、それによって、私たちの考え方、感じ方、行動のし方に影響を与える。

大人であっても、意識や行動が根本的に変化することさえあり得る。だが、幼少期の経験は、私たちの神経や生体の発達形成に重要な役割を果たす。ブルース・ペリーなどの脳科学者たちが指摘するように、子供の頃の経験は、私たちの脳に——そして、私たちの特性と挙動の多くに——組成の枠組みを与える。[19]

ペリーなどの神経科学者たちの研究によって、虐待や育児放棄《ネグレクト》を受けた子供たちは、支えや尊重に満ちた環境を経験した子供たちに比べて、鬱に陥りがちであることが明らかになっている。そして、虐待的な関係に対する許容度が高い傾向にある。また、自分も虐待を行うようになる可能性も高い。このようなパターンは、深刻な虐待や育児放棄《ネグレクト》を受けた子供たちの場合に最も極端である。だが、私たちは誰もが子供の頃の経験に影響を受けている。

神経科学によってこういったことが明らかになっていることから、子供たちに対する良質のケアを支援する政策が必要とされる。十分な数の人々や組織がこれを要求すれば、政府は、学校や地域における保育や介護の教育を支援し、国民皆保険や質の高い保育に資金を出し、質の高い保育や介護に報いる経済制度を開発するだろう。

質の高い保育に投資**しない**ことで地域社会が支払う莫大な費用――犯罪、精神障害、薬物乱用、人の潜在能力の喪失から、質の低い人的資本の経済的帰結まで――を考えてみてほしい。地域社会による保育や介護への投資は、一世代のうちに元が取れるだろう――そしておまけに、莫大な利益をもたらすだろう。


不足のストレスは往々にして、支配型の子育てによって生み出されるのと同様の情緒反応を（そしてその結果、神経化学反応を）生み出す。また、経済資源を支配する人たちへの依存や恐れという感情も生み出す場合が多い。虐待的な親に依存する子供たちのように、支配の経済的ピラミッドで下のほうにいる人々は、支配されている人々と同じ心境になりがちである。現実の状況についての意識を抑え、自分たちを搾取し抑圧する人たちを理想化さえする。そのため貧しい人々が、少数民族や、政治的・宗教的指導者が敵と指定した人たちに対して、欲求不満や苦しみを発散させることがよくあるのだ。

だが、支配の序列の底辺に属する人たちへのストレスが及ぼすマイナス効果は、貧困の問題だけではない。ロンドンの中央官庁街にちなんで名づけられたホワイトホール研究によって、そのことがはっきりと実証された。英国の医師マイケル・マーモット卿とその同僚たちが一九七〇年代に行ったこれらの研究によって、公務員の序列の下層に位置する人たちには、ストレス関連の健康被害に苦しむ人が不釣合いに多いことが明らかになった。[20] これらの人たちは貧しく**ない**。彼らが心臓発作や糖尿病、鬱病、アルコール依存症、呼吸器疾患、癌を発症する確率を高くしたストレスは、支配の序列そのものによってもたらされたものだ。

政府の官僚機構であろうと企業の官僚的組織であろうと、他の官僚的組織の多くがそうであるように、英国の公務員の構造は上位下達方式だ。「ご希望に沿いたいのはやまやまですが、これが規則なのです」という役人の決まり文句が言い表すように、下層の序列に属する人たちに与えられる裁量権は、あったとしてもごくわずかだった。このような状況では、規則違反は免職理由になる。したがって、このような序列の下の人であればあるほど、手にする選択肢も少なくなり、自らの責任ある決断や創造性や思いやりも、意識と同様にますます押し殺さなければならない――そうしないと、あまりにもつらくて、往々にして思いやりに欠けている規則を励行することはできない。このような抑圧はストレスが大きいし、支配の序列を維持している恐怖も同じだ。そして、こういったストレスはどれも健康に悪影響を及ぼす。

調査結果からも、国民が最も健康なのは最も富裕な国ではなく、平等がより浸透している国であることがわかっている。英国の疫学者リチャード・ウィルキンソンなどの研究者によって、所得の格差が小さいほうが、貧しい者も富める者も健康の増進が予想されることが明らかになった。[21] その理由の一つが、ある地域社会内の所得格差が大きければ大きいほど、心理的なストレスは大きくなるからだ。

当然ながら、貧しい人は概して裕福な人よりもストレスが大きい。だが、上層部に富の大部分が集中する文化では、比較的裕福な人でさえストレスを受ける。このストレスは、さらに多くの有形財を所有する人と自分の状況とを対抗意識をもって比較することから生まれる、とウィルキンソンは気づいた。そして、スタンフォード大学の神経生物学者ロバート・サポルスキーが、不平等のストレスに関する分析の中で述べたように、「地球村において、私たちは常に、自分の資産がちっぽけに見えるような資産をもつ成功者や有名人を意識させられている」[22]

そのため、支配のシステムに組み込まれた大きな社会的不平等は、経済的な序列の底辺にいる人たちにとってのみならず、序列が高い人たちにとってさえもストレスが大きい。いったんあるレベルの物質的豊かさに達すると、有形財が増えたからといって、人々がより幸せになるというわけではなさそうであるし、緊密な家族などの絆によって得られる真の充足感には代えられない[23]。

ほかにも支配のシステムには、ストレスや健康上の問題を引き起こす側面が多くある。工業技術を無頓着に利用していると、環境関連の病気や死を引き起こす。そして、こういった影響が最も深刻なのは社会経済的階層の底辺にいる人たちであることが多い（たとえば、有害廃棄物の投棄場はたいてい貧困層の居住地域にある）のだが、大気や食物を汚染する工業技術は私たち全員に悪影響を及ぼす。家庭の中であろうと国際社会の中であろうと、当然ながら暴力もストレスが大きい。恐怖もストレスが大きい。だが、恐怖も暴力も支配のシステムに組み込まれている。なぜなら、厳格なトップダウン型の序列は結局のところ、恐怖と暴力によって維持されているのだ。

つまり、支配と服従に基づいた家族関係によって幼少期から、ストレスが、人々の現実の生活での選択肢と、それに代わる選択肢についての意識の両方を制限する役割を果たす。子供たちは、支配と服従が「普通」のことだと教え込まれると――そして、社会がそれに代わる選択肢を与えないと――拒絶状態になることや、共感と意識の能力を抑えることを身につけることが多い。そして大人になったときに、こういった原則に基づいた家族・教育・宗教・経済・政治制度を構築する傾向がある。そしてそのために、このサイクルが代々繰り返されるのだ。

このような状況の下では、この世界にこれほど多くの無神経や不合理があることが不思議なのではなく、これほど多くの細やかさと分別があることのほうが不思議なこととなる。人間性というのは完全に利己的なものだという話や、私たちが無意識のうちに容赦なく利己的な遺伝子によって動かされているという話がしつこくつきまとう。人間の動機づけの範囲はずっと広く、私たちが遺伝的に備えているものにとって不可欠なのは、正義と相互依存と思いやりを深く求める気持ちであるという証拠がたくさんあるにもかかわらず、そうなのである。

私たちの将来へ向かう流れと逆流

中世から現代にいたるまでの西洋文化の大きな進歩の背後には、人間が正義と相互依存と思いやりを求める気持ちがあった。中世は、今よりも信仰が厚かったので思いやりにあふれた良い時代だったという話に反して、実際には、宗教裁判や十字軍遠征、魔女狩りが行われ、信じられないほど残酷な時代だった。[24] 実際、重要な点において、それは今日私たちが、専制的な原理主義者によるイスラム教の神権政治において目にするものとあまり変わらない。そこでは、公衆の面前で手首を切り落としたり、女性を石打ちの刑に処したり、「聖戦」が行われたり、無力な民間人に対するテロ攻撃が行われたりといったことが今でも道徳的なことだと考えられているのだ。

このいわゆる欧州の信仰の時代は、慢性的な戦争と最も忌まわしい公開拷問の時代であり、人々を恐怖に陥れることで従属させただけでなく、残虐行為や苦痛――自分に向けられたものも含めて――に対して鈍感にさせる役割も果たした。親は自分の子供に対して愛情をもっていたのは間違いないのだが、深刻な児童虐待や育児放棄《ネグレクト》はよくあることだった。たいていの家では、女性は朝から晩まで家事や畑仕事に明け暮れ、子供の面倒をみる時間はほとんど残らなかった。子供たちは、その後の時代になっても引き続きよく行われていたように、幼くして奉公に出されることも多く、ぞっとするような条件での児童労働が当たり前になっていた[25]。裕福な家庭では、赤ん坊は頻繁に乳母に預けられた。施設に身を置く孤児の死亡率が桁外れに高かったにもかかわらず、見知らぬ誰かが拾って孤児院に連れていってくれることを願って、赤ん坊を路上に捨てる母親も多かった[26]。

この時代は厳格な男性支配の時代でもあった。もしも妻が夫を殺したならば、王を殺した者と同様に、拷問による恐ろしい処刑が待っていた[27]。そして男性が妻や子供を叩くことが法的に許されていたのと同じく、専制君主は臣下に対してほぼ絶対的な権力をもっていた。

だが**農業から工業技術へ徐々に移行していったことで既存の仕事と生活のバランスが次第に不安定になるにつれて、社会運動が次から次に起こり、確立されていた支配の伝統に反旗を翻した。**

一七世紀と一八世紀の「人権」運動は、「神によって定められた」王の支配に立ち向かうものだった。

一八世紀と一九世紀の女性解放運動や「人権」擁護運動は、もう一つの支配の伝統に挑むものだった。家庭という「城」の中での、女性や子供に対する、男性の「神によって定められた」支配の伝統である。一九世紀の奴隷解放運動や経済的公正のための運動は、さらにそれ以外の支配の伝統――「優れた」人種による「劣った」人種の奴隷化や、「働いている男性」による経済的搾取――に立ち向かった。精神障害者を人間らしく扱うことを求めた運動は、そういった障害のある人たちの「反社会的な本能」を都合よく制御するために叩いたり鎖につないだりする慣習に挑むものだった。教育改革は、学校で子供たちをコントロールするための体罰に立ち向かった。二〇世紀の公民権運動、反植民地運動、女性解放運動、先住民の権利運動、平和運動、同性愛者の権利運動は、支配の伝統にさらに挑んだ。国際平和運動は、ある国が別の国を支配するために行う武力行使に立ち向かった。そして環境保護運動は、かつては神聖化されていた自然征服に異議を唱えるものだった。

支配の伝統に対するこのように組織化された反撃は大きな利益をもたらした。一八世紀の「神から授かった」王の統治権への反撃がなかったならば、私たちは今も専制君主の下で生活をしていただろう。奴隷解放運動がなかったならば、今も奴隷が法律で認められていただろう。一九世紀と二〇世紀の女性解放運動がなかったら、女性は今も絶対的な男性支配の下にあり、自分の財産を管理する権利も、子供の養育権も、大学へ入学する権利も、自分で事業を始める権利も、参政権も、合法的に奪われたままであったろう。組合労働者の反撃がなかったら、危険で不衛生な職場や一二時間労働、児童労働などといった、悪徳資本家による初期資本主義の特徴が今も合法であっただろう。公民権運動がなかったら、今も水飲み場やバス、レストラン、ホテル、病院は人種別に分けられていただろう。

そして、親しい関係における支配と暴力に立ち向かった新たな運動がなければ、今でも強姦などの犯罪や妻への暴力、児童虐待が告発されることはなかっただろう。

しかし、こういった運動はどれも激しい妨害に遭った。そしてこのような妨害によって、それまでに進んだ分よりもさらに後退してしまうような退行が起こったことが何度かあった。

根底を成すパートナーシップのシステムと支配のシステムとの間にある緊張という観点から過去三〇〇年を見てみると、現代史の新たな物語が浮かび上がってくる。無作為で無関係に思えるようなものの下に、一つのパターンがあることがわかる。パートナーシップへ向かっての前進に対して、支配に押し戻そうとする力が働いて抵抗する、というパターンだ。

ヒトラーのドイツ、スターリンのソ連、ホメイニのイラン、アフガニスタンのタリバンは、現代における「純粋な」支配のシステムへの後退の電撃的な例だ。そして、米国においてさえ、より厳格な支配のシステムへの後退が何度かあった。

直近では、そのような後退が一九七〇年代に始まり、本書に書いているように、私たちはまだその只中にある。「民主主義の揺りかご」の中で、政治家は、民主主義、平等、自由といった米国の理想を口にする。だが彼らの美辞麗句は、パートナーシップへの前進を押し戻すためのカムフラージュであることが多い。

現在、多くの政治家が、自由市場や自由企業、環境規制からの自由の必要性を唱えている。だが彼らが、私たちや私たちの環境を守るために作られた連邦政府機関から規制権力を奪うときに、「自由」という言葉を使って本当に言おうとしているのは、政府の権力を制限することによって経済を支配している人たちに与えられる自由のことだ[28]。彼らは、自分たちが「抑え込んで」おきたい人々に対して厳しい政府の管理が及ぶことは何も悪いことではないと考える。政府による干渉からの自由についてあれこれ主張しているにもかかわらず、話が女性の産む権利の否認とか、強力な経済界の勢力に反対する街頭抗議の鎮圧になると、そろって政府の妨害に賛成するのだ。

同様に、「供給サイド」の経済的浸透《トリクルダウン》政策を促進する政治家たちは、民主主義や平等をよく口にする[29]。だが、現実には、こういった政策が経済のさらなる不平等につながって、政治経済学者のジェフ・ゲイツが指摘するように、真の民主主義を脅かすのである[30]。

米国政府のデータによると、過去十年間、米国の中流・下層階級の所得は横ばい、またはインフレ調整すると伸び悩んでいる。その反面、上流階級の所得は急激に伸びている。米国内国歳入庁（IRS）によると、最も所得の高い一％の人の公表所得合計が全体に占める割合は、一九七九年には九・六％だったのが、二〇〇三年には十七・五％になった。だが同じ期間中に、所得の最下層四〇％の所得合計が全体に占める割合は、一一・三％から八・八％に減少した[31]。

一九六五年から二〇〇四年の間に、米国の企業経営者たちの報酬は前代未聞のレベルにまで急増した。二〇〇四年、給与、ボーナス、そのほか自社株購入権の行使や株式の付与などCEOの受け取った報酬は平均一〇二〇万ドルだった。同年の常勤労働者の報酬は平均でわずか三万二五九四ドルだった。この額は、一九七三年に労働者平均賃金だった三万六六二九ドル（インフレ調整後）と比べて一一％少ない[32]。

米国と他の国々で最上層と最下層との経済格差がこのように拡大しているのは、孤立した現象ではない。生活のさまざまな分野でより厳格なトップダウン型の序列に向かう、さらに大きな後退の一部である。

この後退の最も危険な側面の一つは、いわゆる宗教原理主義の世界的な台頭だ。実際、この動きは**支配原理主義**と呼ぶべきものである。なぜならその目的が、支配のシステムの原理――家庭と国家の双方における厳格なトップダウン型の支配、厳格な男性支配、支配の手段としての暴力、これらはどれも普通であるだけでなく道徳的であるという考え方――を復活させるものだからだ。

米国のキリスト教右派の指導者は、国家における神政主義的支配と家庭における家長支配という二つの目標に重点を置いてきた。キリスト教右派は、男女平等憲法修正条項（単に性別による政府の差別を禁じるもの）を無効にしようという気運を高めていた一九七〇年代から、キリスト教を持ち出して、イエスの教えと正反対であることも多い政策を推し進めてきた。イエスがパートナーシップの基本である思いやり、同情、共感、非暴力を教えたのに対し、キリスト教右派指導者の大半が説いているのは支配モデルの基本だ。

彼らは敬虔というものを、「神を畏れる心を人に植えつけなければならない」というように説く。罪というものを、「あなたは罪人だ」というように説く。憎しみは、「聖戦」の推進として、偏見は、異人種、異教、同性愛者に対する非難として説くのだ。とりわけ、原理主義者の指導者たちが目的としているのは、米国であろうとイランであろうとインドであろうとパキスタンであろうと、父親の権威が絶対である家庭に私たちを立ち戻らせることである。[34]

「古き良き時代」の神話を超えて

古き良き時代について多くが語られるのをよく耳にする。家族が「本来の姿」をしていて、人々がもっと思いやりのあった時代のことだ。だが、昔はとても思いやりにあふれていたという前提は、史実に反する。昔も、育児放棄《ネグレクト》だけでなく、子供に対する虐待や暴力もよくあったのだ。自伝的な記録を見ると、一八世紀や一九世紀になっても、家庭や学校で厳しい体罰が日常的に行われていたことがわかる[33]（親や教師からの暴力によって命を奪われた少年少女の記録がいくつかある）。

当然ながら、いつの時代にも子供や高齢者の世話をきちんとした人たちはいた。だが、農業経済ではたいていの女性が夜明けから日暮れまで働かなければならなかったということは、彼女たちには子供たちの面倒をみる時間はほとんどなかったということを意味する。また、そういった母親たちは、衛生や食生活についての知識が不足しているというハンディや、極めて懲罰的な、力で押さえつける子育ての伝統がある、というハンディも負っていた。

今日、正しい育児についての本や雑誌の市場が巨大になっていることからも、子供の発達段階や最善の子育て方法についての知識の必要性をますます多くの人が認識するようになっていることは明らかだ。米国では今や女性が教育を受けることも専門的職業の世界へ参入することも禁じられていないし、中流階級の世帯でさえ共働きする必要性がより高まったため、女性が家庭内で過ごす時間が以前よりも少なくなっているのは確かだ。だがその解決法は、女性が、経済学者のジョン・ケネス・ガルブレイスの言う「隠れた召使」――基本的に無給のお手伝いさん――だった時代に戻ることではない。

解決法は、家庭や学校、そして広くは社会において、世話をする仕事に——それが女性の仕事であろうと男性の仕事であろうと——真の価値を与えることである。

イスラム教の世界では、**シャリア**という抑圧的な法典が再び制定されている。これは、女性に対する厳格な男性支配を残酷な形で施行するものだ。ヒンズー原理主義者たちは、男性支配や児童結婚の伝統を守っており、夫に先立たれた妻が夫を火葬する火に飛び込んで焼身自殺する**サティー**という古い習慣さえある。米国では、プロミス・キーパーズや同様のグループが、男性には、女性に対する支配を復活させるよう訴え、女性には、神は女性に服従するように命じていると説いている。[35]

原理主義者たちはまた、子供たちには、重い罰を加えると脅して絶対服従を教え込まなければならないとも説いている。米国の原理主義者は、自らが「神のやり方」と呼ぶ子育ての方法を奨励し、子供を厳しく罰するよう親たちに助言している。[36] そして不幸にも、こういった方法はなじみのあるものである。自分自身が経験した支配型の子育てに対する痛みや欲求不満、怒りを抱える多くの人々にとってそれは自然に感じられるものなので、そのような方法を奨励する本やプログラムの支持者は多い。それが支配という家風を永続化させ、ひいては国境を越えて支配の序列を支えることになる。

否定の経済・政治システム

家庭に関する原理主義者の価値観に基づいた政策が影響を与えるのは家庭だけではない。政治や経済のシステムにも深く影響を与えている。権威主義的で虐待が行われている家庭で育った男性は「独裁的な」指導者に投票する傾向があることが、調査の結果からわかっている。また、そういった男性は、思いやりの社会・経済システムよりも懲罰的なシステムを支持する傾向もある[37]。したがって、原理主義の台頭以来、「父親はその家の主人である」と信じるという回答の割合がかなり高くなっていることを示す米国の調査は、単に、権威主義的な家庭という理想像への移行を反映しているだけではない。それは、武力に依存した外交を行ったり、国内の異議を抑圧したり、最下層の人々を犠牲にして最上層の人々に経済的特権を与える政策を推進したりする米国の政治家が選出される背後にある心理的ダイナミクスの一部を表している[38]。

このような無意識の心理社会的ダイナミクスは、なぜキリスト教右派の庶民が、大富豪や巨大企業の利益になる政策を掲げる政治家を支持してきたのかを理解する一助にもなる。キリスト教右派の人々は大半が下位中流階級か貧困層なので、そのような政治家を支持するのは奇妙なことに思えるかもしれない。だが、彼らの多くが権威主義的で懲罰的な家庭で育ったことを考えると、納得がいく。そのような家庭で、支配者と共感することや、「優れた者」が悪いことをするはずがないと信じることを学んできたのだ[39]。

もう一度強調しておきたいのだが、支配と服従に基づいた家庭で育った人がすべて、自己の経済的利益に反する投票へとつながる無意識の心理的ダイナミクスにとらわれているわけではない。だが、より平等主義的な関係のモデルを知ることにならない限り、多くの人たちがそうなる。

前述したように、恐怖と暴力に依存した権威主義的なトップダウン型の家庭では、子供たちは自分の親の挙動について、現実から目を背けることをおぼえることが多い。なぜなら子供たちは、食料や住むところ、見知らぬ人からの保護など、生き残るためには親が頼りなのだ[40]。このことによって彼らは、成長した後、権力を乱用する「強い」指導者についても現実から目を背けやすくなるし、とくに対外的な危機が実際にあったり予測されたりする時代には、そういった指導者に共感しやすくなる。

人々が、とどまるところを知らないCEOの報酬増（その一方で、その同じCEOたちは、数千人の雇用を削減して会社の「規模を縮小」している）や、主に極めて富裕な人々の利益となる減税（その一方で、福祉プログラムは大幅に削減されている）に目をつぶりたくなる気持ちは、たいていの場合、多くの人々が子供の頃からもち続ける否定の習慣に起因している。同様に、人々が、政府の監視からの自由など、民主的な防衛手段の崩壊に暗に賛成したくなったり、誤った情報によって正当化されていたとはいえ、予防的なイラク戦争を支持したりするのもまた、権威者に服従するとともに、「強い」指導者が悪いことをするはずがないと否定する、子供の頃の習慣に主に起因している。

もちろんほかにも要因がある。米国のメディア統制という再集権化だ。二〇〇〇年にはわずか六社が米国のマスメディアの大半を支配することになった[41]。メディアからは常に、財力と権力のある人たちにとって良いことが大衆にとっても良いことだというメッセージが流れている。メディアには、米国がグローバル経済において競争力をつけるためには労働者の賃金や手当を削減しなければならないのだと主張する話があちこちに流れている。米国の多くの労働者の身に起こっているように、職や医療保険などの給付を失うことに対する人々の恐怖につけ込んだ、さまざまな政治的情報操作が行われている。

経済的な不安定がもたらす恐れに加えて、原理主義者のテロの台頭という恐れもある。この恐れは、九・一一が悲劇的な形で示したように、残念ながら現実に基づいたものなのだ。だが、信憑性のあるテロの脅威は、トップダウン型の支配の強化を正当化するために利用されてもきた。

脱工業化時代への急速な移行から生じる社会不安が、恐れのもう一つの原因である。心理的硬直という支配型の人格特性をもった人たちにとってはとくにそうだ。これに加えて、マーケティング界の大物たちによって過剰な消費熱がかき立てられ、インターネットや携帯電話、iＰｏｄ、ファクス、電子メール、ボイスメールなどのエレクトロニクス技術によって生活のスピードが速まっているので、多くの人は自分の生活をじっくり省みる時間もエネルギーもほとんどなく、ましてや前向きな変化をもたらすことをする時間やエネルギーなどないとしても不思議ではない。

だがこういった状況にもかかわらず、パートナーシップに向かう動きはまだ健在である。このような恐れ、狂信、腐敗、疎外、混乱の時代においても、私たちが大切にしている価値観――平等、公正、正義、尊厳、そしてやはり優しさと思いやり――は、引き続き何百万という人々を、より良い世界のために努力するよう駆り立てている。

パートナーシップへ向けた世界的な動き

優しさと思いやりは人間にとって不可欠だ。アダム・スミスは、『道徳感情論』の中で、人間性のこの良い側面を認めた。『国富論』ではこれに焦点を当てなかったが、自由市場の主張の背後にあった

のは、利己主義は他者への思いやりによって和らげられるだろうという前提だった。(42)

この二組の動機づけは、矛盾するものではない。賢明な利己主義には、他者への配慮も含まれる。現在、このつながりに対する意識の高まりが底流となって、何百万もの人々が習慣や制度、慣行をパートナーシップの方向に変えようと取り組んでいる。

一方には、本書でこれまでに考察してきた心理的ダイナミクスによって、自らの支配力を重ねて行使しようとする、従来の支配のシステムの牽引力がある。一部の人々にとっては、私たちが脱工業化時代へ急速に移行することによって従来の制度が不安定化することは大いなる脅威である。そういった人たちは、昔ながらのなじみのあるものにしがみつき、権威主義的で懲罰的な男性支配家庭の安定だと思われるものに私たちを躍起になって押し戻そうとしている。彼らは、あらゆる制度——家族、宗教、教育から政治システムや経済システムまで——においてトップダウン型の支配が再び確立されることを切望しているのだ。

もう一方には、このような種類の制度から私たちを解放しようとする牽引力がある。こちら側にいる人々にとって、急速な技術的・社会的変化やそれがもたらす混乱は、前進する好機である。

何十万という非政府組織が、貧困と経済の不公正というパターンの転換、環境の保護、不健全な生活様式の変更、非暴力による紛争解決の促進、子供や女性、男性の人権擁護のために努力している。重点を置いている問題はさまざまだが、こういった組織すべてに共通の目標がある。それは、より思いやりのある経済・社会システムへと移行することだ。

アムネスティ・インターナショナルやヒューマン・ライツ・ウォッチといった組織や無数の小規模

団体が、政治犯への拷問、少女の性器切除、数十億ドル規模に及ぶ世界的な性産業への子供の人身売買に反対する運動を行っている。フレンド・オブ・ジ・アース、サイエンティスツ・フォー・ソーシャル・レスポンシビリティ、アース・アイランド・インスティチュート、シエラクラブなど数百の組織が、自然の生命維持システムを保護したり、有害物質や汚染物質が私たちの環境を汚染したり健康を害したりしないように防いだり、地球温暖化に寄与する二酸化炭素排出を削減したりする政策を求めて活動している。その他の団体も、有機農業、自然食品、「ホリスティック医療」「代替医療」「統合医療」と呼ばれるものを促進し、健康でストレスの少ない、より思いやりにあふれた生活様式を奨励している。[43]

コープ・アメリカのフェア・トレード連合は、従業員が労働搾取工場やプランテーション農園などで搾取されている企業ではなく、従業員の待遇が手厚い会社からの輸入品を対象とする米国市場の構築を支援している。ここの企業責任プログラムは、地域社会がウォルマートなどの企業に対して思いやりに欠けた雇用慣行を改めるように圧力をかけるのを支援しており、米国の環境的・社会的責任を果たしている企業のリスト「グリーン・ページ」を発表している。

ハンガー・プロジェクト、グローバル・ファンド・フォー・ウィメン、女性環境開発組織（WEDO）、インターナショナル・ミュージアム・オブ・ウィメン、オールダー・ウィメンズ・リーグなどに加えて、ウィメン・リビング・アンダー・ムスリム・ローからセネガルのトスタン・プロジェクトやシアトルのティーン・トーキング・サークルズまで、数千に及ぶ小規模の草の根組織が、専心して女性の地位向上にあたっている。プランド・ペアレントフッド・インターナショナルやポピュレーション・

アクション・インターナショナル、ポピュレーション・インスティチュートなどの組織は、家族計画や、世界中の女性のための性と生殖に関する公共医療サービスを促進している。

とくに重要なのは、ワールド・センターズ・フォー・コンパッション・フォー・チルドレンや米国を基盤とするチルドレンズ・ディフェンス・ファンドなど、子供の人権のために活動している組織だ。新たな進展として重要なものには、ほかに女性研究、アフリカ系アメリカ人研究、平和研究、男性研究に関するプログラムがある。また、各大陸の人々が経済や社会の転換について意見を共有する何千もの国際的・全国的・地域内会議が開かれているのも、同じく重要な進展だ。

また、人間は否応なく支配と服従、暴力、男性支配という関係にとらわれるのだという従来の物語に反論する本が数多く書かれているのも、今までに例がないことである。[44] 私たちの過去、現在、予想される未来についての、こういった既存のものに代わる物語は、性差が原因の支配者の固定観念に立ち向かって、女性だけでなく男性にとっても新たな生き方の選択肢を広げている本とともに、多くの人々の前進に手を貸している。

カナダのセンター・フォー・バイオレンス・インターベンション（CIRV）、スウェーデンのマンズセントラム、米国海軍や大学の運動選手と連携している米国のメンターズ・イン・バイオレンス・プリベンション（MVP）などの男性による組織は、女性に対する男性支配という伝統に終止符を打つために力を尽くしている。ダッズ・アンド・ドーターズなどの団体は、男性がより思いやりのある父親として子育てにもっと参加できるよう手助けをしている。

より公平で思いやりのある社会に向かう動きにおいては、子供たちの身体的・精神的発達だけでなく情緒的発達のための教育も促進するプログレッシブ・スクールやその他の組織も重要だ。センター・フォー・メディア・アンド・デモクラシー、フェアネス・アンド・アキュレシー・イン・レポーティング（FAIR）、メディア・ウォッチなどの団体も同じく重要であり、こういった団体は、主流のメディアだけでなくニュースや政治・経済見通しの代替情報源についても分析を行っている。

先進的な行動のためのネットワークは無数にある。人種的平等、先住権、宗教的寛容、平和、経済的な公正に取り組んでいる組織だ。クエーカー教徒やユニテリアン・ユニバーサリストのネットワークや、**ティックーン**――「修復」という意味のユダヤ教の概念――のコミュニティのネットワーク・オブ・スピリチュアル・プログレッシブ（NSP）など、先進的な精神的ネットワークもある。NSPの「アメリカとの精神的契約」は、従来の支配者の「道徳性」に代わるものを提示している。(45)

アショカやアヴィナ財団などの組織は、主導権やリーダーシップ、組織技術を用いて平等、平和、持続可能性、経済開発を促進する社会起業家や男女に資金を提供する。社会的責任投資――つまり、環境・社会政策および環境と社会に関する企業慣行の健全性についての審査を通った企業に対してのみ行われる投資――はもう一つの新しい現象で、カルバート社会責任投資財団やドミニ・ソーシャル・インベストメンツ、パックス・ワールド・ファンドは、従来型の投資ファンドと変わらない、そしてしばしばそれ以上の業績を上げている。また、インドのエラ・バットが創設した自営女性労働者協会（SEWA）や、中米のナマステ・ディレクト・プログラムなど、マイクロレンディングと呼ばれる小口融資プログラムもある。これらは、女性起業家に小口融資して、女性たちが家族により良い世話を提供できるようにするものだ。非常に業績の良いベンチャーで、平均返済率は一〇〇％に近い。

社会起業家

社会起業家とは、より思いやりがあり持続可能な未来を築くために力を尽くす人々のことだ。過去一〇年間で急激に拡大した非営利セクターの中核を成している。

ナイジェリアで初めて民主的に選出された大統領であるモシュード・アビオラの娘、ハフサット・アビオラは社会起業家の一人である。両親をナイジェリアの軍事政権によって殺された後、アビオラは単身米国に渡り、そこで祖国が政治的民主主義を取り戻すために支援しようと努めた。後にナイジェリアに帰国し、若い女性がリーダーとなって男女差別と闘うことを可能にするための組織KINDを創設した。

バングラデシュでは、シャムスル・モメン・パラシュが、大学で環境運動家を動員している。環境に対するパラシュの情熱は子供の頃に遡る。以前によく泳いでいたシタラカ川が肥料工場によって汚染されるという体験をしたのだ。パラシュは今、環境の持続可能性のために活動する学生を訓練している。

米国では、オーシャン・ロビンスが十六歳のとき、仲間と共にYES!（ユース・フォー・エンバイロンメンタル・サニティ）を設立した。ロビンスが活動家としての第一歩を踏み出したのは七歳のときで、自分の小学校で平和集会を組織したのだ。YES!は、世界中からの若い活動家やリーダーたちを対象にしたキャンプを開催し、若者たちをより良い世界の構築へと駆り立てている。

リオ・デ・ジャネイロでは、タイス・コラルが、CEMINA（「ジェンダーに関するコミュニケーション、教育、情報」を意味するポルトガル語の頭文字）を設立した。このＮＧＯは、地方の女性が、四〇〇局を超えるラジオ局に配信される番組を作って放送するインターネット設備を地域社会に提供している。コラルはこのような女性たちを、「サイバー」と「シンデレラ」をつなげて「サイバレラ」と呼んでいる。コラルはほかにも多くの組織を運営し、世界中を旅して平和や持続可能性、経済・社会的公正のために活動している。

現在、このような社会起業家が数多くいる。中には子供もいる。彼らは、社会問題を解決するための革新的な考え方をもち、それを実行に移すために献身している。

ビジネス・フォー・ソーシャル・レスポンシビリティ、ワールド・ビジネス・アカデミー、ソーシャル・ベンチャー・ネットワークなどの組織は、企業の新たな定款、社会的責任の評価尺度、経済的・社会的・環境的損益というトリプル・ボトム・ラインによって企業を評価することへ向かうためのその他の手段を提案してきた。また、仕事により多くの意味を吹き込み、より思いやりのある事業経営方法に焦点を当てた会議やセミナーも多数開催されている。

主にこのような取り組みの結果、今ではますます多くの企業が、従業員や株主、事業を行っている地域社会の社会・環境問題を考慮するようになっている。企業は、組織の文化が思いやりに価値を置き、それに報いるものであると、競争力が向上し、効果的なコミュニケーションが行われ、協働がうまくいくようになることを認識し始めている。父親と母親の両方を対象にした育児休暇やフレックス・タイム制はさらに普及しつつある。

ますます多くの人々が購買習慣を変えようとしている。彼らは、従業員に十分な賃金を支払い、児童労働力を用いていない企業を支持し[46]、その商品を選ぶ。また、環境保護の点からみて安全な製品を探す。たとえば、先住民族を雇用し、残酷な動物実験を行っていない自然な製品を販売しているボディショップの化粧品などだ。

また、主に草の根の活動による圧力の結果、大半の先進工業国の政府は、自国の人的資本への投資として、国民皆保険を備えている。また、スウェーデン、ノルウェー、フィンランド、フランス、ドイツ、ニュージーランド、カナダなど多くの国が、有給の育児休暇を備え、育児関連の補助金を支給している。

欧州の多くの国は、政府のインセンティブのおかげで、石炭や石油から、二酸化炭素やその他の温室効果ガスを排出しない再生可能エネルギー源への移行において、米国のはるか先を進んでいる。ドイツは、エネルギー使用量の五%以上を、バイオマス、風力、太陽光などの再生可能な無公害エネルギー源から得ている。スペインでは、電力生産量の一〇%が風力発電によるもので、同国は二〇一〇年までにこの数字を三倍にすることを目指している。スウェーデンでは、水力とバイオ燃料の形の再生可能エネルギーがエネルギー供給量の約二〇%を占めており、石油の比率とほぼ同じになっている[47]。

欧州連合（EU）諸国は製造業者に対して、製品の包装を再生および廃棄することを求めている。これがより環境にやさしい包装を促し、たとえば発泡スチロールの補強材やラップフィルムが多くの製品から除去された。EUはまた、遺伝子組み換え作物について、長期的な影響についての試験結果が出るまで販売しないよう求めてもいる。

北欧の学校には、男女平等の関係を大切にすることについての課程や育児についての課程がある。米国の学校では、いじめや暴力によらない紛争解決のカリキュラムが広がり始めている。環境責任を形に表して、ディーゼルエンジンのスクールバスから、天然ガス自動車や、さらに環境によい電気自動車に変える学校が増えている。

多くの政治家が、より思いやりのある世界について、少なくとも語り始めてはいる。中には、より公正で思いやりのある政策によって、言動を実行に移している政治家もいる。人権や公正な経済発展を支援する数多くの国連の憲章や決議案にも、世界的な意識の変化が影響を与えてきた。ユネスコ（国連教育科学文化機構）は、難民キャンプにおけるソーラー・オーブンの配布と使い方の指導に資金を援助している。国連人口基金（ＵＮＦＰＡ）、国連児童基金（ＵＮＩＣＥＦ）、国連婦人開発基金（ＵＮＩＦＥＭ）は、女性と子供の人権擁護に力を入れている。その他の重要な国際的イニシアチブとして、国連ミレニアム開発目標、グローバル・マーシャル・プラン、地球憲章などがあり、現在、一〇〇を超える国々の自治体、企業、ＮＧＯによって批准されている。

ここに挙げたものや、その他の何千というイニシアチブや組織、プログラムが非常に大きな変化をもたらしつつあり、支配の伝統に立ち向かい、それに代わるパートナーシップのシステムを構築しつつある。実際、パートナーシップに向けたこれほど強い動きがあったことは今までになかった。それでも、まだ私たちは支配という足枷から世界を解放することはできていない。これを変えるために何ができるのか、それを次章で見ていこう。

第10章 思いやりの革命

The Caring Revolution

ガンジーが言ったように、習慣的《ハビチュアル》であるものと正常《ノーマル》なものとを取り違えてはいけない。私たちには生まれつき不健全な習慣が身についていたわけではない。身につけざるを得なかったのだ。私たちはそれらの習慣を捨て去り、他の人もそうできるように手助けをすることができる。

私たちのもつ経済的習慣の多くは、人間性についての捻じ曲げられた物語と、思いやったり世話をしたりという、人間に不可欠な仕事にまったく、あるいはほとんど価値を置かない経済のダブル・スタンダードによって形成された。私たちが習慣的に用いる生産性の指標は、私たちの健康や自然環境に害を与える市場活動を含んでいる一方で、家庭や自然の生命維持活動にはまったく価値を与えていない。中央銀行が創り出し、流通させるお金は、有形資産とはほとんど無関係である。(1) 四半期ごとの企業の報告書は、その企業の製品や活動が引き起こす健康上・環境上の損害を織り込めていない。ジョージ・W・ブッシュ政権が緊急に地球温暖化対策をとる必要性を否定したことが効果的に示しているように、政府の政策も現実ではなく空想に基づいていることも多いのだ。

私たちには選択の余地がある。強欲で欺瞞に満ち、食うか食われるかの熾烈な経済慣行について不満を言い続けることもできる。仕事と家庭をうまく両立させられないという日々のストレスに耐え忍ぶこともできる。自然環境を傷つけたうえに、持てる者と持たざる者との間に大幅な格差を生み出して、言うに言えない苦しみをもたらす政策について、どうすることもできないのだと自分に言い聞かせることもできる。だがそうではなく、より良識があり健全で思いやりのある経済システムや文化を構築するために団結することもできるのだ。

認識から行動へ

私たちはより良い可能性を認識するようになると、考え方、感じ方、行動の仕方を変えることができる。だが、それはほんの序の口だ。十分な数の人々が考え方や行動を変えれば、文化が変わる。私たちはパートナーシップをより志向する家庭や職場や地域社会をつくるにつれて、日常の関係についてのルールも変える。すると、その新たなルールが、国境を越えた、よりパートナーシップ志向の関係を促すようになる。そうなると私たちも、周囲のより広範囲の経済的・政治的関係網についてのルールを変え始める。そしてこれらすべてが、私たちの考え方、感じ方、行動の仕方や、周囲の構造および思考体系のさらなる変化を後押しする。

自分自身の経験に基づいて、この過程を証明することができる。多くの人々と同じように、私も以前は、この世界をより良いものにするために自分ができることなど何もないと考えていた。日常生活の中で自分を不幸な気持ちにさせるものを変えるためにできることとさえも、ほとんどないと考えていたくらいだ。だが、どちらについても自分は間違っていると気づいたのである。

いったん支配のシステムから解放され、それが自然の秩序であり、その中に女性として自然な自分の場所があるのだと教えられてきた物語から解放されると、私の意識や私のエネルギー、私の人生は、それまではあり得ると思いもしなかった方向に向かって飛び立った。無力感と打ちのめされた気持ちから、行動モード——社会的・政治的行動など——へと切り替わったのだ。

性別についてのダブル・スタンダードが私や私のような人たちの生活をいかに抑えつけてきたかに新たに気づいたことに鼓舞され、私は他の仲間とともに、変化のために努力する活動に加わった。私は、求人広告を「男性社員募集」「女性社員募集」とに分けて、良い仕事はすべて「男性募集」に、将来性のない仕事をすべて「女性募集」に割り振るという当時の習慣をなくすために活動した。米国で初の女性と法律についてのプログラムとなったロサンゼルス・ウィメンズ・リーガル・プログラムを創設した。これは、当時は合法だった女性差別についての講座を開き、貧しい女性たちに無料で法律サービスを提供するものであった。私は司法修習を利用して、米国最高裁判所に法廷助言要約を提出し、合衆国憲法修正第一四条の法の平等保護条項に照らして女性を人間として認めるべきであり、性別に基いた差別を行う法は無効にするべきだという、当時としては急進的な意見を主張した。

こういった取り組みは、より良い社会を思い描いた他の女性や男性の取り組みと相まって、成功を収めた。求人広告における差別は撤廃され、貧しい人々のための法律相談プログラムが設けられた。

裁判所は、差別的な法律を次から次へと撤廃していった。

だが、私は次第に、公民権や女性の権利、経済の公正、環境保護を促進するためには法の改正が不可欠であるが、それだけでは不十分だということを理解し始めた。それまでに得たものが失われたり、吸収されたりするにつれて、もっと深いところ――文化や構造の根本的な変化――まで行かなければならないと思ったのである。

そのとき私が抱かずにいられなかった疑問は、「何から何へと変えるのか?」というものだった。資本主義と社会主義、宗教的と非宗教的、右派と左派、工業化と産業革命以前あるいは脱工業化という分類では、この質問に答えるには十分ではないとわかっていた。こういった従来の分類は私たちの意識を分断するものだ。なぜなら、人が初期の人間関係において、人権を尊重するか、それとも人権侵害を当たり前のこととして受け入れるかのどちらかを身につけるにもかかわらず、そういった従来の分類は、この初期の人間関係がもつ社会的重要性を考慮に入れていないからだ。

異文化間の分析や歴史的分析に、男女間、親子間の関係構造を含めてみたところ、パートナーシップのシステムと支配のシステムという構造が浮かび上がってきた。私は、この二つの構造が、私たちが考えたり感じたり行動したりする際の習慣に影響を与えていることに気づいた。それが家庭、宗教、経済システム、政治システムに影響を及ぼしているのだ。そして、私たちが良くも悪くも人生の指針とする物語にその構造がいかに影響を与えるかに気づいた。私たちの脳の発達そのものに影響を与えるということさえわかったのである。(2)

また、支配と征服の精神によって導かれる高度な科学技術は私たちの命や子供たちの命を脅かす、ということにも気づいた。私は、死に至る可能性のある進路を最も効果的に変えることができる介入方法を探し始めた。そして、最も重要な介入の一つは、根本的な経済改革だと気づいたのである。

緊急の経済再構築の必要性

根本的な経済の再構築が緊急に必要だと気づいているのが私だけではないことは確かだ。アース・ポリシー研究所の創設者レスター・ブラウンが指摘するように、現在の経済が進んでいる道は持続可能ではない。ブラウンは、森林の減少、砂漠の拡大、地下水の水位の低下、土壌の浸食、漁場の崩壊、北極の氷の融解が進行していることを立証している。食料品や水など主要一次産品の消費量は指数関数的に増加しており、すでに穀物、肉、鉄鋼の消費量では中国が米国を上回っている。[3] 現在のエネルギー利用のパターンも持続可能ではない。もしも中国の経済成長率が現在の八％を維持したならば、二〇三一年の石油消費量は、中国一国だけで日量九九〇億バレルとなると予想され、これは現在の世界全体の産油量よりも日量二〇〇〇万バレル多い。インドでも、七％の経済成長率と、二〇三〇年までに中国を追い越すと予想されている人口増加によって、同様に需要は持続不可能なものになるだろう。[4]

ブラウンは、経済と生態系の崩壊を避けるためには、グローバル経済を再構築し、包括的な貧困撲滅戦略を実施して、傷ついた生態系を修復させなければならない、と警告している。また、消費パターンを変え、風力や太陽光などの代替エネルギー技術に転換し、世界の人口増加の速度を緩めるよう訴える。[5]「これまでどおりのやり方を続けるプランAは、もはや実行可能な選択肢ではない。石油や穀物、原材料の不足によって経済不安や政治紛争、そして経済発展の行く末を左右する社会秩序の崩壊が引き起こされる前に、早急にプランBに取りかからなければならない」[6]と、ブラウンは書いている。

もちろんこういったことはすべてブラウンの言うとおりだ。だが、彼の述べていることの多くは、支配型の経済政策や文化規範から生じたもっと深刻な問題の症状なのである。経済の再構築は、資源消費のパターンを変えたり、新技術を導入したり、人口増加を鈍化させたりといったことだけでは実現されない。こういった絶対に不可欠な変化が効果的に行われたとしても——現在の規範や規則の下ではその実現は疑わしい——新たな危機が必ず湧き起こるだろう。

私たちにはもっと根本的な変化が必要なのだ。経済システムは人間の創造物である。銀行や企業から雇用保険や社会保障まで、経済に関する制度や政策はすべて人間が考え出したものだ。私たちが当たり前のように思っている経済原則も人間の創造物である。私たちは、どの経済原則を維持し、どの経済原則を切り捨てたいのかを決め、真の人間のニーズを満たす新たな経済原則を生み出さなければならない。私たちが一致団結して新たな原則を求めるなら、より思いやりのある経済システムや、より思いやりのある世界に向かう上で、私たち一人ひとりが役割を果たすことができる。

私たちは、市場を導く経済原則の変化を緊急に必要としている。現状では、思いやりのない企業慣行のつけを、結局のところ消費者や納税者が払っている場合が多い。企業がもっと責任を負おうとするためのインセンティブはほとんどない。環境上・社会上の責任を負う企業に対する税額控除を行えば、大きな効果があるだろう。

表●経済システムの再構築

持続可能でない経済システム	持続可能でない経済システム
●家庭、地域社会、自然の生命維持活動による寄与を無視する	●家庭、地域社会、自然の生命維持活動による寄与を認識する
●世話をする仕事の価値を低める支配者の考え方や制度によって動かされる	●世話をする仕事に価値を置くパートナーシップの考え方や制度によって動かされる
●原則や政策や慣行が、人間の発展や創造性、公平な関係、相互の責任、自然や将来世代に対する配慮を妨げる	●原則や政策や慣行が、人間の発展や創造性、公平な関係、相互の責任、自然や将来世代に対する配慮を支援する
●技術の応用が制御と支配の精神によって動かされる	●技術の応用が思いやりとパートナーシップの精神によって動かされる
●経済生産性の測定指標に、人々や自然に害を与える活動が含まれ、非市場性の絶対に不可欠な生命維持活動を含めていない	●経済生産性の測定指標から、人々や自然に害を与える活動が除外され、非市場性の絶対に不可欠な生命維持活動はそれに含める
●経済構造が、最上層部への資産と権力の集中を後押しするように設計されており、最下層の人々に対する説明責任をほとんど負わない	●経済構造が、参加型かつ公平であり、相互の説明責任と利益を支援するように設計される
●人間のニーズと能力が搾取されることが多く、自然が使い尽くされ、汚染される	●人間のニーズと能力が育まれ、自然の生息環境が保護される
●脱工業化時代に必要な質の高い人的資本の開発への投資が不十分である	●脱工業化時代に必要な質の高い人的資本の開発への投資が最優先される
●切り離すことができないまでに相互につながりあっている世界では、現在のレベルの科学技術では、持続可能ではない	●私たちが直面する社会、経済、環境の難題に立ち向かっていけるよう手を貸してくれる

環境や健康を損なう慣行に高い税率を課すことも、変化のために重要なインセンティブを与え得るし、同時に、より思いやりのある環境政策の資金源になる。思いやりのある政策のための資金を調達し、それと同時に市場経済を再構築するもう一つの方法は、株式市場の投機への課税だ。株式の超短期取引に課税すれば、投機の動きを封じ、世界中で快適な暮らしを促進する医療・育児・教育制度などの財源を提供することができるだろう。

また、食料やその他の生活必需品の地元生産を奨励する経済政策も必要だ。水などの基本的な資源の管理は、不在所有者の企業に外部委託するべきではない。この外部委託が行われたボリビアでは、ベクテル社が国内の給水事業を買い取ると、水道料金が法外なレベルにまで引き上げられた(7)。

しかし、経済政策は地方の零細企業を支援するべきではあるが、必ずしも「スモール・イズ・ビューティフル」であるとは限らない。規模の小さい企業でも、不公正や搾取は頻繁に行われてきたのだ。

地方企業、国内企業、国際企業において——規模が大きくても小さくても——労働者と消費者、自然を守る世界共通の基準が必要である。そして商取引のグローバル化は、こういった世界共通の基準を確立する機会になり得る。

数時間で世界を結ぶ輸送技術と、数秒内に世界中につながる通信技術がある今、商取引のグローバル化は避けられない。だが思いやりのない経済原則・政策・慣行は避けられないもの**ではない**。次の表が示すように、私たちは公平で持続可能な方法で経済システムを再構築することができるし、そうしなければならない。

私たちは、家庭経済から自然経済までのすべての経済分野において、自分自身や他者や自然への思いやりを支援する経済構造・原則・政策・慣行を構築しなければならない。同時に、パートナーシップの文化や構造への移行を世界全体で加速させ、思いやりにもっと高い価値が置かれるようにしなければならない。

もしも私たちがより思いやりのある社会・経済政策を望むのであれば、当然ながら、世話をする仕事の価値を低め続けることはできない。汚染されていない健全な環境を望むのであれば、環境をもっと大切にしなければならない。より人間味があってより生産的な職場を望むならば、また、子供たちが、そのおかげで良い生活を送れるようになるようなケアと教育を受けることを望むならば、そして、より安全な街とより温かい家庭を望み、より平和な世界に住みたいと望むならば、生活のあらゆる面での世話をする仕事をもっとうまく支援したり、それに報いたりしなければならない。

政界と財界の指導者ができること

現在の経済原則の下では、人々は、労働者と消費者として市場の要求に応えることになっている。これは逆だ。ますます危険が迫っている地球上に住む人間としての私たちの要求に、市場が確実に応えるようにする経済原則であるべきなのだ。

これを実現するために、政界と財界の指導者たちは経済原則を変えて、構造の変化と価値観の変化の両方を支援するものにしなければならない。構造は、行動を形成するうえで重要な役割を果たす。ちょうど丸い部屋では隅に座ることができないように、支配の序列の中では、相互の説明責任や相互利益、相互尊重に基づいた関係が広がることを期待することはできないどころか、そのような関係が存在することさえ期待できない。家庭や学校から企業や政府までのあらゆる構造において実現化の階層への移行を促進する政策が必要である。同時に、価値観と構造は互いに強め合うので、中核的な文化的価値観として思いやりを奨励する政策も必要だ。

経済の原則を変えるために不可欠なステップは、より正確な経済指標を導入することだ。政界と財界の指導者たちは、家庭や無報酬の地域経済の中で行われている、思いやったり世話をしたりといった、絶対に不可欠な仕事を経済指標に含めるように取り計らわなければならない。

また、こういった指標は、環境や社会に有害な製品や活動のコストも織り込んだものでなければならない。このような変化を起こさなければ、誰もが思いやりのない政策や慣行のコストを支払っていることを一般の人々は理解しないだろうし、政策立案者たちが思い描く、何が経済生産性の高い活動で何がそうでない活動なのかについての全体像は、歪んだままであろう。

幸いにも、国内および国際的な会計方法を変える必要性についての認識が高まりつつある。これまでに見てきたように、国連の人間開発指数や、米国のNGOリディファイニング・プログレスによって考案されたエコロジカル・フットプリント、カルバート・ヘンダーソン生活の質指数などの新たな指標が現れ始めた。また、世界銀行や国際通貨基金（IMF）の統計を変えて、資産の勘定に国別の教育や医療への公共投資を加え、二〇年で償却するようにするという取り組みもある。二〇年というのは、子供が健康で十分な教育を受けた生産的な大人になるまでにかかる年月だ。(8) だが、この過程を加速する努力をしなければならない。そして、変化を起こす際には、今も家庭経済の中で女性によって主に行われている無報酬の仕事を含めることに、とくに注意が払われるように確認しなければならない。

第四章で述べたように、多くの国がこういった無報酬の世話をする仕事の価値を定量化しており、その価値が非常に高いことに気づいた。非政府組織も、家庭内での世話をする仕事の経済的価値に焦点を当て始めている。たとえば、米国の人材情報会社サラリー・ドット・コムが、典型的な専業主婦（または主夫）の適正賃金は年間一三万四四七一ドルになると試算している。[9]

この情報は、政策立案者が意思決定を導く際に用いる経済指標に組み込まれなければならない。経済学者のダンカン・アイアンモンガーによる「政府の指導者たちはGDPやGNPに代わって国内経済生産（GEP）を用いるべきだ」という提案が第一歩になり得る。この新しい経済指標は、均等加重の二つの指標からなる。一つは、市場から経済に付加される価値を測る国内市場生産（GMP）であり、もう一つは、無償の家事労働から経済に付加される価値を測る国内家事生産（GHP）である。この二つを合計したGEPであれば、国内の経済政策も国際的な経済政策も健全な方向に導くことができる。[10]

だが新たな経済指標は、思いやりのある経済システムの基盤の一つにすぎない。政界や財界の指導者たちは、経済政策や経済慣行も変えて、世話をする仕事を奨励し、支援するものにしなければならない。

これまでに見てきたように、思いやることや世話をすることといった、人の手による絶対に不可欠な仕事の価値を低めている背後には、男性や類型的に「男性らしさ」とされているものを、女性や

「女性らしい」と考えられているものよりも序列が上であると評価する経済のダブル・スタンダードがある。この性別による価値評価システムが経済上の優先事項に直接的な影響を与えてきたことで、子供たちの物質的・情緒的ニーズを満たすよう世話をするなど、すべての人の生活の質を高めることに役立つ生命維持活動には、少ないお金しか流れていかないのだ。

多くの政府が莫大な資源を武器製造や戦争に割り当てている。同時に、政府の指導者たちは、医療や保育などの世話をする活動に資金を供給するためのお金が十分にはないと主張することが多い。私たちはこのような誤った主張に対しては、こういった政策はお金の問題ではなく価値観の問題であると反論しなければならない。イラク戦争の真のコストは二兆ドルに達するかもしれないと見積もられている。二兆ドルあれば、憎しみや暴力ではなく、思いやりや相互に尊重し合う関係を教える学校を世界中につくり、同時に飢餓を根絶し、国民皆保険制度を提供することができる。[11]

私たちは責任をもって、政策立案者が質の高い保育に大規模な投資をするようにしなければならない。資金的余裕がないという主張に対しては、子供に投資することは費用対効果が並外れて高いというデータを示して、容易に反論することができる。第三章で取り上げたカナダの研究が示すように、全員の子供を対象にした質の高い保育と幼児教育への投資利益率は二〇〇%という桁外れの数字であり、人類にとっての利益が大きいことは言うまでもない。また、これも前述したことだが、育児教育、有給の育児休暇、公的な助成を受けた質の高い保育の費用は、単なる支出とみなすのではなく、機械や建物などのインフラへの投資と同様に償却されるようにするべきだ。

人間の開発に投資することの利益が莫大で、そうしないことの損失も莫大であることを、政策立案者や一般の人々に対して示さなければならない。脱工業化経済に移行していくと、とくにそうなる。より能力が高く、高度な技術をもち、思いやりのある労働者は経済生産性を高め、そうなるとその人たちの税によって、思いやることや世話をすることを支援する政府や企業の政策――高齢者を対象とした社会保障制度から質の高い保育まで――の財源が増える。私たちは、政策立案者に対してこういった変化を起こすように圧力をかける、または政策立案者そのものを変える政治運動を構築しなければならない。

政策立案者は、経済政策にとって何が有意義かについて、新たな視点をもつ必要がある。たとえば、現在の政府は、兵士が人を殺す方法を学ぶ訓練や、彼らに報いるための恩給（社会的に価値のある仕事を認定し、それに報いる経済的発明）に資金を出している。だが、女性と男性の両方が効果的に子供たちの世話をできるようにするための教育や、こういった仕事をする人を対象にした恩給に資金を出す政府はない。政府はこの点を変えなければならない。米国のように豊かな国においてさえ、高齢の女性が社会の最貧困層を構成しているという恥ずべき事実を変えるためにも、である。

ここでも間違いなく反対があるだろう。「質の良い保育を行うための訓練がどのくらいの効果があるかを測ることはできない」と主張する人もいるだろう。だが私たちはそのような主張をする人たちに対して、「戦闘訓練の効果が明確でなければ兵士に給料や恩給を支払わないわけではないだろう」と指摘することができる。「あなたたちは何が質の良い保育に寄与するのかをわかっていない」と主張する人たちに対しては、どのような種類の保育が健全な人間開発を促進するのか、あるいは妨げるのかについての膨大な科学データ――つまり、肉体的な暴力などの「伝統的な」方法は効果がない

だけでなく、人間の能力の発達を妨げる場合が多いというデータ——を示すことができる。(12)

ここで真に問題なのは、「力」というものをどのように定義し、どのように用いるかである。つまり、誰かを支配し、無力化するためのものなのか、それとも育み、力を与えるためのものなのか、である。これまで政策立案者は決まって、女性に関連するという固定観念のある思いやることや世話をすることには、「男らしい男」に関連するという固定観念のある征服や支配に比べて低い価値しか認めてこなかった。今こそ、この不合理な価値体系が引き起こしている経済や生態系の大きな不幸に伴う不満を基に、その価値体系を支えている原則や社会構造を変えるときだ。

社会活動家ができること

これまでに見てきたように、私たちの価値観と構造の多くは支配の伝統によって形作られている。農業の時代から工業の時代へと移行する間、こういった伝統の多くに対して異議が唱えられた。だが、過去数百年にわたってこういった伝統に立ち向かってきた社会運動は主に、支配のピラミッドの頂点——女性と子供が締め出されていた、政治システムと経済システムのいわゆる公的領域における関係——に焦点を当てていた。その結果、このピラミッドが基礎としていて、絶えずその上で再構築を繰り返している土台のほうが、十分に修正されなかったのである。

脱工業化時代への移行が不安定化しているのは、支配からパートナーシップへの移行を続ける好機である。それは、支配の伝統への挑戦における第二段階に道を開く。それには公的な領域と私的な領域の**両方**が含まれる。

主な文化モデルを支配からパートナーシップへ移行させるということは、純粋なパートナーシップ社会になるということではない。理想の社会を期待するのは現実的でない。だが、現在起こっている、支配のシステムへの退行を逆転させ、さらなる後退を食い止めるためには、私たちは、より民主的かつ平和な、そして経済的により公平で、環境的に持続可能な世界の基礎となり得るような土台を築かなければならない。このためには、主流の経済理論では無視されてきた根本的な関係――男女間および親子間の基礎的な人間関係――を変える、全国的および国際的な力強い運動が必要だ。そのためには、現在、経済的・社会的公正のために活動している世界中の何千もの組織が、今後は人類の過半数にあたる女性と子供の権利を人権の範囲から切り離すことのない、一貫した行動計画を推進していく必要がある。

女性の地位を向上させる政策が必要な理由の一つは、当然のことだが、人口の半分は女性だからだ。だが、ほかにも多くの理由がある。前述したように、女性の地位が高く、政府の半分近くを女性が占める北欧諸国のような社会では、国民皆保険や質の高い保育、育児教育、手厚い有給育児休暇など、思いやりの政策に置かれる財政上の優先度が高い。女性の地位と力が高まることと、すべての人にとって質の高い生活を促進する政策とは切り離して考えることはできない。これまでにも取り上げたが、八九カ国のデータに基づいた、パートナーシップ研究センター（CPS）による一九九五年の統計調査によって、このことが明らかになっている。女性の地位と力が高まると、国の全体的な生活の質も高まる。女性の地位と力が低くなると、全体の生活の質も低くなるのだ。[13]

こういった調査結果は、第四章でも述べたとおり、二〇〇〇年の世界価値観調査によって裏付けられている。この調査も、世界人口の八〇％に相当する六五カ国から収集したデータを基に、男女平等支援と、より民主的で平等な繁栄する社会との間には強い相関関係があることを明らかにした[14]。この調査で明らかになったもう一つの重要な結果は、男女平等の支持拡大が、従来の権威主義的な育児スタイルからの移行に伴って起こるということや、女性や子供に対する態度におけるこうした変化が、今度は、信頼の拡大や外部の権威への依存の減少、幸福感の増大など、「自己表現」という価値観の側面につながっていることだった。

この二〇〇〇年の世界価値観調査は、支配志向の社会は私たちのやる気や発達を低レベルに抑えるという結論を裏付けている。また、パートナーシップ志向の社会のほうが、人間のニーズを満たすことに成功しているという結果も確認されている。さらに、男女平等が経済発展の骨格となるという結論も裏づけられた。イングルハートらが書いているように、「過去二〇〜三〇年間で最も重要な社会的変化は、先進工業社会全体にわたって男女の役割に一大変化が起こったことである[15]」

このような研究は、政策立案者がインフォームド・チョイスを行うために必要なデータを入手する際には、経済分析に対して性差を加味した手法を用いる必要があることを明らかにしている。この手法は、発展途上世界における貧困と飢餓を撲滅する政策に対して、深遠な意味をもつ。アン・クリッテンデンによれば、アフリカ、中南米、カリブ海地域、インド亜大陸の研究者たちは揃って、母親が教育を受けていて、家計所得を管理している家庭の子供は、そうでない家庭の子供に比べて健康で、学校教育を多く受けているという[16]。

地球の将来に危機感を抱く男女にとっては、今こそ、多くの地域（たとえば、アフリカや南アジア、中近東の大部分）で、女性から医療や教育や自分の財産を所有する権利を奪っている法律や習慣を変える世界規模の運動を始めるときだ。[17] 一般の人々や政府高官に、本書の第六章で取り上げた、家庭内の経済関係に関する研究について認識してもらうよう努力しなければならない。この研究では、世界の多くの地域では、子供の世話をするために必要な費用に対して、父親が自分の収入から分配する金額は母親よりも少ない、という結果が明らかになっている。[18]

この運動にとってカギとなるのは、世界中の政府や企業の政策策定において女性が同等の役割を果たすことである。北欧諸国が示しているように、社会統治におけるより多くの地位に参入することで女性の地位が向上すると、思いやりや非暴力など、「女性らしい」という固定観念のある性質の社会的優先度が高まる――男性ももはや、思いやりや非暴力を受け入れるのは「男らしくない」地位喪失であると恐れることもないからだ。女性が依然としてごく少数の政治的地位に就いているだけである限り、代議制民主主義について真に語ることはできない。[19] また、女性に産む自由、教育、平等の権利が与えられない限り、人口増加に歯止めをかけることもできない。そして、世界で貧困と飢餓に喘いでいる人の大部分は女性と子供たちだという事実を考慮に入れない限り、貧困の撲滅を期待することもできない。

もう一度強調しておくが、こういったことはどれも、男性の責任にするような問題ではない。女性も男性も、支配の伝統を受け入れ、強化するように教えられてきたのだ。そして、思いやりや非暴力など、女性らしいという固定観念のある特性は、男性らしいという固定観念のある冒険的な特性や断定的な特性と同様に、女性にも男性にもあり得るものなのである。

だが、より平等で効果的な経済システムに移行するためには、世界中の社会活動家が、女性と子供の処遇を確実に人権の世界標準に適合したものにするように努力していかなければならない。子供の詩で有名なラフィが書いているように、私たちは、最も弱い立場にある構成員を尊重するような社会に敬意を払う子供を育て上げなければならない[20]。つまり、子供や女性の人権を侵害する原則や慣行を、伝統や道徳を根拠に正当化することはもはやできない、ということだ。現在もまだ少なからず見られるように、「異文化の共存」や「許容範囲」、「文化的相違」という言葉を用いて、家庭内など親しい関係における虐待や暴力、不公正を正当化するようなことがあってはならない[21]。

つまり、女性の権利や子供の権利を尊重することは、より公平で持続可能な繁栄する未来のための必須条件なのだ。このようなより良い未来を築くためには、それだけで十分なわけではない。だが、それがなければ、この未来の基礎となる土台を築けないのである。

人口増加、女性の地位、思いやりの政策

女性の地位向上は、人口増加を食い止めるための基礎となる。厳格な男性支配の文化における女性に男子がなかった場合、男子が生まれるまで子供を産み続けなければならない。そのため多くの女性は、二〇代半ばまでに六〜七回と、絶え間なく妊娠していることで自分の健康が打撃を被るにもかかわらず、子供ができなくなることを恐れる。

女性の平等に向かって移行している国々は、出生率がほかよりも低い[22]。全体の出生率が高い国の

中でさえも同じことが起こっている。たとえば、インドの中でも他の地域よりも女性の地位が高いケララ州では、出生率が低い。

育児教育や育児休暇、保育などの思いやり政策は、大量の労働力が必要とされない時代には、人口爆発に拍車をかけることになると考える人もいる。実際は、このような政策をとった国で出生率が高くなることはなかった。それどころか、調査の結果、性教育と合わせて育児教室を設けると一〇代の妊娠が**減少する**ことがわかった。世界でも最も人口が過密している最貧困地域の多くで出生率が高いことの背景となっているのは、実は、家族計画に関する知識の不足、避妊薬が入手できないこと、女性の服従なのである。

転換のダイナミクス

経済システムが、人間のニーズと願望を満たす手段という本来あるべき姿、そしてなり得る姿になっている世界を想像してみてほしい。対話型デザインの分野の先駆者であるローラリー・アルベンは、デザインの第一義は、望ましい結果というビジョンだと指摘している。自分が望む意図や関係をデザインするときに、意味深い変化が可能になるのだという(23)。

こういった変化は、アルベンが波及効果と呼ぶものから始まる。いったんこのようなさざ波が起きると、それが外へ向かって広がっていき、流れを形成する。このような流れが集まると、大きな波になる。そして、このような波の勢いが積み重なると、その結果、システム全体に根本的な変化が起こるのだ。

思いやりの革命は根本的な変化である。思いやることや世話をすることという、人間の最も重要な仕事の認知度を高め、それに価値を与えることから起こる、さざ波の累積効果だ。

家庭内における思いやることや世話をすることの経済的な重要性が認知されると、フレックス制のような職場の規則やジョブ・シェアリングなどのパートナーシップの経済的発明が広く利用されるようになる。その価値がもっと一般に認められるようになると、男性もこういった仕事をもっと行うようになるし、正規労働に女性と男性が等しく参加し、家庭で同等の機会と責任をもつようになる。学校は、良い育児のための教育を施し、関係づくりのスキルを教える。政府は、国民皆保険と質の高い保育だけでなく、父親と母親の両方が取得することで自分たち自身と家族の双方をもっと大切にできるようになる育児休暇の資金を助成する。家庭でも職場でも、人々は今よりも幸せになる。こういったことすべてが、子供たちのよりよいケアを促進し、健全で平等な経済に必要な質の高い人的資源を生み出すことに役立つ。

人的資源の全体的な質が高まると、より高い能力とより高度な技術をもった、思いやりのある労働者が、より生産的な経済に寄与する。この生産性の高い経済が、今度は、政府や企業が思いやることや世話をすることの支援策に使える資金をより多く生み出す。そして次に、このことがすべての人の生活の質を高めることになる。

高齢者の世話は、十分な年金だけでなく、介護者を十分に支援する企業と政府の政策によって促進される。長年にわたって子供の世話をした女性が、高齢になって貧困に直面するということもなくなる。

無報酬の地域経済では、ボランティアの人たちが無料でサービスを提供する代わりに、交通費の割引などの報酬を得る。地域通貨などのバーター取引は、世話をする仕事により多くの価値を与えるものだ。思いやりがより価値のあるものとみなされるので、全体的に人間関係が良好になる。社会的・経済的公正のために尽力する人たちが、「空想的な改革主義者」とか「大げさに同情する人」として非難されるのではなく、その労に報われ、尊敬を受ける。

市場経済は徐々に変化する。企業は思いやりのある行動に報いる。企業は、心にかけてもらっていると感じている従業員は生産性が高いこと、そう感じている顧客は商品への愛着がより強いことを認識する。市場の法則は、独占を未然に防ぎ、企業に対して、思いやりのない慣行のコストを社会に転嫁するのではなく「内部化する」よう求め、また、従業員、株主、家族、地域社会、地球など、あらゆるステークホルダーをもっと気遣うよう奨励するものになる。

思いやりの支援が健全かつ不可欠な投資だと認識されるようになると、政府の政策も変わる。解決困難に思えた問題も小さくなり始める。思いやることや世話をすることへの支援が増えると、貧困と飢餓に対して、より効果的な対処が行われる。保育や介護など世話をする仕事を対象にした年金などの報酬が創設される。女性の地位が高まると、それに伴って生活の質が全体的に高まる。

このような変化のさざ波はすべての経済分野に影響を与える。思いやりに置かれる価値が大きくなると、不法経済は縮小し始める。私たちの物質的・感情的・精神的なニーズがますます満たされるようになると、麻薬や違法な武器、性的奴隷や売春など、現在、犯罪組織の掌中にある経済活動は減少する。このことも、莫大な経済的・社会的利益をもたらす。刑事裁判や刑務所の費用が節約されると、財政の自由度が高まる。そのほか、思いやりのない政策や慣行に由来する、学校中退率の高さや欠勤からテロにいたるあらゆる事象による社会的コストも減少する。

家庭の生命維持活動に与えられる価値が高まるとともに、自然の生命維持活動に与えられる価値も高まる。私たちと地球を共有しているほかの生命体をより尊重するようになる。清潔な居住環境を維持することが「単なる女性の仕事」と軽んじられることもないので、自然環境を汚染したり散らかしたりしないのは当たり前のことになる。地球環境を思いやることは、財政上の不利益とみなされるのではなく、経済の健全性や長期の持続可能性に不可欠なことと認識される。

家族や教育、企業、政府の構造が支配の階層から実現化の階層へと移行するにつれて、民主主義は単なる美辞麗句から現実へと変化する。信頼や威厳、創造性が開花する。私たちの生命維持システムを汚染し、退化させる技術に代わる新しい技術が登場する。女性が産む自由や教育、平等な権利を手に入れるにつれて、指数関数的な人口増加に歯止めがかかる。持てる者と持たざる者との格差が縮小する。生き伸びるためのニーズもほとんど満たすことができないような最下層の人もいなければ、思いやりの関係や公正さ、意味を求める自分の願いを満たすことの代わりに巨万の富を築くエリート層もいない。社会は、生命を奪う技術に資源を投資するのではなく、生活を支援・向上させる技術に主に投資する。

基本的な人間のニーズを満たし、最適な人間開発を促進する思いやりの経済システムのさざ波が次々に出現する。個人と家族は互いに対して、そして自然環境に対してより大きな責任を負う。経済政策は、全体にわたって健全で平等な関係を支援する社会政策と協調する。

道徳は、威圧や支配のための道具ではなく、思いやりと愛の伝達手段になる。精神性は、支配者の世界に内在する苦しみからの逃避ではなく、この世でよりよい生活を創り出すことへの積極的な関与として現れる。愛は、すべての子供に潜在している驚異と美が実感され得る世界を創り出すことを約束するものになる。

このような変化を起こすのは容易ではないだろうし、時間もかかるだろう。だが、やがてひとつになって自分たちの生活とこの世界を変える、思いやりの革命を巻き起こす小さなさざ波の一つひとつは、私たち全員が起こすことができる。

私たち一人ひとりができること

当然ながら、この思いやりの革命を支援する力をもった立場にある人々の協力を得なければならない。思いやりの価値を後押しするリーダーを選出することで、政治情勢を変えられるし、変えなければならない。そのようなリーダーに投票したり、寄付をしたり、彼らが当選するように選挙運動に参加したりすることによって、それを実現できる。また、思いやりの経済システムの足場に自分自身が立候補することもできる。

さらに、思いやりの政策の利点を国内外のリーダーたちに知らせなければならない。在職中のリーダーたちに対して、より多くの思いやりの価値を求め、自分たちの政党が思いやりの経済システムの土台を支えていることを確認しなければならない。

だが、**国内外のリーダーたちが行動するのを待っていることはできない。私たち全員が、想像力と自発性を用いて意識や慣行、政策を変えることによって、リーダーになることができる。**実際、思いやりの革命が成功する唯一の道は、人権や経済的公平性、環境の持続可能性に対する世界全体の要求が高まることだ。

まず、経済システムについての会話を変える、という簡単なことから始められる。現代のあらゆるパートナーシップ運動は、社交上の会話で使う用語を変えることによって、基準となる理想を転換させてきた。**自由**や**民主主義**という言葉が新たな政治モデルの導入に役立つように、私たち全員が、経済の会話を変えることによって、新たな経済モデルの導入に手を貸すことができる。

経済システムについての会話を広げる第一歩は、**思いやり**という言葉を含めるだけでよい。ちっぽけなことに思えるかもしれない。だがこれは、私たちを真に幸福で健康にし、そのうえ経済の繁栄と生態系の持続可能性をもたらすものの認知度を高め、それに価値を置くような新しい経済システムに向かう重要な一歩である。[24]

私たち一人ひとりが、家庭や職場、パーティー、会議、学校や大学、公共の場での日常会話の中で、思いやりについて話すことができる。ＰＴＡの会議など、親たちが集まる場所に行ったら、育児を支援する政策が家庭にとってだけでなく経済にとってもいかに良いかについて話すことができる。思いやりの経済システムが私たちの経済や自然環境や生活にとってどのような意味をもつかについて議論するグループに、友人や同僚を引き込むことができる。思いやりの経済システムについて、新聞や

思いやりのある家庭方針のための活動をしている組織の例

●女性と家族のための全国パートナーシップ（The National Partnership for Women and the Family）は、35 年以上にわたって、大企業に対して家族休暇や医療休暇を導入することを求める法律から妊婦の差別を禁じた法律まで、家庭にやさしい法案の通過を導入・達成してきた。www.nationalpartnership.org/

●「仕事と家庭の権利宣言（Work & Family Bill of Rights）」には、質の高い、手頃な料金の保育や高齢者介護、常勤および非常勤の従業員に対する有給の年間家族休暇、すべての人を対象にした十分な健康保険、最低賃金などの権利が含まれている。www.takecarenet.org/WorkFamilyBOR.aspx を参照。

● MOTHERS（Mothers Ought To Have Equal Rights）による「経済的地位拡大提案書（Economic Empowerment Agenda）」には、テレサ・フニチェロが提案した、扶養家族の世話をしている人すべてを対象とする払い戻し可能な扶養者税額控除（www.caregivercredit.org/）、母親や無報酬で家族の世話をしているその他の人を対象にした社会保障控除、家庭内で行われている無報酬の労働を GNP に含めること、最低生活賃金、有給介護者と幼児教育者に対する専門教育の向上が含まれている。www.mothersoughttohaveequalrights.org/cando/meea.html

● Mom's Rising は、「母親宣言（Motherhood Manifesto）」を草案し、同様の方策や、テレビ格付け、課外プログラムを提案している。www.momsrising.org/

●女性政策問題研究所（The Institute for Women's Policy Research）は、とくに女性と社会的公正に焦点を当てた、家庭にやさしい政策の利点について研究を行っている。www.iwpr.org/index.cfm

●パートナーシップ研究センター（CPS）の「思いやりのある家庭方針提案書（Caring Family Policy Agenda）」には、前述の提案の多くが含まれている。www.partnershipway.org を参照。この提案書は、以下のものを実行する方針から成っている。

- 子供の権利宣言——愛情のこもった世話、住まい、栄養、教育、医療、暴力からの解放、清潔な環境に対する権利を含む。
- 思いやりのある家庭の価値観——パートナーシップ、相互尊重、非暴力、育児や介護に高い価値を置くことに基づいている。
- 家庭にやさしい政府や職場——健全で成功している家庭や、健全で成功している脱工業化経済に必要とされる。

●親密な関係間の暴力をなくすための精神的同盟（The Spiritual Alliance to Stop Intimate Violence :SAIV）は、家庭内やその他の親密な関係間における暴力の行使をやめさせることに専心してあたっている。www.saiv.net

●国際的に有名な吟遊詩人で、チャイルド・オナリング（Child Honoring）の創設者であるラフィは、チャイルド・オナリングの約款と原則（Child Honoring Covenant and Principles）を提案した。www.raffinews.com/child-honouring/covenant-principles

雑誌に投稿することができる。インターネット上にそれをテーマにしたブログを立ち上げることもできる。会議やミーティングで思いやりの経済システムについて発表することができる。

経営学や経済学の大学院は、経済システムとは何であり、どうなり得るのかについての会話を変えるうえで重要な場所である。[25] だからこそ私は、パートナーシップ研究センター（CPS）を通じて、新しい思いやりの経済的発明を創り出し、実施するためのリーダーシップ訓練プログラムを開催する思いやりの経済同盟をつくろうと努力しているのだ。[26]

経済システムについての会話を変えるときには、思いやりの経営方針を実施している企業が大いに成功していることを示す第三章の題材を利用することができる。企業の経営者に、これまでにとりあげてきた統計の一部を提示することもできる。経営に携わっている人であれば、人々や自然を大切にする慣行に対してインセンティブを与えることができる。さらに踏み込んで、思いやりの方針と行動の基準を会社の定款に盛り込むよう提案することもできる。商工会議所などの商業組合に対して、その会員企業にこういった基準の遵守を求めるよう提案することもできる。

私たちは、現在の経済対策がいかに現実を歪めているかを示し、思いやりの政策や慣行のもたらす便益と思いやりのない政策や慣行がもたらす費用とを正確に反映した代替策を提示することができる。低賃金の国々への職のアウトソーシングやオートメーションによって、人間の仕事が奪われることを懸念している人々と対話をし、なぜこういった傾向が、思いやりの経済システムに移行するさらなる理由となるのかを示すことができる。

私たちは、人事や消費者、環境に対して思いやりのある方針を掲げている企業から商品を買い、それらを支援する法案を後援する政治家に投票することができる。米国に住む人々は、他の国々の行っていることを指摘し、医療や保育、有給育児休暇などの思いやりのある経済的発明への投資がいかにして質の高い人的資源を生み出し、ストレスが少なく喜びの大きい生活をもたらすかを指摘することができる。人々に投資する政府の制度は「無料サービス」ではなく、すべての人にとって、より安全で分別があり、より繁栄する公正な世界の土台なのだということを示すことができる。また、CPSの「思いやりのある家庭方針提案書」や、テイクケア・ネットの「仕事と家庭の権利宣言」などの取り組みを支援することができる。

友人や同僚に、マス・マーケティングによって私たちがいかに蓄財と真の満足や喜びとを混同させられているかについて話し、この問題がいかに支配者の経済システムにつきものであるかを指摘することができる。不適当な資源の分配によっていかに人的資本への投資ができなくなっているかを示し、そしてその他の支配の経済慣行が経済的な不足だけでなく、情緒的・精神的な不足ももたらしていることを明らかにすることができる。

人は幼いときに何が正常で何が異常かを学びとるので、公平で民主的な関係が家庭内で育まれなければならないということを、自分自身や他者に思い出させることができる。[27] 女性や子供の権利を求めて活動している組織を支援することができる。女性や子供に対する虐待や暴力という伝統を終わらせるために活動し、他の人々にも参加を求めることができる。こういった暴力によって生活が荒れ果てたものになっている何百万もの人々のためだけでなく、私たちすべてのためにも、これを行うことができるし、行わなければならない。なぜなら、家庭内の暴力は子供たちに、あらゆる関係で暴力を用いて自分の意志を押しつけるように教え込むからだ。[28]

また、家庭だけでなく学校でも、男子と女子の両方に思いやりの技術を教えることができるし、教えなければならない。[29]テレビや映画、ポピュラー音楽、ビデオゲームの絶え間ない攻撃によって、思いやりのない、残酷で暴力的な行動がスリル満点で楽しいと教えられる今の時代には、思いやりに価値を置くことを子供たちに教えなければならない。私たちが思いやりの手本になる――たとえば、地域社会でボランティアとして働く――ことも重要だ。

同様に重要なのは、私たちの社会を特徴づける文化になったものは、不正や暴力を単に人間の性質として描いているものが非常に多いので、子供も大人も、人間の性質や可能性について、より完全で正確な理解ができるように気をつけなければならないということである。その理由は単純で、可能だと思わなければそれを試みようとさえしないからだ。

思いやりの教育

思いやりに価値を置くか置かないかは、幼いときに学ぶ基本的なことである。私が*Tomorrow's Children: A Blueprint for Partnership Education in the 21st Century*（未邦訳）の中で提案しているように、生命への思いやり――自分自身、他者、母なる地球を思いやること――の教育は、幼稚園から大学院のカリキュラムに組み込まれるべきだ。今日、テレビのニュースや「娯楽」――暴力や強姦、殺人のシミュレーションをする、子供向けに販売されているビデオゲームも含まれている――を通じて流れてくる、信じがたいほどの残忍さに対処するためには、思いやりの技術を教えることがとくに

緊急の課題だ。(31)

経済システムと人間の進化

最も重要な人間の創造物は私たちの文化である。私たちが互いに殺し合ったり自然の生命維持システムを破壊したりするのか、それとも人間らしい持続可能な世界で生活するのかを決めるのは主に私たちが創り出す文化だ。そして、経済システムはあらゆる文化の主要な要素である。

私は本書で、意識や創造性や思いやりを高めるほうへ向かう進化と方向が一致した、思いやりの経済システムが必要だと主張してきた。進化の方向について語ることは、現在では一種の科学的異端であると認識している。せいぜい「複雑性と変動性の拡大に向かう進化的な動きがある」と言うのが許容範囲だ。だがダーウィン自身が述べているように、進化の動きは、複雑性と変動性の拡大を超えて、それまでの生命体に存在するものとは程度を異にする必要性、能力、動機づけ、可能性の出現に至るものだ。(30)

このことは、いちばん最近になって出現した種の一つである私たち人間が進化の頂点であって、他の生命体を支配する権利があるという意味ではない。進化には神の計画があったわけでも科学的な設計があったわけでもなく、進化の原因が何なのかを知る方法はないのであり、だから進化には方向がないと考えるべきかどうかもわからない。しかし、ともかく地球上の生命は、進化するにつれて、意識や創造性、計画、選択においてかつてないほど高い能力を開発した。そして、こういった能力は私たちに固有のものではないけれども、私たち人間において最も高度に発達した。

だが、このような人間の能力が表出されるかどうかは主に、私たちがどのような社会・経済システムを創り出すかによって左右される。だから私たちは文字通り、自分たちの進化の共同製作者なのである。

確かに私たちは自分たちの未来についてのすべてを決めることはできない。だが、一丸となって、私たちが種として具えているマイナスではなくプラスの潜在能力《キャパシティ》の表出を育み、推進し、促す社会や経済の状態を創り出すことは**できる**。実際、かつてないほどの生物学的潜在能力をもっているのだから、それをマイナスではなくプラスになる方法で活用することが私たちの進化上の責任である。

すべての生命体――最小のものから最大のもの、アメーバやプランクトンから象や鯨まで――が、多かれ少なかれ地球を変えてきた。単に進化の過程に登場したことによって変えた種もあれば、新しい構造体を構築した種もある――鳥は巣を作り、ビーバーはダムを作る。だが、私たち人間が起こしてきた変化に近いことを行った種はほかにない。

私たちは想像力と、ビジョンを現実に変える能力を用いて、人間の手によるまったく新しい世界を創り出してきたのだ。私たちが創り出したものの中には、途方もないものがある。山と同じくらいの高さのビル、鳥よりも高く飛ぶ飛行機、原子内の構造を明らかにしたり宇宙空間を探検したり脳の神秘を探ったりする科学技術などだ。また、このうえなく美しいものもある。すばらしい音楽、詩、芸術などだ。だが、ひどく恐ろしいものもある。ガス処刑室、拷問部屋、核爆弾、瞬時に大量虐殺を行うための目に見えない生物兵器だ。

私たちは、この地球上で繰り広げられる冒険において、進化の岐路に立っている。 科学と私たちが生まれもった知性との両方が、高度な技術に支配と征服の精神が合わさると、進化の終わりに行き着いてしまう可能性があると告げている。にもかかわらず、「これまでどおり」にこだわり続けることもできる。または、進化によって得た偉大な資質を用いて、新しい経済の物語と現実を創り出すこともできる——人間の生き残りと発達を支援する、思いやりの経済システムだ。

自分たち自身と子供たちのために望む世界を思い描くのは、私たちの意のままである。たいていの人にとってここが、食べ物、住むところ、安全に対する基本的なニーズが満たされる世界であり、また、養育や愛、公正と平和を望む気持ちや私たちの行うことには意味があり、それが自分自身だけでなく他者の助けになっているという感覚を望む気持ちが満たされる世界である。何よりも、ここは私たちの子供たちが生き残って、元気に成長していく世界なのだ。

このビジョンを後押しする状況を創り出せるかどうかは私たち次第だ。私たちは自然から、驚くべき頭脳と、とてつもなく大きな愛する能力、並外れた創造性、そして学習し、変化し、成長し、将来の計画を前もって立てる特異な才能を授かった。私たちが今すぐ行動するならば、このような能力を用いて、私たちが進化によって得た偉大な資質を開花させる経済と社会のシステムを、ともに創りあげることができる。

解説

枝廣淳子

「天国と地獄の違い」という話をご存じだろうか？

天国にも地獄にも同じように、大きな食卓の上にたくさんのご馳走が並んでいるという。食事をしている人々は一メートルもある長い箸を右手にくくりつけられているのも同じだ。では何が違うのか？

地獄では、それぞれがその長い箸でご馳走を食べようとする。が、箸が長過ぎるのでうまくいかない。なかなかつまめないし、つまめても箸が長すぎて自分の口に入れることができないのだ。みな空腹でイライラしており、他人の箸が自分の目の前の皿に伸びてくると、取られまいとじゃまをし、怒鳴りあい、ののしりあっている。

一方、天国の人々は、長い箸で食べ物をつまんでは、テーブルの向こう側に座っている人の口に入れてあげる。「お先にどうぞ」「ありがとう」「今度はあなたの口に入れますよ」「どうもありがとう」と互いに食べさせてあげ、食べさせてもらっているのだ。みんなにこにこと幸せそうだ。

天国と地獄の差とは、同じ箸を自分のために使うのか、それとも他人のために使うのかという違いでしかなかった、という話である。

本書を読んで、この話を思い出した。

現在、私たちはさまざまな問題に直面している。このままでは九〇億人に届こうかという世界の人口増加。各所でその影響が感じられ始めている地球温暖化。森林伐採や海洋汚染。自然界に拡散・蓄積している化学物質。通常の一〇〇〇倍ものスピードで進行しているといわれる種の絶滅。生物多様性の喪失や生態系の劣化に伴って、自然の持つ洪水防止機能や浄水機能が弱まっている。ミツバチの大量死によって、自然が無料で引き受けてきた受粉機能が果たせなくなり、ハチミツだけではなくりんごやアーモンドをはじめとする無数の作物ができなくなりつつある。

それだけ地球や自然を犠牲にして、では私たち人間は幸せになったのだろうか？ 否、ではないか。日本の社会を見ても、さまざまな格差が広がり、固定化しつつある。年間三万を超える人々が追いつめられ自ら命を絶っている。失業率も史上最高の数字だ。

日本だけではない。本書にも出てくるように、二〇〇三年の国連の人間開発報告書によると、一九九〇年に比べてさらに貧しくなった国が五四カ国あり、二一カ国では貧しい国民の数は減少するどころか増加している。貧困をはじめとする社会問題を解決する手段として「大いにもてはやされた自由市場のグローバル化は、貧困を減らすどころかさらに増やしているのだ」。

何かがおかしい。そう感じている人は多いだろう。そして、「現在の経済成長至上主義に基づく経済システムが諸問題の根本にあるのではないか」と考え始めている人も多いのではないか。

かつて、地球は無限に大きく、その上で人間が何をしてもほとんど影響を受けることなく、「母なる大地」として、人間たちの生産・消費活動を含むすべての営みを受け入れることができた時代もあった。しかし、科学技術の発展とともに、人間が地球に及ぼす影響力は甚大となり、人間が何をするかしないかが、大気も含め地球の形を変えるまでになってきた。しかし、私たち人間は相変わらず「地球は私たちが何をやろうとすべて受けとめてくれる」と信じつづけている。

お母さんの胸に抱かれた小さな赤ちゃんが、その小さなこぶしをどんなに振り回そうと、お母さんは平気だ。しかし、いまやお母さんよりも大きく腕力も強くなった赤ちゃんが、かつてと同じようにそのこぶしを好き勝手に振り回しているのである。お母さんはたまったものではない。お母さんが倒れるとき、赤ちゃんも倒れざるを得ないのである。

「経済システムを再構築しなくてはならない」――この言葉が各所で聞かれるようになり、さまざまな取り組みも広がりつつある。地域通貨。地産地消。本書でも取り上げられている、進歩を測るための新しい指標づくり。EU委員会は「GDPを超えて」という国際会議を開き、欧州では「脱成長」（デクロワッサンス）がひとつのキーワードになりつつある。アジアでも、ブータンのGNH（国民総幸福）やタイの「足るを知る経済」が注目を集めている。

私が日本で普及を進めている「システム思考」では、目の前の事象や出来事は、氷山の海水面に出ている部分に過ぎず、その下には「ある時間軸で見たときのパターン」、さらに「そのパターンを作り出している構造」がある、と考える。対症療法ではなく、構造から変えなくては、パターンも変わらず、日々の事象や出来事も変えることはできない。

地域通貨や地産地消、新しい指標などの取り組みは、お金やモノ、そして情報がどこからどこへ流れるかという構造を変えようとする大変に重要な試みである。

しかし、システム思考の氷山モデルのさらに底には「メンタルモデル」がある。私たちが何を当然と考え、何に価値がある／ないと考えるか、である。この根本的な前提・価値観が変わらない限り、構造を大きく変えることは難しいのだ。

本書は、目の前の問題に右往左往するのではなく、経済システムという構造を変えなくてはならない現在の社会に対し、そのためには、「経済システムだけに焦点を合わせていてはいけない。もっと深く踏み込む必要がある」と説き、社会には二種類の基本的なシステムがあることを教えてくれる。トップダウン型の管理による「支配のシステム」と、互いに尊敬し合い、思いやる関係を支援する「パートナーシップのシステム」だ。これらは異なるメンタルモデルに基づく異なる構造であり、したがって異なるパターンを生み、異なる事象をもたらす。

本書には、支配のシステムからパートナーシップのシステムへの転換をはかりつつある事例も登場する。北欧のフィンランドのパートナーシップ教育のメリットや、パートナーシップのシステムに基づく思いやりの経営方針によって社員の離職率を大きく低下し、多額の費用を節約しているいくつもの企業、思いやりへの投資の利益率はとても高いものを示す調査や、そういった知見と実証に基づいて展開されているカナダの「健康な赤ちゃん、健康な子ども」というプログラムなど、読んでいるだけでもわくわくしてくる。そう、変えれば変わるのだ。

このままの経済システムでは地球も私たちも破綻は避けられないとしたら、経済システムを変えるために、私たち一人ひとりには何ができるのだろう？

著者は「国内外の指導者たちが行動するのを待つのではなく、経済システムについての会話を変えることだ」という。「自由」や「民主主義」という言葉が新たな政治モデルの導入に役立つように、「思いやり」という言葉を会話に含めることが、新しい経済システムの導入の第一歩となる、と。何とわくわくすることではないか。

理論的な背景や歴史、現状をわかりやすく説明しつつ、氷山の一角の下に潜む最も大きな「取り組むべきもの」を明らかにし、すでに展開している試みをその枠組み上に位置づけながら、私たち一人ひとりが何を考え、何をすればよいかを考えるための導きと励ましを送り続けてくれる本書を、私はきっとこれから何度も読み返すことになるだろう。

（二〇〇九年九月、環境ジャーナリスト、イーズ代表）

(New York: Praeger, 2006).

21. See Riane Eisler, "Toward an Integrated Theory of Human Rights," Human Rights Quarterly, 1987, 9(3), 287-308, Riane Eisler, "Human Rights and Violence: Integrating the Private and Public Spheres," in Lester Kurtz and Jennifer Turpin (eds.), *The Web of Violence* (Urbana: University of Illinois Press, 1996).

22. この点についての分析は，Eisler, Loye, and Norgaard, *Women, Men, and the Global Quality of Life* を参照.

23. Lauralee Alben, *Navigating a Sea Change*. See www.albendesign.com.

24. マーガレット・ホイットレーが指摘しているように，会話には大きな力がある. Margaret Wheatley, *Turning to One Another: Simple Conversations to Restore Hope to the Future* (San Francisco: Berrett-Koehler, 2002) を参照.

25. この方向への動きも見られる. たとえば，Bainbridge Graduate Institute の MBA プログラム（www.bgiedu.org/ を参照）は，社会的・環境的な責任を中心に，複数の伝統的なアプローチを組み合わせている. サンフランシスコの Presidio School of Management は，別にこのようなプログラム（www.presidiomba.org/ を参照）を提供している. さらに，伝統のあるいくつかの大学――たとえば，ケース・ウエスタン・リザーブ大学ウエザーヘッド経営大学院（http://weatherhead.case.edu/mba/）やミシガン大学ロス・ビジネス・スクール（www.bus.umich.edu/）――での MBA プログラムもこの方向に動いている.

26. 思いやりの経済は，研究者，政策立案者，実践者，そのほか関係する市民を集めた会議やミーティングを通じて，理論的な空間だけでなく，体験的現実の実際的な空間でも探求されるだろう. 概要は，www.partnershipway.org を参照.

27. 米国に住んでいる私たちは，国連の女性差別撤廃条約（CEDAW）や子供の権利条約を批准するように上院議員に働きかけることができる. これらの条約は，米国を除いたほとんどすべての国ですでに批准されている. CEDAW に関する草の根運動組織やその他の情報は，UN/CEDAW の米国委員会（310/271-8087）で入手できる. 子供の権利条約に関する情報は，www.unicef.org/crc/ を参照.

28. 私は，親密な関係の暴力に強く反対するために，精神的・宗教的なリーダーたちを集めた組織 Spiritual Alliance to Stop Intimate Violence (SAIV) を共同設立した. www.saiv.net を参照.

29. この点についての論議は,Noddings, *The Challenge to Care in Our Schools* ネル・ノディングズ著『学校におけるケアの挑戦――もう一つの教育を求めて』（佐藤　学監訳, ゆみる出版, 2007 年）を参照.

30. David Loye (ed.), *The Great Adventure: Toward a Fully Human Theory of Evolution* (Albany: State University of New York Press, 2004); David Loye, *Darwin's Lost Theory: Who We Really Are and Where We're Going* (Carmel, Calif: Benjamin Franklin Press, 2007); David Loye, *Measuring Evolution: A Guide to the Health and Wealth of Nations* (Carmel, Calif.: Benjamin Franklin Press, 2007); David Loye, *Darwin's Lost Theory of Love* (iuniverse.com, 2000). さらに以下を参照. John O'Manique, *The Origins of Justice: The Evolution of Morality, Human Rights, and Law* (Philadelphia: University of Pennsylvania Press, 2003); Ervin Laszlo, *The Creative Cosmos* (Edinburgh: Floris Books, 1993).

31. Eisler, *Tomorrow's Children. David Grossman and Gloria Degaetano, Stop Teaching Our Kids to Kill: A Call to Action Against TV, Movie and Video Game Violence* (New York: Crown, 1999) も参照.

5. Brown, Plan B 2.0　ブラウン著『プラン B 2.0』

6. ブラウンの言葉は，Jim Lobe, "China's Upward Mobility Strains World Resources," *Energy Bulletin*, Mar. 9, 2005　より.

7. 水の私有化をめぐる論議は，たとえば，Vandana Shiva, *Water Wars* (Cambridge, Mass.: South End Press, 2000)　ヴァンダナ・シヴァ著『ウォーター・ウォーズ』（神尾賢二訳，緑風出版，2003 年）を参照.

8. このような重要な開発の見直しについては，Hazel Henderson, "21st Century Strategies for Sustainability," *Foresight*, Feb. 2006 を参照.

9. http://swz.salary.com/momsalarywizard/htmls/mswl_momcenter.html. サラリー・ドット・コムは，レジーナ・オブライエンの Dream Job: Stay at Home や，Working Moms の情報を使って，管理人から教師，CEO，心理学者まで，母親の職務明細書を構成する上位 10 種の職業を決定した.

10. Duncan Ironmonger, "Counting Outputs, Inputs, and Caring Labor: Estimating Gross Household Product," Fall 1993, *Feminist Economics*, 2(3), 37?64 を参照.

11. 2001 年ノーベル経済学賞を受賞したジョセフ・スティグリッツとハーバード大学の財政専門家リンダ・ビルムズによる報告では，イラク戦争の費用は 10 億ドルから 20 億ドルにもなりそうだと見積もられている. Wilson, "Iraq War Could Cost U.S. Over $2 Trillion." *The Guardian*/UK, Jan. 7, 2006.

12. 神経科学のデータは，Perry, Pollard, Blakley, Baker, and Vigilante, "Childhood Trauma" を参照. 心理学のデータは，Penelope Leach, *Your Baby and Child* (New York: Knopf, 1997) を参照. さらに，Child and Parenting などの人気雑誌では，支配者型子育ての無益さを強調し，パートナーシップ型の代案を提供している. 思いやりあるふれあいの重要さについての先駆的な本として，Ashley Montagu, *Touching: The Human Significance of the Skin*, 3rd ed. (New York: Harper & Row, 1986)　アシュレイ・モンターギュ著『タッチング——親と子のふれあい』（佐藤信行・佐藤方代訳，平凡社，1977 年［オリジナル版の邦訳］）を参照. 育児を教育することの重要さは，Nel Noddings, *Critical Lessons: What Our Schools Should Teach* (Cambridge, Cambridge University Press, 2006) を参照.

13. Eisler, Loye, and Norgaard, *Women, Men, and the Global Quality of Life*.

14. Ronald F. Inglehart, Pippa Norris, and Christian Welzel, "Gender Equality and Democracy," *Comparative Sociology*, 2002, 1(3/4), 321-346. 彼らは，研究成果に基づいて，「性別間の問題が，これほどまで脱工業化社会の価値観変化の中心的要素——恐らく，最も中心的な要素——となっていることが判明したのは意外なことではない」と書いている.

15. Inglehart, Norris, and Welzel, "Gender Equality and Democracy," 330.

16. Ann Crittenden, *The Price of Motherhood: Why the Most Important Job in the World Is Still the Least Valued* (New York: Metropolitan Books, 2001).

17. たとえば，以下を参照. Bina Agarwal, *A Field of One's Own: Gender and Land Rights in South Asia* (Cambridge: Cambridge University Press, 1995), Jane S. Jaquette and Gale Summerfield (eds.), *Women and Gender Equity in Development Theory and Practice: Institutions, Resources, and Mobilization* (Durham, N.C.: Duke University Press, 2006).

18. Bruce and Lloyd, "Finding the Ties That Bind" を参照.

19. 長年にわたる世界中の国民会議や議会での業績の後，女性の代表率は，1975 年の 10.9%から 2005 年の 16.3%とわずかしか伸びていない. (New York: U.N. Commission on the Status of Women, Statement on International Women's Day, 2006)

20. Raffi Cavoukian and Sharna Olfman (eds.), *Child Honoring: How to Turn This World Around*

44. たとえば，支配のシステムへの移行によって宗教的神話と非宗教的神話の両方に大規模な転換が起こったことを示した私の古代神話について研究を引き合いに出すと，私は『聖杯と剣』と『聖なる快楽』の中で，力のある地位にいる女性たちを描いたイメージと物語から，男性に隷属する女性たちを描いたイメージと物語への転換を追跡している．以下も参照．Craig Barnes, *In Search of the Lost Feminine: Decoding the Myths That Radically Reshaped Civilization* (Golden, Colo.: Fulcrum Publishing, 2006).

45. 契約の詳細な説明は，Michael Lerner, *The Left Hand of God: Taking Back Our Country from the Religious Right* (San Francisco: Harper-SanFrancisco, 2006) の特に第 9 章から第 12 章を参照．「アメリカとの精神的契約」www.spiritualprogressives.org/article.php?story=covenant は，パートナーシップの家族を支援する政策，たとえば，他人を愛し思いやる私たちの能力を支援するような法律制定，税政策，予算，社会計画などを要求することから始まっている．

46. マリー・ココがこのような会社の中の一社を紹介して "Levi's Deserve a Teen's Support" (Newsday reprinted in Monterey Herald, Mar. 3, 1999, p. 7A) の中で書いているように，リーバイ・ストラウスは「世界中の下請け会社網のために行動規範を書いた最初の企業」であり，「メキシコの 10 歳の少女が，一日中，夜中までジーンズを縫っていることから背骨が歪み，目が見えなくなるのではないか」と心配した数少ない企業の一つであった．

47. 以下を参照．http://alt-e.blogspot.com/2004/09/germany-leads-way-using-energy-tariffs.html, www.germanyinfo.org/relaunch/info/publications/infocus/environment/ renew.html. Staffan Bengtsson, "Sweden's Renewable Energy Resources." も参照．良いエネルギーの概要は，Michael Parfit, "Where on Earth Can Our Energy-Hungry Society Turn to Replace Oil, Coal, and Natural Gas?" *National Geographic*, Aug. 2005 を参照．

第 10 章　思いやりの革命

1. この点についての分析は，Stephen A. Zarlenga, *The Lost Science of Money: The Mythology of Money?The Story of Power* (Valatie, N.Y.: American Monetary Institute Charitable Trust, 2002) を参照．お金がいかに生活を支配しているかという考察は，Lynne Twist, *The Soul of Money: Transforming Your Relationship with Money and Life* (New York: Norton, 2003) を参照．

2. 以下を参照．H. Anisman, M. D. Zaharia, M. J. Meaney, and Z. Merali, "Do Early-Life Events Permanently Alter Behavioral and Hormonal Responses to Stressors?" *International Journal of Developmental Neuroscience*, 1998, 16, 149?164; Riane Eisler and Daniel S. Levine, "Nurture, Nature, and Caring: We Are Not Prisoners of Our Genes," *Brain and Mind*, 2002, 3(1), 9-52; W. T. Greenough, C. S. Wallace, A. Alcantara, B. J. Anderson, N. Hawrylak, A. M. Sirevaag, I. J. Wiler, and G. Withers, "Development of the Brain: Experience Affects the Structure of Neurons, Glia, and Blood Vessels," in N. J. Anastasiow and S. Harel (eds.), *At-Risk Infants: Interventions, Families, and Research* (Baltimore: Paul H. Brookes, 1993); J. P. Henry and S. Wang, "Effects of Early Stress on Adult Affiliative Behavior," *Psychoneuroendocrinology*, 1998, 23, 863?875.

3. 現在，中国は米国と比較して 2 倍近い肉（3,900 万トンに対して 6,700 万トン）と，2 倍を超える鉄（1 億 400 万トンに対して 2 億 5,800 万トン）を消費している．

4. Lester R. Brown, *Plan B 2.0: Rescuing a Planet Under Stress and a Civilization in Trouble* (New York: W.W. Norton, 2006)　レスター・ブラウン著『プラン B 2.0——エコ・エコノミーをめざして』(寺島実郎監訳，ワールドウォッチジャパン，2006 年)

1990年）

36. このやり方によって子供や親たちが受けるダメージの悲惨さについての解説は以下を参照. Hanna Rosin, "A Tough Plan for Raising Children Draws Fire: 'Babywise' Guides Worry Pediatricians and Others," *Washington Post*, Feb. 27, 1999, p. A1, Hanna Rosin, "Critics Question Extreme Childrearing Method," *Washington Post*, reprinted in Monterey County Herald, Mar. 1, 1999, p. A10. たとえば，一番目のワシントンポストの記事で，「早期に始め，あなたの赤ちゃんに『子供椅子のマナー』を教えなさい」と書かれているように，人気の本のシリーズ 'Babywise' は親たちに，……子育てでは,8カ月の赤ちゃんには自分のトレー面の上や膝の中に両手をついて使って座らせなさい.赤ちゃんがむずかって泣いたり騒いだりしないように，「うれしい」「ありがとう」「愛している」と表現する手振りを覚えさせなさい. もし，その子が従わないときは，控えめに抱きしめるかその子の手を叩くのが一番良い方法であると説明し，赤ちゃんが18カ月より大きくなれば，ゴムのへらのような柔らかい道具を使いながらの「懲らしめ」の時期となると助言している.

37. Michael Milburn and Sheree Conrad, *The Politics of Denial* (Cambridge, Mass.: MIT Press, 1996).

38. Strategic Values Project による意識調査では，1992年以降，父親が家族を支配するべきだという意見が激増していることが示されている. テッド・ノードハウスとマイケル・シェレンバーガーがこの調査の概要の中で書いているように，「価値観の面で，米国はますます深南部のようになり，一方でカナダはますます西欧のようになっている. 環境管理学が追跡する107を超える価値観で，おそらく家父長制と呼ばれる価値観ほど米国人の生活の右傾化を明確に示すものはない.「家庭の父親はその家の主人である」という提示に対し，1992年には42%の米国人が賛成し，2004年には52%が賛成した. 対照的に，今日では，カナダ人で賛成する人は3分の1に満たないし，ヨーロッパでは平均してたった20%である. 以下を参照. Ted Nordhaus and Michael Shellenberger, *The Strategic Values Project*, (2005), 1. www.thebreakthrough.org/files/Strategic_Values_Overview.pdf.

39. どうして，支配のモデルの暗喩するものが懲罰的な親（類型的には父親）で，パートナーシップのモデルの暗喩するものがいたわり育てる親（類型的には母親）であるのかという分析は，Eisler, *Sacred Pleasure* アイスラー著『聖なる快楽』を参照. 政治学者ジョージ・レイコフもまた，進歩的な心理学といたわり育てる親，保守的な心理学と「厳格な父親」を同一視する.

40. この事象についての初期の頃の最も重要な業績として，心理学者エルゼ・フレンケル=ブランズウィックの研究がある. 以下を参照. T. W. Adorno, Else Frenkel-Brunswick, Daniel Levinson, and R. Nevitt Stanford, *The Authoritarian Personality* (New York: Wiley, 1964).

41. 6社とは，AOLタイム・ワーナー，ディズニー，バイアコム—CBS－パラマウント，ベルテルスマン，ゼネラル・エレクトリック，ルパード・マードックであり，これらの会社によるメディア帝国は，ハーパーコリンズ，20世紀フォックス，FOXチャンネル，新聞132紙，雑誌25誌，TV Guideの一部を包括する. 詳細は，Ben Bagdikian, *The Media Monopoly*, 6th ed. (Boston: Beacon Press, 2000) ベン・バグディキアン著『メディアの支配者』（藤竹暁訳，光文社，1985年）を参照. バグディキアンが指摘するように，1996年の通信法改正で認可されたメディア合併は，結果として，米国史上もっとも急進的なメディア統制の統合となり，60年を超える通信法を逆転させた. 以下も参照. Richard McChesney, *Rich Media, Poor Democracy* (New York: New Press, 2000).

42. スミス自身の動機は，第7章で見たように，思いやりのある経済システムであった. 彼はより大きな善のために機能する経済システムを何よりも望んだ.

43. 以下を参照. John Robbins, *Reclaiming Our Health* (Tiburon, Calif.: Kramer, 1996), Christiane Northrup, *Women's Bodies, Women's Wisdom* (New York: Bantam, 2002).

391-422; Philippe Aries, *Centuries of Childhood: A Social History of Family Life* (Robert Baldick, trans.) (London: Cape, 1962); Alice Miller, *For Your Own Good: Hidden Cruelty in Child-Rearing and the Roots of Violence* (Hildegarde and Hunter Hannum, trans.) (New York: Farrar, Straus & Giroux, 1983)　アリス・ミラー著『魂の殺人——親は子供に何をしたか』(山下公子訳, 新曜社 1983年). 物質的な状況を重点的に扱った, Frances and Joseph Gies, *Marriage and the Family in the Middle Ages* (New York: Harper & Row, 1987). 子供遺棄の慣例や孤児院での高い死亡率についての文書, John Boswell, *The Kindness of Strangers: The Abandonment of Children in Western Europe from Late Antiquity to the Renaissance* (New York: Pantheon, 1988). キリスト教神秘主義での苦痛に重点をおいた Sara Maitland, "Passionate Prayer: Masochistic Images in Women's Experience," in Linda Hurcombe (ed.), *Sex and God: Some Varieties of Women's Religious Experience* (New York: Routledge and Kegan Paul, 1987). 家族内のパートナーシップへの傾向を分析した Anthony Giddens, *The Transformation of Intimacy: Sexuality, Love, and Eroticism in Modern Societies* (Stanford, Calif.: Stanford University Press, 1992)　アンソニー・ギデンズ著『親密性の変容——近代社会におけるセクシュアリティ, 愛情, エロティシズム』(松尾精文・松川昭子訳, 而立書房, 1995年).

27. 英国の慣習法がどれほど女性を根本的に男性の所有物として扱ったかについては, William Blackstone, *Commentaries on the Laws of England* (Oxford: Clarendon Press, 1765) を参照.

28. 環境保護の政府機関を持つだけでは不十分であるということを付け加えなければならない. Program on Corporations, Law, and Democracy (POCLAD) のジェーン・アン・モリスが "Sheep in Wolf's Clothing" の中で証明しているように, 規制目的で設立された政府の規制官庁は, しばしば規制対象であるはずの強力な企業の利害に支配された手先となる. 企業特権を社会的・環境的に信頼できるものに変えようとする運動の先駆者の一人リチャード・グロスマンによる文章など, POCLAD は多くの論文を提供している. www.poclad.org を参照.

29. シェルダン・ランプトンとジョン・ストーバーが *Trust Us, We're Experts: How Industry Manipulates Science and Gambles with Your Future* (New York: Putnam, 2000)　シェルダン・ランプトン, ジョン・ストーバー著『リスキー・ビジネス』(栗原百代訳, 角川書店, 2002年) で示しているように, 最上層の人間が原則的に自由に好きなようにやれていた時代に私たちを押し戻そうとして考えられた政策に適当なスピンをかけるための宣伝機関に何十億ドルも使われている.

30. Gates, *Democracy at Risk* を参照.

31. IRS の統計. Sklar, "Carving Up Our Economic Pie" より.

32. Sklar, "Carving Up Our Economic Pie."

33. Scheck, "Childhood in German Autobiographical Writings" を参照.

34. もちろん, 女性が男性を統御することもある. しかし, その途端, 彼女たちは「恐妻」や「彼女は夫を尻に敷いている」という言葉のように, 強奪者と見られる.

35. このようなキリスト教原理主義者たちは, イエスの教えを引き合いに出して男女平等と闘い, 男女平等は家族を破壊するだろうと主張する. イエスが離婚を戒めたのは女性を守るためだったという事実を彼らは無視している. なぜなら, あの時代には男性からのみ女性と離婚することができたからである. そしてその際には, イスラム教徒の家族法では今日でも可能とされることであるが, ただ「私はあなたと離婚する」と三度言うだけであった. また, 新約聖書からは, 初期のキリスト教コミュニティのリーダーはその多くが女性であったことがわかる. たとえば, 以下を参照. Elizabeth Schussler Fiorenza, *In Memory of Her* (New York: Crossroad, 1983)　エリザベス・シュッスラー・フィオレンツァ著『彼女を記念して——フェミニスト神学によるキリスト教起源の再構築』(山口里子訳, 日本基督教団出版局,をふるう脳』より.

12. Niehoff, *The Biology of Violence*, 185　ニーホフ著『平気で暴力をふるう脳』

13. もう一度強調するが，このような環境に生まれた子供たちすべてがこれらの感情パターンや行動パターンを取り込むわけではない．中には，虐待や暴力を避けるだけでなく，成長して，彼らが周りで見てきた虐待や暴力のパターンに反対する人もいる．しかし，はるかに多くの人は幼児期の抑制や暴力の経験から負の影響を受ける．

14. たとえば以下を参照．Joan Rockwell, *Fact in Fiction: The Use of Literature in the Systematic Study of Society* (London: Routledge & Kegan Paul, 1974).

15. 社会学者ミルトン・ロキーチは，たとえば，民主主義や平等などのように表面的で意識的に持ち続ける価値観と，自分と異なる人種や社会集団に対する偏見などのように潜在的で無意識に持ち続ける価値観との間で葛藤を引き起こす物語を導入することによって，価値観が変えられることを証明している．以下を参照．Milton R. Rokeach, *The Nature of Human Values* (New York: Free Press, 1973).

16. 以前の研究者たちは，家族と仲間に対し，子供の行動への影響力を求めて張り合う対立勢力としての役を振ることがよくあった．しかし，コリンズ，マコビー，スタインバーグ，ヘザリントン，ボーンスタインが，親や仲間が与える影響力についての彼らの研究調査（"Contemporary Research on Parenting"）の中で書いているように，社会化の研究者たちは現在，発育中の子供やその子の脳の発達に，親と仲間がいかに共同で影響を与えているかを調査するモデルの開発とテストを行っている.この調査によって，青年期の反社会的行動への関与に反社会的仲間との関係が大きく影響していることはよくあるが，反社会的仲間集団へと導く一連の出来事の始まりは幼少期の家庭にあることが多いことが明らかになっている．

17. エルス・フランケル=ブランズウィックの言葉．D. C. Beardslee and M. Wertheimer (eds.), *Readings in Perception* (New York: Van Nostrand Reinhold, 1958), 676 より．

18. このパターンを裏付ける異文化間の証拠は，DeMeo, "The Origins and Diffusion of Patrism in Saharasia, c. 4000 B.C.E." を参照．Sanday, *Female Power and Male Dominance* も参照．

19. Perry, Pollard, Blakley, Baker, and Vigilante, "Childhood Trauma."

20. Michael G. Marmot, G. Rose, M. Shipley, and P. J. Hamilton, "Employment Grade and Coronary Heart Disease in British Civil Servants," *Journal of Epidemiological Community Health*, 1978, 3, 244?249.

21. Richard Wilkinson, *The Affliction of Inequality* (London: Routledge, 1996).

22. Robert Sapolsky, "Sick of Poverty," *Scientific American*, Dec. 2005, 293(6), 98.

23. たとえば以下を参照．Layard, *Happiness*.

24. たとえば，神の憐れみ深い母マリアへの尊敬，吟遊詩人や彼らの女性の相方である女流吟遊詩人の騎士道的愛や騎士道の作法，など，パートナーシップの要素を投入する断続的な試みはあった．しかし，おおむね中世は権威主義的で，男性による支配の，経済的に不公平で暴力的な支配的モデル組織の構成に従っていた．

25. 両親と見習いに出された先の商人たちのもとでの幼少期は残酷な悪夢であったというロシアの偉大なバリトン歌手フョードル・シャリアピンの自叙伝で鋭くつづられているように，封建時代のロシアでは 19 世紀の中ごろまで，このようなことはありふれたことだった．以下を参照．*Chaliapin: An Autobiography As Told to Maxim Gorky* (Nina Froud and James Hanly, trans.) (New York: Stein and Day, 1967).
『シャリアピン自伝――蚤の歌』（内山敏・久保和彦訳，共同通信社，1983）

26. 家庭内の深刻な児童虐待については，以下を参照．Raffael Scheck, "Childhood in German Autobiographical Writings, 1740-1820," *Journal of Psychohistory*, Summer 1987, 15(1),

ドーキンス著『利己的な遺伝子』(日高敏隆・岸由二・羽田節子訳, 紀伊国屋書店, 1991年) を参照. 遺伝子決定論に異議を唱えた著作は, たとえば以下を参照. Richard Lewontin, *The Triple Helix: Gene, Organism, and Environment* (Cambridge, Mass. and London: Harvard University Press, 2000); John O'Manique, *The Origins of Justice: The Evolution of Morality, Human Rights, and Law* (Philadelphia: University of Pennsylvania Press, 2002); Hillary Rose and Stephen Rose (eds.), *Alas, Poor Darwin: Arguments Against Evolutionary Psychology* (New York: Harmony Books, 2000); Edward Deci and Richard Ryan, *Intrinsic Motivation and Self-Determination in Human Behavior* (Cambridge, Mass.: Perseus Books, 1985); Andrew W. Collins, Eleanor E. Maccoby, Laurence Steinberg, E. Mavis Hetherington, and Marc H. Bornstein. "Contemporary Research on Parenting: The Case for Nature and Nurture," *American Psychologist*, Feb. 2000, 55(2), 218-232; Perry, Pollard, Blakley, Baker, and Vigilante, "Childhood Trauma" ; Steven R. Quartz and Terrence J. Sejnowski, "The Neural Basis of Cognitive Development: A Constructivist Manifesto," *Behavioral and Brain Sciences*, 1997, 20(4), 527-596.

4. Felix Warneken and Michael Tomasello, "Altruistic Helping in Human Infants and Young Chimpanzees," *Science*, Mar. 3, 2006, pp. 1301-1303. 他の霊長類, とくにサルは, たとえば動物園で柵の中に落ちた3歳の男の子を救ったゴリラのように, 人間同様の援助性を示す. このことは, 人間の援助性には進化的な深い根源があることを示している.
5. James K. Rilling, D. A. Gutman, T. R. Zeh, G. Pagnoni, G. S. Berns, and C. D. Kilts, "A Neural Basis for Social Cooperation," *Neuron*, 2002, 35, 395-405.
6. この研究は, 「囚人のジレンマ」と呼ばれる古典的な実験用ゲームをする18組の二人組の若い女性たちの脳を観察したものである. ゲームでは, 二人組のそれぞれに裏切り (自身の利益のための単独行動) または協調 (相互利益のための行動) という選択肢が与えられる.
7. Natalie Angier, "Why We're So Nice: We're Wired to Cooperate," *New York Times*, July 23, 2002. バーンズはさらに, この調査では, 女性を対象とした脳研究があまりに少ないという理由で女性が選ばれたが, たとえ女性が男性よりも社交的で人間関係に重視するとしても, 男性では違う結果が出ると信じる理由は全くない, と述べた.
8. 両方のプレイヤーが協調を選べば, それぞれ2ドルを得る. 両方が裏切りを選べば, それぞれが1ドルを得る. しかし, 一人が裏切りもう一人が協調を選べば, 裏切りの人は3ドルを得るが協調の人は何も得られない. したがって, 各試合ごとに, 裏切りによって割増金を得る可能性が与えられたにもかかわらず, 相利共生しようとする動機づけが, 割増金を得ようとする動機づけに勝ることが多かった.
9. 時には幼い花嫁の中に8歳の子がいることもあり, 彼女たちの夫は40代か50代の男性であることが多かった. さらに, このような子たちは11歳で母親になることもしばしばで, 夫の家族の男たちの正当な性的犠牲だとみなされることもあった. しかし, このような野蛮な伝統が私たちの時代まで存続し, 未だに道徳的・宗教的根拠の上に正当化され続けている. インドの幼い花嫁の悲惨さを描いた最近の映画は, Neeraj Kumarのドキュメンタリー　Child Marriage (www.childmarriage.org/), Deepa Mehtaの歴史に基づいた映画　Water (www.imdb.com/title/tt0240200/, http://water.mahiram.com/), Cana Mediaのドキュメンタリー　Child Brides (www.canamedia.com/catalogue_dev_docu.html) の3つである.
10. Debra Niehoff, *The Biology of Violence: How Understanding the Brain, Behavior, and Environment Can Break the Vicious Cycle of Aggression* (New York: Free Press, 1999), 185.　デブラ・ニーホフ著『平気で暴力をふるう脳』(吉田利子訳, 草思社, 2003年)
11. ブルース・マキューエンの言葉. Niehoff, *The Biology of Violence*, 186　ニーホフの『平気で暴力

eindex/0212-2/.
28. *Global Trends 2015: A Dialogue About the Future with Nongovernment Experts* (Washington, D.C.: National Intelligence Council, U.S. Central Intelligence Agency, Dec. 2000).
29. Converging Technologies for Improving Human Performance (Washington, D.C.: National Science Foundation, June 2002). この報告書は，このような技術の開発を加速させようと提案すれば，「技術を集結することで可能となる変化のために，中核的組織や社会活動を準備」し，「倫理的・法的・道徳的」懸念に対応するといった猛烈な渉外努力が必要になるだろうと認めている．言い換えれば，この報告書は――懸念を静めるための真の方法は，信頼できる思いやりの価値観によって導かれた現実的計画を伴わなければならないという状況で――効果的な渉外案を提案したのである．
30. *The World Social Situation.*
31. Lin Chew, "Women and Globalization in South East Asia: New Strategies for New Times," *Conscience*, Summer 2006, XXVII(2), 30. チェウはまた，たとえば，インドの Domestic Workers Movement of Pune (PSMS) や香港の Sub-Contracting Cleaning Workers (SCCWS) など，清掃婦やその他の公式経済に入らない女性たちの組織作りに成功した新団体の取り組みについても述べている．これらの団体は，たとえば，他の地域の団体と提携関係を築くなど新しい作戦を使って，このような女性たちの労働条件を改善し，家庭内暴力やその他の家族問題から彼女たちを救い，意思決定への参加を促している．
32. *The State of the World's Children 2005: Childhood Under Threat* 『世界子供白書 2005　危機に晒される子供たち』
33. 2005 年 9 月 28 日，世界競争力ネットワークのチーフ・エコノミスト兼理事長のアウグスト・ロペス=クラロスとのインタビュー．このインタビューと世界経済フォーラムの「世界競争力報告書 2005-06」の詳細は，www.weforum.org/site/homepublic.nsf/Content/Global+Competitiveness+Report+2005-2006%3A+Interview. デヴィッド・コーテンの最も包括的な著書 *The Great Turning* 『大転換』．
34. www.un.org/esa/desa/ を参照．Jan Knippers Black, *Inequity in the Global Village: Recycled Rhetoric and Disposable People* (Bloomfield, Conn.: Kumarian Press, 1999) も参照．
35. www.peopleandplanet.net/ を参照．
36. 2006 年 1 月 19 日，ミレニアム生態系評価の 4 つの基礎報告書が発表された．この報告書は Island Press (www.islandpress.org/books/) を通じて購入でき，概略や個別の章は www.millenniumassessment.org からダウンロードできる．研究結果についての簡潔な概略は Werner Fornos, "Homo Sapiens: An Endangered Species?" *POPLINE*, May-June 2005, p. 4 を参照．

第 9 章　私たちは誰で、どこにいるのか

1. ライアンの井戸についての詳細は，www.ryanswell.ca/index.php?option=com_content&task=view&id=20&Itemid=50 を参照．
2. クララ・ヘイルについての詳細は，www.halehouse.org/biography.html を参照．
3. たとえば，社会生物学者マイケル・ギーズリンにとって，思いやりのある行動の唯一の動機づけは「人間の」利己性であった．ギーズリンは「『利他主義者』を引っ掻けば『偽善者』の血が流れる．いったん感傷主義を捨ててしまえば，心からの慈善によって社会のビジョンが改善されることは決してない．協力だと見なされているものは，結局のところ日和見主義と利用の混合物であると判明する」と書いている．Michael Ghiselin, *The Economy of Nature and the Evolution of Sex* (Berkeley: University of California Press, 1974), 247 を参照．「利己的な遺伝子」という有名な熟語を紹介した本として，Richard Dawkins, *The Selfish Gene* (New York: Oxford University Press, 1976)　リチャード・

Safety: Facts, Uncertainties, and Assessment" を参照.
12. モントレー研究所不拡散研究センター (CNS) は，兵器不拡散の問題についての研究と教育に取り組む最大の非政府組織である.
13. 以下を参照. Jeremy Rifkin, *The Biotech Century* (New York: Tarcher, 1998). ジェレミー・リフキン著『バイテク・センチュリー——遺伝子が人類，そして世界を改造する』（鈴木主税訳，集英社，1999 年）
14. Ker Than, "Brain Cells Fused with Computer Chip," *LiveScience*, Mar. 27, 2006. www.livescience.com/humanbiology/060327_neuro_chips.html.
15. Charles Q. Choi, "Transistor Flow Control: Forget Valves — Controlling Fluids with Electric Fields," *Scientific American*, Oct. 2005, 293(4), 26.
16. ナノチューブの詳細は，www.pa.msu.edu/cmp/csc/nanotube.html を参照.
17. Choi, "Transistor Flow Control."
18. "Opposition to Nanotechnology," *New York Times*, Aug. 19, 2002. www.nytimes.com/2002/08/19/technology/19NECO.html を参照.
19. James Bell, "Technotopia and the Death of Nature: Clones, Supercomputers, and Robots," *Earth Island Journal*, Nov.-Dec. 2001. www.earthisland.org/ を参照.
20. David Noble, *A World Without Women: The Christian Clerical Culture of Western Science* (New York: Knopf, 1992). この点について解説したのが，Margaret Wertheim, *Pythagoras Trousers: God, Physics, and the Gender Wars* (New York: Times Books, 1995) である. その他に，この問題を明らかにしたのが，Ruth Bleier (ed.), *Feminist Approaches to Science* (New York: Pergamon Press, 1988) や Evelyn Fox Keller, *Reflections on Gender and Science* (New Haven, Conn.: Yale University Press, 1985) エヴリン・フォックス・ケラー著『ジェンダーと科学』（幾島幸子，川島慶子訳，工作舎，1993 年）である.
21. たとえば，科学者たちがよりバランスのとれた観察形式へと移行し始めるにつれて，緻密な量的測定だけでなく価値を加味した質的表現も含めた観察に理論の基礎を置きながら，物理学者たちは自然のあいまいさを受け入れ，その観察を始めている.
22. Bill Joy, "Why the Future Doesn't Need Us," *Wired*, Apr. 2000. 新技術についてはるかに楽天的な見方を示したのは，Joel Garreau, *Radical Evolution: The Promise and Peril of Enhancing Our Minds, Our Bodies and What It Means to Be Human* (New York: Doubleday, 2005).
23. John Myers, "Birch Bark's 'Incredible' Potential: Extract May Serve as 'Medicine Chest for the World,'" *Knight Ridder Newspapers*, Monterey County Herald, Apr. 17, 2006, p. A2.
24. David S. Barry, "Growing Up Violent," *Media and Values*, Summer 1993, pp. 8?11.
25. たとえば以下を参照. John De Graaf, *Take Back Your Time: Fighting Overwork and Time Poverty in America* (San Francisco: Berrett Koehler, 2003); Juliet Shore, *The Overworked American* (New York: Basic Books, 1993) ジュリエット・ショア著『働きすぎのアメリカ人』（森岡孝二他訳，窓社，1993 年）
26. ペンタゴン統合軍のゴードン・ジョンソン．ティム・ワイナーの記事 "A New Model Army Soldier Rolls Closer to the Battlefield," *New York Times*, Feb. 16, 2005 より.
27. このような技術の需要のほとんどは，先進国，特に G7 やその他の OECD 諸国の中で起こるであろうと Economic Research Institute の報告書は述べている. しかし，長期人口減少に直面している OECD 諸国や現に飽和状態にある多くの産業では，そのような技術は先進国の経済成長のための原動力となるだろうということも予測されている. 以下を参照. www.marubeni.co.jp/research/

www.time.com/time/asia/features/slavery/cover.html を参照.

51. 残念なことに，このような地方企業の供給先である巨大グローバル企業は，一般的に最低額の入札者から購入するので，その圧力によっていまわしい慣習が正当化されてしまう．たとえば，Business Alliance for Local Living Economies (BALLE) のような組織は，地方企業に対し，そのような関係を断ち，思いやりの原則に基づく協同組合を形成するよう説得に取り組んでいる．BALLE の詳細は，http://livingeconomies.org/ を参照.

52. 伝統的なマサイ族文化では，いまだに若い男性の基礎的アイデンティティがどれほど戦士のままであるか（もはや近隣部族を襲撃することはしないにしても），いまだに女性がどれほど残酷なまでに隷属させられているかを映像で示したドキュメンタリーが，1975 年の映画 Masai Women, by C. Curling and Melissa Llewelyn-Davies, distributed by Films Inc である．以下を参照．Women's Studies Films in the Media Resource Center at http://depts.drew.edu/wmst/StudentRes/filmbtable.htm.

第 8 章　科学技術、仕事、脱工業化時代

1. *The Independent*, Mar. 26, 2002.
2. http://blog.taragana.com/index.php/archive/canine-robot/.
3. www.rppi.org/outofcontrol/.
4. C/NET News.com Staff June 25, 2004.
5. C/NET News.com Staff June 25, 2004.
6. 以下を参照．http://news.com.
7. 経済学者ロバート・シーオボールドが，オートメーションは職を排除し続けるので所得と雇用は切り離すべきだと主張して，60 年代前半には，労働の引き受けにはつながらないだろうと思われた一律の保証所得を提唱したとき，猛烈な批判を受けた．その後，彼の提唱はリチャード・ニクソン大統領によって Family Assistance Program として提案されたが，連邦議会を通過しなかった．シーオボールドは 1996 年に再度，保証年間所得について論じている．以下を参照．Jim Smith, "Separating Survival from Work: The Quest for a Guaranteed Income," www.lalabor. org/GAI.html.
8. 経済学者ミルトン・フリードマンは 1962 年に最初に負の所得税を提唱し，シーオボールドの提唱と同様に，その提唱は，都心におけるアフリカ系アメリカ人によるスラム街の大騒乱期の間，真剣に検討された．Jodie T. Allen が書いているように，「負の所得税案は基本的に現行の累進課税のスケールに反していた」．たとえば，4 人家族の正の納税義務の閾値が 10,000 ドルの場合，年間所得 8,000 ドルの家族は，25%の負の所得税率を与えられ，500 ドル相当（所得 8,000 ドルと閾値 10,000 ドルとの差である 2,000 ドルの 25%）の米国債の小切手を受け取る．所得ゼロの家族は，2,500 ドルを受け取ることになる．以下を参照．Jodie T. Allen, "Negative Income Tax," in David R. Henderson (ed.), *The Concise Encyclopedia of Economics* (Indianapolis: Library of Economics and Liberty, Liberty Fund, 2001). www.econlib.org/library/Enc/ NegativeIncomeTax.html.
9. 骨の折れる労働や非常に退屈な労働から人類を自由にする技術のビジョンは新しいものではない．19 世紀の空想思想家の多くが思い描いたことである．しかし，支配的モデルを志向する文化の範囲内では，このビジョンは絵に描いた餅でしかないように見えてくる．
10. シュマイザー・モンサント事件の詳細は，www.percyschmeiser.com/conflict.htm，Organic Consumer's Association のウェブサイト，website: www.purefood.org/monlink.html を参照.
11. このような危険性についての議論は，2000 年 5 月 28 日スコットランド・エジンバラで行われた経済開発協力機構 (OECD) 主催の会議 Conference on the Scientific and Health Aspects of Genetically Modified Foods でのロックフェラー財団のゴードン・コンウェイ理事長の演説 "GM Food

すべて承知の上で売ったネスレの幹部たち，喫煙によって肺癌が引き起こされることがわかったことを故意に公表しなかったタバコ会社の幹部たち，工場での労働によってゆっくりと死に追いやられていることを従業員に知らせなかった石油化学会社の幹部たち，映画『エリン・ブロコビッチ』で描かれたとおり，工場操業によって貧しい近隣地区に健康や環境の影響を与えていることについて家族らを故意に欺いたパシフィック・ガス・アンド・エレクトリックの幹部たちなどがある．毒物を放出する貯蔵プラントが近隣住民の生活を汚染していることを巨大石油会社がいかにして否定し続けたかについては，Jim Hightower, *There's Nothing in the Middle of the Road But Yellow Stripes and Dead Armadillos* (New York: HarperCollins, 1998) で暴露されている．

36. Moises Naim, "Broken Borders," *Newsweek*, Oct. 24, 2005, pp. 57?62.

37. Ed Vulliamy, "Streets of Despair," *Amnesty International*, Winter 2005, pp. 12?16.

38. ランディ・アルベルダとのインタビュー． http://wfnetwork.bc.edu/The_Network_News/2-3/TNN2-3_Albelda.pdf. Albelda, Lost Groundも参照．

39. 幸福度とパートナー主義の経済理論は，Layard, *Happiness*を参照．思いやることと世話をすることを支援する政策と幸福度との関係については，特に pp. 176-179を参照．Nel Noddings, *Happiness and Education* (Cambridge: Cambridge University Press, 2003)　ネル・ノディングズ著『幸せのための教育』（山崎洋子，菱刈晃夫訳，知泉書館，2008年）も参照．

40. 以下を参照．Henderson, *Beyond Globalization; Hazel Henderson, Ethical Markets: Greening the Global Economy* (White River Junction, Vt.: Chelsea Green Publishing, 2006)　ヘイゼル・ヘンダーソン著『"片側社会"との訣別』（柴田譲治訳，バベルプレス，2008年）; Inge Kaul, Isabelle Grunberg, and Marc Stern, *Global Public Goods: International Cooperation in the 21st Century* (New York: Oxford University Press, 1999)　インゲ・カウル，イザベル・グルンベルク，マーク・スターン著『地球公共財――グローバル時代の新しい課題』（FASID国際開発センター訳，日本経済新聞社，1999年）．

41. Inge Kaul, Pedro Conceicao, Katell Le Goulven, and Ronald Mendoza (eds.), *Providing Global Public Goods* (New York: Oxford University Press, 2003)　インゲ・カウルほか編『地球公共財の政治経済学』（高橋一生訳，国際書院，2005年）．

42. Korten, *Post-Corporate World*, 76.　コーテン著『ポスト大企業の世界』

43. Korten, *Post-Corporate World*, 61.　コーテン著『ポスト大企業の世界』

44. Korten, *Post-Corporate World*.　コーテン著『ポスト大企業の世界』．以下も参照．David Korten, *When Corporations Rule the World*, 2nd ed. (Bloomfield, Conn.: Kumerian Press and San Francisco: Berrett-Koehler, 2001)　デヴィッド・コーテン著『グローバル経済という怪物』（西川潤監訳，桜井文訳，シュプリンガー・フェアラーク東京，1997年）［オリジナル版の邦訳］．

45. たとえば以下を参照．Thom Hartmann, *Unequal Protection: The Rise of Corporate Dominance and the Theft of Human Rights* (New York: Rodale Books, 2004).

46. たとえば以下を参照．Jeff Gates, *Democracy at Risk: Rescuing Main Street from Wall Street* (Cambridge, Mass.: Perseus Publishing, 2000).

47. たとえば以下を参照．Korten, *Post-Corporate World*.　コーテン著『ポスト大企業の世界』

48. たとえば以下を参照．John Cavanagh (ed.), *Alternatives to Economic Globalization: A Better World Is Possible* (San Francisco: Berrett-Koehler, 2002).　ジョン・カバナ編『ポストグローバル社会の可能性』（翻訳グループ「虹」訳，緑風出版，2006年）

49. デヴィッド・コーテン，2006年8月5日の私信より．

50. 子供の奴隷についての詳細は，特に，www.antislavery.com, globalmarch.org, www.hrw.org,

Benjamin Franklin Press, 2007). www.benjaminfranklinpress. com.

23. Eisler, Loye, and Norgaard, *Women, Men, and the Global Quality of Life*.

24. ヴェブレンの言葉は，Ann L. Jennings, "Public or Private? Institutional Economics and Feminism," in Marianne A. Ferber and Julie A. Nelson (eds.), *Beyond Economic Man* (Chicago: University of Chicago Press, 1993), 113 より．それ以前には，オーガスト・ベベルが 1879 年のベストセラー *Women and Socialism* で，マルクスの理論から離れ，女性の迫害は男性労働者の搾取とは切り離して対処しなければならないと論じている．Bebel, *Women and Socialism* (New York: Schocken, 1971 [originally published 1879]). Charlotte Perkins Gilman, *Economics and Women* (Berkeley: University of California Press, 1998 [originally published 1898]).

25. 以下を参照．John Kenneth Galbraith, *Economics & The Public Purpose* (Boston: Houghton Mifflin, 1973).『経済学と公共目的』（久我豊雄訳，河出書房新社，1975 年）他にも，資本主義市場やその市場維持のために必要とされた帝国主義の拡大を厳しく批判したアンドレ・グンダー・フランクなどの社会主義理論学者がいた．たとえば以下を参照．Andre Gunder Frank, *Capitalism and Underdevelopment in Latin America* (London: Penguin Books, 1971)　アンドレ・グンダー・フランク著『世界資本主義とラテンアメリカ』（西川潤訳，岩波書店，1978 年）

26. 制度派経済学の分析は以下を参照．Ann L. Jennings, "Public or Private? Institutional Economics and Feminism" in Ferber and Nelson (eds.), *Beyond Economic Man*. 経済の著作のほとんどが経済システムの社会的背景を見落としているとする批判は以下を参照．Alberto Martinelli and Neil J. Smelser (eds.), *Economy and Society: Overviews in Economic Sociology* (Thousand Oaks, Calif.: Sage Publications, 1990).

27. 1950 年代にケネス・アローとジェラール・ドブリューが共同で開発したアロー・ドブリュー経済モデルは，その有名な例である．

28. 他にも，たとえば，ビナ・アガルワル，ニルマーラ・バネルジー，バーバラ・バーグマン，スコット・バーンズ，マリアン・ファーバー，プルー・ハイマン，ギタ・セン，デバキ・ジェインなどの経済学者も，この方向へ経済理論の範囲を広げることに重要な貢献をしてきた．

29. Julie A. Nelson, *Economics for Humans* (Chicago: University of Chicago Press, 2006).

30. Folbre, *The Invisible Heart*.

31. 1997 年 10 月 13-16 日，ヘルシンキで行われた IGGRI Preparatory Meeting で発表されたヒルッカ・ピエティラの論文 "Non-Market Work in the Construction of Livelihood: The Work and Production at the Grass Roots Countervailing Globalization"（rev. Apr. 18, 1998）．以下も参照．Hilkka Pietila "Cultivation and Households: The Basics of Nurturing Human Life," *EOLSS, Encyclopedia of Life Support Systems*, Section: Human Resources Policy and Management, UNESCO (Oxford, U.K.: Eolss Publishers, 2004). www.eolss.net. ピエティラは，このような意味での「家族」や「家庭」は親戚や血縁の人の集まりである必要はなく，共同の家庭を持ち，今日ときどき言われるように「同じ冷蔵庫のものを食べる」と決意した人々ならどのような集まりでもよいと書いている．

32. 経済システムは，経済学者が名づけた「マクロ経済」（経済システムを構成する様々な要素間の関係の研究）と「ミクロ経済」（構成要素とその作用の研究）の両方の中で，常にいくつもの理論とモデルから成っていた．

33. 直近では，カーンは，10 代の審査員たちが非暴力的犯罪で逮捕された 10 代の初回犯罪者の事件を審問し，地域社会事業を通じて社会復帰を支援するタイム・ダラー・ユース・コートを設立した．

34. このアプローチは，「トリプル・ボトム・ライン」——人々，環境，収益——という語で要約されることもある．

35. 証拠書類が十分に揃ったケースとしては，たとえば，発展途上国の子供たちに水で薄めたミルクを

9. Frederick Engels, *The Condition of the Working Class in England* (London: Panther Books, 1969 [originally published 1845]　フリードリヒ・エンゲルス著『イギリスにおける労働者階級の状態』(浜林正夫訳, 新日本出版社, 2000年)
10. 空想的社会主義者についてのウェブサイトは, http://cepa.newschool.edu/het/schools/utopia.htm
11. ジョン・スチュアート・ミルは, 経済的不正も非難し, 生産についての経済法はあるかもしれないが, 経済的分配についての法律は人が作ったものであり変える必要があると指摘した. John Stuart Mill, *Principles of Political Economy* (New York: Prometheus, 2004)　ジョン・スチュアート・ミル著『経済学原理』(末永茂喜訳, 岩波書店, 1963年) を参照. ミルの研究の重要な一面は, 彼の親友であり最終的には妻となったハリエット・テイラーによって彼の研究が多大な影響を受けた, という点である. ミルは, 有名な著書『自由論』のほとんどが, 共著者には入れていないが, ハリエット・テイラーの業績であるとさえ書いている.
12. http://en.wikipedia.org/wiki/Communist_Manifesto#Contents を参照.
13. ニーチェの言葉は, Aubery Castell, *An Introduction to Modern Philosophy* (New York: Macmillan, 1946), 340 より.
14. *The World Social Situation.*
15. *Human Development Report 2003.* United Nations Development Programme (New York: Oxford University Press, 2004)　国連開発計画『人間開発報告書 2003』(国際協力出版会, 2003年).
16. 商行為の政府規制が存在する前の, さまざまな悪徳資本家たちの冷酷さや「信じ難いほどの不正」の生々しい実態は, ハイルブローナーの *The Worldly Philosophers*, 214-217　『世俗の思想家たち』を参照.
17. 資本主義体制に変わったことで, またもやかつてのソ連の政治委員は, 根本にある支配のシステムのダイナミクスによって, 国営資産を格安のレートでうまく買い占めることが確実にできるようになり, その多くが個人企業のオーナーとして多大な富を蓄積した一方で, 国民の生活水準や平均寿命までもが悪化したという事実を受け止めなければならない.
18. 封建的経済では, 土地が第一に重要なものとみなされた. 資本主義経済では, 産業機械へと焦点が移行した. 社会主義経済では労働の重要性が強調されたが, 主な焦点はまだ生産手段の制御, すなわち土地や機械など資本資産の制御に置かれていた.
19. センは, 人間の能力と人間の幸福を関連づけ, 貨幣所得は人間の能力を生みだす手段のうちのたった一つにすぎないと考えることを提案している. 以下を参照. Amartya Sen, *Development as Freedom* (Oxford: Oxford University Press, 1999)　アマルティア・セン著『自由と経済開発』(石塚雅彦訳, 日本経済新聞社, 2000年). 同様の路線で, シカゴ大学の法と倫理のマーサ・ヌスバウム教授は, 人間の能力の開発を社会的・経済的政策の中心とするべきだと提案している. ヌスバウム教授は, 身体的能力だけでなく, たとえば感覚や想像力を使えること, 十分な情緒的愛着を形成できることなどの情緒的能力や精神的能力も含んだ, 人間の中心的な一連の能力の開発を求めて強く訴えている. Nussbaum, *Sex and Justice* や, Martha Nussbaum, "Capabilities as Fundamental Entitlements: Sen and Social Justice," *Feminist Economics*, 2001, 9(2-3), 33?50 を参照.
20. Bruce D. Perry, "Childhood Experience and the Expression of Genetic Potential: What Childhood Neglect Tells Us About Nature and Nurture," *Brain and Mind*, 2002, 3(1), 79?100.
21. 不思議なことに, 自閉症児は早期のうちに脳の成長が加速されていると思われる.
22. ダーウィン自身がいかにして人類の進化の考え方を認識したかという論議は, 以下を参照. David Loye, *Darwin's Lost Theory, Who We Really Are and Where We're Going* (Carmel, Calif.:

End Press, 2002).
34. Brian Griffith, *The Gardens of Their Dreams: Desertification and Culture in World History* (London and New York: Zed Books, 2003).
35. James DeMeo, "The Origins and Diffusion of Patrism in Saharasia, c. 4000 B.C.E.: Evidence for a Worldwide, Climate-Linked Geographical Pattern in Human Behavior," *World Futures*, 1991, 30(2), 247?271.
36. Griffith, *Gardens of Their Dreams*, 25.
37. Griffith, *Gardens of Their Dreams*, 26.
38. DeMeo, "The Origins and Diffusion of Patrism in Saharasia, c. 4000 B.C.E." 同様の相関関係を確認した比較文化研究については，以下を参照．Peggy Reeves Sandy, *Female Power and Male Dominance: On the Origins of Sexual Inequality* (Cambridge: Cambridge University Press, 1981).
39. 歴史家イブン・ハルドゥーンの言葉．Griffith, *Gardens of Their Dreams* からの引用．
40. Griffith, *Gardens of Their Dreams*, 27.
41. Griffith, *Gardens of Their Dreams*, 30.
42. Griffith, *Gardens of Their Dreams*, 74
43. Griffith, *Gardens of Their Dreams*, 75.
44. 詳細は www.millenniumassessment.org を参照．
45. 英国王立協会の科学者たちによる 2005 年の報告．Kenneth Chang, "Oceans Turning Acidic, Scientists Say," *New York Times News Service* からの引用．*Monterey County Herald*, July 1, 2005, p. A8　に転載．

第 7 章　パートナーシップの経済システム

1. Aristotle, *Aristotle's Politics* (Benjamin Jowett, trans.) (New York: Modern Library, 1943), 58 抄訳は『世界の名著 8　アリストテレス』（田中美知太郎編，中央公論社，1972 年）
2. 理論は「現実」を説明するだけでなく，それを変える役目も果たす．実際，理論が私たちに語る観念は，それが宗教的な観念でも非宗教的な観念でも，世界がいかに創られたかという観念でも，どのような種類の経済関係が自然であるかという観念でも，力強く意識の型を造り，故に現実の型を造る．
3. Adam Smith, *The Wealth of Nations* (New York: Modern Library, 1937) 『国の豊かさの本質と原因についての研究』（山岡洋一訳，日本経済新聞社出版局，2007 年）．Adam Smith, *The Theory of Moral Sentiments*, 6th ed. (London: A. Millar, 1790 [originally published 1759])　アダム・スミス著『道徳感情論』（水田洋訳，岩波書店，2003 年）．
4. Robert Heilbroner, *The Worldly Philosophers: The Lives, Times, and Ideas of the Great Economic Thinkers*, 7th ed. (New York: Simon & Schuster, 1999)　ロバート・ハイルブローナー著『入門経済思想史――世俗の思想家たち』（八木 甫，浮田 聡，堀岡治男訳，筑摩書房，2001 年）．こうした労働条件の詳細は第二章と三章を参照．
5. Smith, *Wealth of Nations*, 460　スミス著『国富論』
6. Smith, *Wealth of Nations*, 79　スミス著『国富論』
7. スミスの言葉は，Heilbroner, *The Worldly Philosophers*, 54　ハイルブローナー著『入門経済思想史　世俗の思想家たち』より．
8. スミスは，自由市場の名においてしばしば正しく評価されるような富の集中は提唱しなかった．スミスの理論は，小中規模企業の市場経済における，生産的資産のオーナーシップの広い分配を前提としたものであり，彼の理論が支配者の枠組みの中で使われた結果生じた独占企業は前提としていない．

暮らしをする子供の数はこの間に 1,456,284 人から年平均 590 万人に増えたことが明らかになった. www.wsws.org/articles/2001/mar2001/pov-m14.shtml.

22. 米国勢調査局によると, 65 歳以上の人のうち, 女性の 11.8%, 男性の 6.9%が貧困者である. 以下を参照. "Country's Older Population Profiled by the U.S. Census Bureau," *U.S. Census Bureau News*, June 1, 2001 (Public Information Office, CB01-96). www.census.gov/Press-Release/www/releases/archives/mobility_of_the_population/000335.html.

23. Devaki Jain and Nirmala Banerjee (eds.), *The Tyranny of the Household: Women in Poverty, Investigative Essays on Women's Work* (New Delhi: Shakti Books, 1985), 270 より, Moni Mukherjee, "Contributions to and Use of Social Product by Women"

24. Daisy Dwyer and Judith Bruce (eds.), *A Home Divided: Women and Income in the Third World* (Stanford, Calif.: Stanford University Press, 1988), 526.

25. ジュディス・ブルースとデイジー・ドワイヤーの言葉は, Dwyer and Bruce, A Home Divided の Introduction より. いくつかの国で行われた, 1 週間あたりの特定活動に使われる時間の定量化分析については, 以下を参照. *The World's Women: 1970-1990* (New York: United Nations, 1991) 『世界の女性 1970-1990――その実態と統計』((財)日本統計協会 1992). たとえば, グアテマラの女性は 1 週間で 39.9 時間を無報酬の家事労働や雑用に費やす一方, 男性は 6.3 時間である. 育児での数字は, グアテマラの女性は 9.8 時間, 男性は 4.6 時間である. 1986 年の米国では, 女性は 1 週間に 29.9 時間を無報酬の家事労働や雑用に費やし, 男性は 17.4 時間であった. 育児では, 米国の女性が 2 時間, 男性が 0.8 時間であった. (The World's Women, p. 101 『世界の女性』)

26. Lawrence Haddad, John Hoddinott, and Harold Alderman (eds.), *Intrahousehold Resources Allocation in Developing Countries: Methods, Models, and Policy* (Baltimore: International Food Policy Research Institute and Johns Hopkins University Press, 1997) より, Judith Bruce and Cynthia B. Lloyd, "Finding the Ties That Bind: Beyond Headship and Household,"

27. Duncan Thomas, "Intra-Household Resource Allocation," *Journal of Human Resources*, Fall 1990, 25(4), 635.

28. Bruce and Lloyd, "Finding the Ties That Bind," pp. 8?9.

29. ワールド・ビジョン・インドネシアの理事長アヌグラ・ペケルティ博士は,「父親たちに『腹をすかせた自分の子供たちに食べ物を買わずになぜ自分はたばこを吸うのか』と聞くと『もっと子供を作ることはいつでもできるからだ』と言う」と述べている. (Nicholas D. Kristof, "As Asian Economies Shrink, Women Are Squeezed Out," *New York Times*, June11, 1998).

30. Ruth L. Sivard, *World Military & Social Expenditures* (Washington, D.C.: World Priorities, 1996).

31. *State of the World's Children 1996* (New York: UNICEF, 1996) 『世界子供白書 1996』(ユニセフ駐日事務所) www.unicef.org/sowc96/.

32. The Iraq Quagmire, *Institute for Policy Studies* (IPS) and *Foreign Policy in Focus* (FPIF), Aug. 31, 2005 より, "Iraq War Costlier Than Vietnam". http://news.bbc.co.uk/2/hi/americas/4201812.stm. 以下も参照. Jamie Wilson, "Iraq War Could Cost U.S. Over $2 Trillion, Says Nobel Prize-Winning Economist; Economists Say Official Estimates Are Far Too Low; New Calculation Takes in Dead and Injured Soldiers," *The Guardian*/UK, Jan. 7, 2006. この記事は, イラク戦争のコストが 1 兆から 2 兆ドルになると見積もるジョセフ・スティグリッツ教授とリンダ・ビルメス教授の研究について報告している.

33. Randy Albelda, *Lost Ground: Welfare Reform, Poverty, and Beyond* (Cambridge, Mass.: South

著『ファロスの王国』の中での引用.

10. ある古代ギリシャ人が露骨に表現したように,「私たち[アテナイの男性]は,快楽のためにhetaerae[売春婦]を持ち, 日々の身体の世話のために愛人を持ち, 正統な子供を出産し常に家を監督するために妻を持つ」.(Against Neaeraより. 一般にデモステネス著とされているが, おそらく彼が書いたのではない). Keuls, The Reign of the Phallus, 99 クールズ著『ファロスの王国』の中での引用.

11. 男性がこのような管理を合法的に行う一つの方法は, 女性の財産を, 相続した財産でさえも, 独占的に管理できるようにすることであった. 以下を参照. John Peradotto and John Patrick Sullivan, *Women in the Ancient World: The Arethusa Papers* (Albany: State University of New York Press, 1984), 33.

12. この「初夜権」に対する抵抗は,モーツァルトの有名なオペラ『フィガロの結婚』の一つのテーマである.

13. 奴隷を所有した米国南部で, 奴隷の地位を定めた法律が, 当時の女性の地位を定めた法律を手本にして作られたことは, 偶然の一致ではない.

14. ドイツの経済学者ペーター・マイヤー=ドームが書いているように, この構造は軍隊組織をまねたものである. 企業は時として, 競争会社と戦争をしているかのように見える.

15. Rosabeth Moss Kanter, *When Giants Learn to Dance: Mastering the Challenge of Strategy, Management, and Careers in the 1990s* (New York: Random House, 1991) ロザベス・モス・カンター著『巨大企業は復活できるか——企業オリンピック「勝者の条件」』(三原淳雄・土屋安衛訳, ダイヤモンド社, 1991 年) より. ハーバード・ビジネススクールのカンター教授は, 伝統的で巨大な階層的企業がいかに革新的でもなければ敏感でもないかを書いている. そのような企業は, 自分のやり方に凝り固まり, 人間社会の序列にむしばまれ, 新しい考えや外部の影響から閉めだされる.

16. ポジティブ組織についての統計データや研究は, 第 3 章を参照. パートナーシップ志向組織の利益に関する幅広い概観は, 以下を参照. Peter M. Senge, *The Fifth Discipline: The Art & Practice of the Learning Organization*, rev. ed. (New York: Doubleday, 2006). 『最強組織の法則』(守部信之訳, 徳間書店, 1995 年).

17. UNIFEM, Strengthening Women's Economic Capacity; World Development Indicators, 1997, Womankind Worldwide. www.worldrevolution.org/projects/globalissuesoverview/overview2/briefenvironment.htm を参照.

18. ハンガー・プロジェクトとその世界的活動については, www.thp.org/ を参照.

19. Marjorie Kelly, "Reshaping the Language of Business: How New Language Helps Make the Case for Ethics," *Business Ethics*, Winter 2005, p. 6.

20. David Korten, The Post-Corporate World (San Francisco: Berrett-Koehler, 1999), 154. デビット・コーテン著『ポスト大企業の世界』(西川潤, 松岡由紀子訳, シュプリンガー・フェアラーク東京, 2000 年)

21. Paul Scherrer, "The United States Has Highest Childhood Poverty Rate of Industrialized Countries," Mar. 14, 2001. www.wsws.org/articles/2001/mar2001/pov-m14.shtml. 米国では 1200 万人の子供たちが貧しい暮らしをしており, すなわち, これは 5 人に 1 人よりも多い. また, 経済協力開発機構 (OECD) 加盟国の中で, 米国は子供の貧困率が最も高い. この結果は, ルクセンブルク所得研究を作成する 3 大陸からの著者 45 人によって書かれた Child Well-Being, Child Poverty and Child Policy in Modern Nations の中で報告されている. 子供の貧困レベルを計測して米国だけの税金や利益について考慮したのはこれが初めてで, このことによって米国と他国間での直接的な比較が可能となった. National Center for Children in Poverty (NCCP) による過去の報告では, 1979 年から 1983 年と 1992 年から 1996 年の各 5 年間を比較すると, 6 歳前の貧しい

25. 従業員のオーナーシップへの参加と参加型の意思決定過程を組み合わせることで，さらに大きな効果と高い企業利益へとつながることが研究によって示されている. National Center for Employee Ownership のサイト上 "Employee Ownership and Corporate Performance" を参照. www.nceo.org/library/corpperf.html.
26. ネットワークを研究する学者たちにより，ハブ状，星状，車輪状ネットワークなど複数の異なる型が確認されている. 以下を参照. Matthew Tuite, Roger Chisholm, and Michael Radnor (eds.), *Interorganizational Decision Making* (Chicago: Aldine, 1972)　より，William M. Evan, "An Organization-Set Model of Interorganizational Relations"
27. 詳細は以下を参照. David Ronfeldt and John Arquilla, "Networks, Netwars, and the Fight for the Future," *First Monday*, Oct. 2001, 6(10). http://firstmonday.org/issues/issue6_10/ronfeldt/index.html.
28. 私たちの言語では，人間の半数をもう一方の半数の上に置くという序列に代わるような現実的な案が提供されていないので，私は『聖杯と剣』の中で gylany という新しい語を採用した. Gy はギリシャ語源の gyne すなわち女性に由来し，An は andros すなわち男性に由来する. この 2 つの語の間にある 1 には 2 つの意味がある. 英語では，lは人間の半分同士の，序列ではなく，つながりを表す. ギリシャ語では，動詞の lyein または lyo に由来し，それぞれ，解決・解明する（analysis などの場合），解散・解放する（catalysis などの場合）という 2 つの意味を持つ. このように，lという文字は，人間の両方の半分を，支配的序列によって押し付けられた役割の無意味で歪んだ厳格さから解放することによって問題を解決することを表す.

第 6 章　支配の経済システム

1. ミノア文化のさらなる詳細は以下を参照. Nicolas Platon, *Crete* (Geneva: Nagel Publishers, 1966); Nanno Marinatos, *Minoan Religion: Ritual, Image, and Symbol* (Columbia: University of South Carolina Press, 1993); R. F. Willetts, *The Civilization of Ancient Crete* (Berkeley: University of California Press, 1977); Eisler, *The Chalice and The Blade*　アイスラー著『聖杯と剣』. さらに以前のよりパートナーシップ志向の強い文化については，たとえば以下を参照. . James Mellaart, *Catal Huyuk* (New York: McGraw-Hill, 1967); Ian Hodder, "Women and Men at Catalhoyuk," *Scientific American*, Jan. 2004, pp. 77?83; Marija Gimbutas, *The Goddesses and Gods of Old Europe* (Berkeley: University of California Press, 1982)　マリア・ギンブタス著『古ヨーロッパの神々』（鶴岡真弓訳，言叢社，1998 年）; Eisler, *Sacred Pleasure*　アイスラー著『聖なる快楽』.
2. Platon, Crete, 148.
3. Platon, Crete, 69. プラトンは，「ギリシャの奇跡」を説明するにはヘレニズム以前の伝統に目をやる必要があると強調する. Jacquetta Hawkes, *Dawn of the Gods: Minoan and Mycenaean Origins of Greece* (New York: Random House, 1968) も参照.
4. J. V. Luce, *The End of Atlantis* (London: Thames & Hudson, 1968), 20, 137.
5. ミノア文明やアテナイ文明の詳細は，Eisler, *The Chalice and The Blade*　アイスラー著『聖杯と剣』の特に 3 章と 8 章，Eisler, *Sacred Pleasure*, part I　アイスラー著『聖なる快楽』のパートIを参照.
6. Eva Keuls, *The Reign of the Phallus* (Berkeley: University of California Press, 1985), 7　エヴァ・クールズ著『ファロスの王国』（中務哲郎，久保田忠利，下田立行訳，岩波書店，1989 年）
7. Keuls, *The Reign of the Phallus*, 6　クールズ著『ファロスの王国』
8. Keuls, *The Reign of the Phallus*, 206　クールズ著『ファロスの王国』
9. Aristotle, *Politics*　アリストテレス著『政治学』より. Keuls, *The Reign of the Phallus*, 208　クールズ

6. たとえば，Sheila Robotham, *Women, Resistance, and Revolution* (New York: Vintage, 1974).
7. たとえば，www.country-data.com/cgi-bin/query/r-14074.html を参照．
8. たとえば，世界規模の腐敗の蔓延については，プライスウォーターハウス・クーパースの開発した透明性指数とトランスペアレンシー・インターナショナルの腐敗認識指数（CPI）を参照．www.helleniccomserve.com/opacity.html の，"Global Corruption: Measuring Opacity" を参照．
9. たとえば，2005 年に採択された医療保健制度処方薬計画では，最良価格を求めて製薬会社と交渉するように政府に要求するのではなく，政府がそのような交渉をすることを明白に禁止した．
10. Gifford Pinchot, *Intrapreneuring* (San Francisco: Berrett-Koehler, 2000)　ギフォード・ピンチョー著『企業内起業家（イントラプルナー）』（清水紀彦訳，講談社文庫，1989 年）．Gifford and Elizabeth Pinchot, *The Intelligent Organization* (San Francisco: Berrett-Koehler, 1994).
11. Stuart Schlegel, *Wisdom from a Rainforest* (Athens: University of Georgia Press, 1998), 111　スチュワート・シュレーゲル著『熱帯雨林の知恵』（仙名紀訳，アサヒビール，2003 年）
12. Schlegel, *Wisdom from a Rain Forest*, 244　シュレーゲル著『熱帯雨林の知恵』
13. Schlegel, *Wisdom from a Rain Forest*, 249　シュレーゲル著『熱帯雨林の知恵』
14. ペギー・リーブス・サンデイは，著書 *Women at the Center: Life in a Modern Matriarchy* (Ithaca, N.Y.: Cornell University Press, 2002) の中で，「女家長制度」という語を使ってミナンカバウ族を説明している．なぜなら，ここでは男性が女性を支配していないからである．しかし，ミナンカバウ族は，（家父長制度ではない）女家長制度という語が暗示するような，女性による統治は行われていない．サンデイが説明しているのは，実のところパートナーシップ・システムを志向する社会なのである．
15. Peggy Reeves Sanday, personal communication, Jan. 30, 2002.
16. Sanday, *Women at the Center*, 25.
17. たとえば以下を参照．Layard, *Happiness*.
18. Sanday, *Women at the Center*, 22-24.
19. 世界経済フォーラム，世界競争力報告 2006-2007．www.weforum.org/en/initiatives/gcp/Global%20Competitiveness%20Report/index.htm.
20. 女性の地位が高いということと，支配者の規範がいまだに広がるような「男性の」領域に女性が入るということとを混同してはならない．このような状況下では，女性が入るほどその領域の価値を下げることになる．このことは，19 世紀と 20 世紀初めに秘書職で起こり，今日では米国の医療界で起こっている．
21. 北欧諸国で女性に対する暴力がないというわけではない．このような暴力は，支配の伝統に組み込まれているので，残念なことに世界共通である．ヨルゲン・ローェンツェンとペル・アレ・ロッケが 1997 年の国際的セミナー "Promoting Equality: A Common Issue for Men and Women" で発表した論文に書いているように，「多くの男性は，女性や子供や他の男性への暴力は他人を統制するために許容し得る方法だと信じてきた．……家庭内暴力は現存する男らしさに内在する問題であり，私たちは男として，これを止めなければならない．」(Jorgen Lorentzen and Per Are Lokke, "Men's Violence Against Women: The Need to Take Responsibility," 1997 年 6 月 17-18 日ストラスブールで行われた Promoting Equality: A Common Issue for Men and Women での発表．)
22. 詳細は，www.copacgva.org/idc/copac-employment.doc を参照．
23. 協同組合の歴史は長く，始まりは 18 世紀にロバート・オーエンがスコットランドの紡績工業にその概念を適用した時にさかのぼる．
24. たとえば以下を参照．Riccardo Lotti, Peter Mensing, and Davide Valenti, *The Cooperative Future*, Oct. 2005. www.boozallen.com.

43. 世界価値観調査に関する情報は，Ronald Inglehart, *Modernization and Postmodernization: Cultural, Economic, and Political Change in 43 Societies* (Princeton, N.J.: Princeton University Press, 1997).
44. Ronald F. Inglehart, Pippa Norris, and Christian Welzel, "Gender Equality and Democracy," *Comparative Sociology*, 2002, 1(3/4), 329.
45. Inglehart, Norris, and Welzel, "Gender Equality and Democracy." イングルハートらは，市民の自由や政治的権利に関するフリーダム・ハウスのスコアを使うことで，民主主義や男女平等の方向へ向かっている社会で高くなる「自己表現」価値も発見した．その一方，未だに「生存」価値 ——女性の人生選択を厳しく制限する伝統的な態度，外集団に対する不寛容，低い対人的信頼感——を強調する社会は，市民の自由，政治的権利，民主主義の度合いが最底辺へと下降する．アフリカ，イスラム世界，カトリック系のヨーロッパやラテンアメリカの国々のほとんどでは，男女不平等や権威主義的制度への信仰など，依然としてかなり生存的／伝統的様式にある．
46. Inglehart, Norris, and Welzel, "Gender Equality and Democracy," p. 343. 著者たちは経済開発に非常に重点を置く一方で，経済開発と文化的な変化，とくに男女の役割や関係の変化を分離することはできないと認識している．
47. Inglehart, Norris, and Welzel, "Gender Equality and Democracy," p. 343.
48. Eisler, Loye, and Norgaard, *Women, Men, and the Global Quality of Life*.
49. 避妊の普及率に関するこの研究結果は多くの方法で説明することができるが，一般的に，男性による女性の性の支配力が低下していることを反映しているようである．このことによって，なぜ避妊の普及率が因子分析でこのように高くランクされるかの説明がつく．
50. Inglehart, Norris, and Welzel, "Gender Equality and Democracy," p. 335.

第５章　すべてをつなげて全体像をつくる

1. システムの自己組織性とは，システム科学，非線形力学，カオス理論，その他の生命システム研究への新しいアプローチによって紹介された語である．この語は単純な原因や影響に焦点を合わせるのではなく，さまざまな要素の中で継続的に互いに補強し合う相互作用に重点を置いている．
2. 幼児期の関係が除外されたのは，保育がただの女の仕事と見られていたという事実も一因である．
3. たとえば，モノアミン酸化酵素 A(MAOA) と呼ばれる遺伝子の低活性は，高い暴力性向に関係している．しかし，この遺伝子の変異体を持つ人についての研究では，それだけで誰が暴力的になるか予測はできないことがわかっている．ただ，子供時代に（身体的・性的虐待を受けたり，母親から拒絶されたり，主に世話をする人が頻繁に交代したと定義されるような）虐待を受けた人たちは，大人になった時に，暴力犯罪などの反社会的行動をとる傾向が強い．以下を参照．Avshalom Caspi, Joseph McClay, Terrie E. Moffitt, Jonathan Mill, Judy Martin, Ian W. Craig, Alan Taylor, and Richie Poulton, "Role of Genotype in the Cycle of Violence in Maltreated Children," *Science*, Aug. 2002, 297(5582), 851?854. Emily Singer, "Mistreatment During Childhood and Low Enzyme Activity May Make Men More Violent," *Los Angeles Times*, Aug. 2, 2002.
4. 理論上は，半分である女性がもう半分である男性の上にいる可能性もあった．しかし実際は，男性が女性の上にいる序列のみであった．
5. ヒトラーがドイツの支配権を得た時に女性に起こったことについては，以下を参照．Renate Bridenthal and Claudia Koonz (eds.), *Becoming Visible: Women in European History* (Boston: Houghton Mifflin, 1977), 445-473 より，Claudia Koonz, "Mothers in the Fatherland: Women in Nazi Germany"

か訳，工作舎，1984 年）より引用．以下を参照． www.lausd.k12.ca.us/North_Hollywood_HS/programs/thefarm/readings/capra.html

27. Margaret G. Reid, *Economics of Household Production* (New York: Wiley, 1934).

28. Waring, *If Women Counted* ウォーリング著『新フェミニスト経済学』（篠塚英子訳，東洋経済新報社，1994 年）．この影響力のある本の中で，ウォーリング（前ニュージーランド議会メンバー）は，思いやったり世話をしたりする「女性の労働」の排除がいかに経済指標を歪めているか，そしてその背後で，いかに女性や女性に関係するすべてについての価値の切り下げが行われているかを示し，ジェンダー的視点から経済的測定の再検証をもっと十分に行うための道を切り開こうとしている．

29. OECD（経済協力開発機構）の提案した方法に関する議論は以下を参照．Duncan Ironmonger, "Counting Outputs, Inputs, and Caring Labor: Estimating Gross Household Product," *Feminist Economics*, Fall 1996, 2(3), 37?64.

30. Ironmonger, "Counting Outputs."

31. 1997 年 10 月 13-16 日，ヘルシンキで行われた IGGRI Preparatory Meeting でのヒルッカ・ピエティラの発表 "Non-Market Work in the Construction of Livelihood: The Work and Production at the Grass Roots Countervailing Globalization"

32. www.sensiblepriorities.org/budget_analysis.php. コーブの論文は，www.sensiblepriorities.org/pdf/korb_report_Finalb.pdf を参照．Business Leaders for Sensible Priorities は，ゴールドマン・サックス，ハスブロ，フィリップス・バン・ヒューゼンなどの企業から集まった経営者 650 人による無党派，非営利団体である．

33. Julie Aslaksen and Charlotte Koren, "Unpaid Household Work and the Distribution of Extended Income: The Norwegian Experience," *Feminist Economics*, Fall 1996, 2(3), 65?80.

34. "Teure Haushaltproduktion" ["Expensive Household Production"].

35. *Human Development Report 1995*, United Nations Development Programme (New York: Oxford University Press, 1995), pp. 7, 6 国連開発計画『人間開発報告書 1995』（国際協力出版会，1996 年）

36. 幸福を扱った最近の本としては，レイヤードの著書 Happiness を参照．

37. たとえば，カリフォルニア州サンディエゴにあるカイザー・パーマネンテの予防薬部と米疾病対策センターによる進行中の共同研究 ACE (Adverse Childhood Experiences) 調査で，幼児期のトラウマとその後の人生での感情的・社会的・身体的な機能障害とのつながりについて有無を言わせぬ証拠が出た．詳細な情報は以下を参照．www.acestudy.org/pub-acereporter.php.

38. たとえば，"What the Research Shows" を参照．

39. この点についての議論と解明するための研究は，Julie A. Nelson, *Economics for Humans*, chapter 4 を参照．

40. Eisler, Loye, and Norgaard, *Women, Men, and the Global Quality of Life*. 男女平等と生活の質との関連性については，相関分析で，非常に高い統計的有意性があることが確認された．0.1%水準の有意な相関が 61，5%水準で有意な相関がさらに 18 見つかり，予測した方向に，合計 79 の有意な相関があった．この関連性はさらに因子分析によっても確認された．男女平等と生活の質の変数への高い因子負荷が，差異の 87.8%を占めた．回帰分析でも，重要な結果がもたらされた．決定係数 0.84 が，0.01%水準の統計的有意と合わせて，男女平等が生活の質を強く表す指標であるという仮説を裏付けた．

41. Eisler, Loye, and Norgaard, *Women, Men, and the Global Quality of Life*.

42. Eisler, Loye, and Norgaard, *Women, Men, and the Global Quality of Life*.

して，Linda L. Lindsey, *Gender Roles: A Sociological Perspective*, 2nd ed. (Englewood Cliffs, N.J.: Prentice Hall, 1994) を参照.

18. マルクスは「疎外」という語をさまざまに使った. 彼は，工員の労働がその真の価値から分離され疎外されていると主張した. つまり彼は，労働だけが価値を作り出すのであり，したがって，その価値は労働者が操作する機械の所有者にではなく，すべて労働者に向けられるべきだと主張した. さらに，工員の労働は機械的組み立てラインの動作へと解体され，意味や目的から切り離され疎外されていると主張した. このように疎外には，分離，価値の低減，搾取などたくさんの意味があった.

19.「思いやったり世話をしたりする労働の疎外」という語を採用できたのは英国の生物学者でフェミニスト作家のヒラリー・ローズのおかげである. 彼女がどこで書いていたかは思い出せないが,この言葉によって私は自分が何に注目しているかを示す有用なラベルをもらった. このことに対し，私は大変感謝している.

20. 女性や女性の労働に対するこのような見方は，19 世紀になってもまだ法律に組み込まれていた. 男性の所有物としての女性や女性の労働は，米国の植民地に持ち込まれた英国のコモン・ローにも含まれており，これらの法律は 19 世紀にフェミニスト運動によって反論されるまで変えられることはなかった. 詳細は以下を参照. Riane Eisler, *Dissolution: No-Fault Divorce, Marriage, and the Future of Women* (New York: McGraw-Hill, 1977).

21. 米国では近年，非常に多くの女性が医師になっている. 医師は未だに高所得の職業ではあるが，その一方で，あまり技術的でなく女性が集中する傾向のある医療分野，たとえば小児科や産科などのいくつかの分野ではとくに，所得が減少している. このことは，支配者経済の価値観の特徴である隠された性別のシステムに基づいて，一般的に女性が専門的職業に大勢で就くほど，その職業の価値が下がっていくという古典的なパターンへとつながる.

22. Riane Eisler, David Loye, and Kari Norgaard, *Women, Men, and the Global Quality of Life* (Pacific Grove, Calif.: Center for Partnership Studies, 1995). この研究は以下のサイトで入手可. www.partnershipway.org.

23. 米国勢調査局によると，65 歳以上の人のうち，女性の 11.8%，男性の 6.9%が貧困者である. 以下を参照. *Country's Older Population Profiled by the U.S. Census Bureau*, June 1, 2001 (Public Information Office, CB01-96); www.census.gov/Press-Release/www/releases/archives/mobility_of_the_population/000335.html.

24. Joan A. W. Linsenmaier and Camille B. Wortman, "Attitudes Toward Workers and Toward Their Work: More Evidence That Sex Makes a Difference," *Journal of Applied Social Psychology*, Aug. 1979, 9(4).

25. 西洋先史時代におけるこの転換の詳細については，Eisler, *The Chalice and The Blade* および *Sacred Pleasure*　アイスラー著『聖杯と剣』と『聖なる快楽』を参照. アジアでのいきさつは，Min Jiayin (ed.), *The Chalice and The Blade in Chinese History: Gender Relations and Social Models* (Beijing: China Social Sciences Publishing House, 1995) を参照. アメリカ大陸での出来事を書いた神話は，June Nash, "The Aztecs and the Ideology of Male Dominance," *Signs*, Winter 1978, 4, 349?362 を参照. 多くの文化では，最も古い神話の中に，女性の地位が高かった平和で公正な時代について言及しているものがある. たとえば，中国の『道徳経』は，R. B. Blakney が述べているように，男性優位を押しつけられる以前の時代について言及している. (R. B. Blakney [ed. and trans.], *The Way of Life: Tao Te Ching* [New York: Mentor, 1951] を参照.)

26. ベーコンについては，フリッチョフ・カプラの *The Turning Point* (London: Fontana Flamingo series, 1983) 『ターニング・ポイント——科学と経済・社会，心と身体，フェミニズムの将来』（吉福伸逸ほ

6. Susan Moller Okin, *Women in Western Political Thought* (Princeton: Princeton University Press, 1979), 200.
7. ルソーについては，Okin, *Women in Western Political Thought*, 163-164 より引用.
8. 以下を参照. Christine de Pizan, *The Book of the City of Ladies* (Earl Jeffrey Richards, trans.) (New York: Persea Press, 1982); Gerda Lerner, *The Creation of Feminist Consciousness: From the Middle Ages to Eighteen-Seventy* (New York: Oxford University Press, 1993). www.pinn.net/~sunshine/march99/pizan3.html
9. Antoine Nicolas de Caritat, Marquis de Condorcet, "On the Admission of Women to the Rights of Citizenship," July 1790. Lynn Hunt (trans., ed.), *The French Revolution and Human Rights: A Brief Documentary History* (Boston/New York: Bedford/St. Martin's, 1996).
10. たとえば，ウィリアム・トンプソンは，結婚した女性の権利の欠如が既婚女性を選択の余地なく産む機械や家事奴隷にしてしまうと書いた．ナンシー・フォルバーの "Socialism, Feminist and Scientific" より引用．Ferber and Nelson, *Beyond Economic Man*, p. 100
11. Elizabeth Cady Stanton, *The Woman's Bible* (New York: European Publishing Co., 1885). バーバラ・ウェルターによる現代的な序文を付けて，エリザベス・キャディ・スタントンの *The Original Feminist Attack on the Bible* (New York: Arno Press, 1974) の中に復刻された.
12. スタントンの声明文の詳細は以下を参照．www.nps.gov/wori/address.htm.
13. マルクスについては，Folbre, "Socialism, Feminist and Scientific" p. 103 より引用.
14. 通常無視されているこのような男女不平等のパターンによって生じる生活全体の質への影響は，発展途上地域でとくに顕著である．しかしその一方，これは発展途上地域だけのものではなく，同じパターンが米国など先進国でもはっきりと認められる．先進国では，両親が離婚し，父親の生活水準が一般的に上がる一方で母親と子供の生活水準は下がる場合に，このパターンが最も顕著になる.
15. Amartya Sen, "More Than 100 Million Women Are Missing," *New York Review of Books*, 1990, 37(20), 61?66.　アマルティア・セン『1 億人以上の女たちの生命が喪われている』（川本隆史訳，みすず書房「みすず」第 367 号，1991 年）
16. *The World's Women: 1970-1990 Trends and Statistics* (New York: United Nations, 1991), 60.　国連『世界の女性　1970-1990――その実態と統計』（日本統計協会，1992 年）
17. 1970 年代以降，経済開発プログラムでの女性差別は多くの本によって指摘されてきた．中でも，Ester Boserup, *Women's Role in Economic Development* (London: Allen and Unwin, 1970); Devaki Jain and Nirmala Banerjee (eds.), *The Tyranny of the Household: Women in Poverty, Investigative Essays on Women's Work* (New Delhi: Shakti Books, a division of Vikas Publishing, 1985); Maria Mies, *Patriarchy and Accumulation on a World Scale: Women and the International Division of Labour* (London: Zed Books, 1986)　マリア・ミース著『国際分業と女性――進行する主婦化』（奥田暁子訳，日本経済評論社，1997 年）; Kathryn Ward (ed.), *Women Workers and Global Restructuring* (Ithaca, N.Y.: Cornell University Press, 1990); Jane Jaquette, *The Women's Movement in Latin America: Participation and Democracy*, 2nd ed. (Boulder, Colo.: Westview Press, 1994); Hale Afshar (ed.), *Women, Development, and Survival in the Third World* (New York: Longman, 1991); V. Spike Peterson and Anne Sisson Runyan, *Global Gender Issues: Dilemmas in World Politics*, 2nd ed. (Boulder, Colo.: Westview Press, 1999). 構造的修正政策の特に深刻な影響についての分析は Woestman の "Male Chauvinist SAPs: Structural Adustment and Gender Policies" を参照．これらの著作は，ここ数十年を通じて激増した性別の役割や性別関係に関する研究成果である大量の文献の一部である．このような研究の一部に焦点をを当てた著作と

る子供たち」より. www.medicalnewstoday.com/medicalnews.php?newsid=17670 を参照.

54. www.cia.gov/cia/publications/factbook/rankorder/2091rank.html を参照.

55. スーザン・コリンが自身の著書 *Nature's State* (Chapel Hill: University of North Carolina Press, 2001) で述べているように, 原油流出によって米国の GNP は結局のところ大幅に上昇した. なぜなら, 20 億ドルを超える額が浄化に費やされ, また大気汚染の結果生じた別の被害にもさらに 400 億ドルが費やされたからである.

56. エクソン社は, この原油流出によって引き起こされた莫大な環境被害に対して責任をとるのではなく, 本書執筆時点で,数百万ドルもの費用を使い続けて,たとえば,アラスカ先住民や土地所有者やプリンス・ウィリアム湾の商業的漁業者への懲罰的損害賠償金としての 52 億ドルなど,環境犯罪で司法省によって課せられた罰金に抵抗している. Ashley Shelby, "The Real Cost of Oil," *Alternet*, June 24, 2005 を参照. www.alternet.org/envirohealth/22260/

57. "Deaths from Air Pollution Now Triple Those from Traffic Accidents," Oct. 17, 2002 を参照. www.peopleandplanet.net/doc.php?id=1778

58. www.peopleandplanet.net/doc.php?id=1778 を参照.

59. http://edition.cnn.com/2005/WORLD/asiapcf/04/27/eyeonchina.environment/.

60, http://edition.cnn.com/2005/WORLD/asiapcf/04/27/eyeonchina.environment/.

61. Jenifer Warren, "Spare the Rod, Save the Child," *Los Angeles Times*, July 6, 2004. www.justicepolicy.org/article.php?id=429.

62. ワレンの "Spare the Rod"より.前向きなニュースとしては,ダニエル・ワイントローブが書いているように,今, カリフォルニア州もまた, 少年刑務所を「手遅れになる前にすべての子が更生するチャンスを得られるような, より思いやりのある場所」へ変えようとして動き出している. 今のところ, まだほとんど理論上での見直しであるが, カリフォルニア州は 2006 年に基礎改革を開始するため新規に 1 億ドルの予算を組み入れた（Daniel Weintraub, "Overhaul of Youth Prisons Just Might Give Kids a Chance," *Monterey County Herald*, Aug. 27, 2006, p. F2）.

63. 不適切なかかわりによって脳が受ける影響については, Bruce D. Perry, Ronnie A. Pollard, Toi A. Blakley, William L. Baker, and Domenico Vigilante, "Childhood Trauma, the Neurobiology of Adaptation, and 'Use-Dependent' Development of the Brain: How 'States' Become 'Traits,'" *Infant Mental Health Journal*, 1995, 16, 271-291. を参照. 犯罪原因となる子供への不適切なかかわりについての国の研究や, 児童虐待と犯罪の相関関係を示した文献の調査は, Janet Currie and Erdal Tekin, "Does Child Abuse Cause Crime?" *Institute for the Study of Labor* (IZA), 2006 を参照. この論文は全米経済研究所の研究報告 No. 12171. 要約は以下を参照. http://ideas.repec.org/p/nbr/nberwo/12171.html#provider

64. Perry Preschool Longitudinal Study より. www.highscope.org/Research/PerryProject/perrymain.htm

第 4 章　経済のダブル・スタンダード

1. 第二サムエル記, *The Dartmouth Bible* (Boston: Houghton Mifflin, 1950).
2. 申命記 22:13?21.
3. 創世記 19.
4. 申命記 22:28?29.
5. アウグスティヌス. Roy F. Baumeister, "How the Self Became a Problem: A Psychological Review of Historical Research," *Journal of Personality and Social Psychology*, 1987, 52(1), 169 より引用.

要性が十分に認識されていないため，予算が不足すると，プログラムで提供される重要なサービスが最初の削減対象に入ってしまうことがよくある.

42. Richard Layard, *Happiness: Lessons from a New Science* (New York: Penguin Press, 2005).

43. IMF やその他の国際機関の構造調整プログラムは，その国が融資資格を得られるよう，政府費用を厳しく削減することを求めている. その結果，政府は健康，教育，福祉を支援するプログラムを徹底的に削ってきた. このことが社会全体にとって，特に子供たちの世話をする女性や子供たち自身にとって非常にマイナスの結果をもたらすことを多くの研究が示している. たとえば以下を参照. Lois Woestman の論文 "Male Chauvinist SAPs: Structural Adjustment and Gender Policies," Dec. 1994-Jan. 1995.（ウーストマンの論文コピーの請求は，手紙にて EURODAD または WIDE の事務局（Square Ambiorix 10, B-1040 Brussels, Belgium）まで.）

44. カナダでは，給与が部分支給される産休と育児休暇を 12 カ月とることができ，2001 年には，母親になった女性の 61% が産休手当または育児休暇手当を受け，夫の 10% が養育手当給付を請求済み，または請求予定であった. カナダ統計局 "Life Stress" より. www.statcan.ca を参照. *Starting Strong: Early Childhood Education and Care* (Paris: Center of Excellence for Early Childhood Development, 2001) も参照. www.excellence-earlychildhood.ca/theme.asp?id=4&lang=EN.

45. Rob Stein, "U.S. Health Care Most Expensive, Error-Prone," *Monterey County Herald*, Nov. 4, 2005, p. A2. Health Affairs 誌に掲載された,コモンウェルス・ファンドから委託され,ハリス・インタラクティブ社の行った調査.

46. Marcia K. Meyers and Janet C. Gornick, "The European Model: What We Can Learn from How Other Nations Support Families That Work," *American Prospect*, Nov. 1, 2004. 詳細は以下を参照. Janet C. Gornick and Marcia K. Meyers, *Families That Work: Policies for Reconciling Parenthood and Employment* (New York: Russell Sage Foundation Publications, 2003).

47. *Labour Productivity: Data: GDP per Index and Percentage Change*, Aug. 12, 2005. www.oecd.org/searchResult/0,2665,en_2825_293564_1_1_1_1_1,00.html. www.oecd.org/dataoecd/30/14/29861140.xls を参照. Meyers and Gornick, "The European Model" も参照.

48. *Child Health USA 2004* (Rockville, Md.: Health Resources and Services Administration, Maternal and Child Health Bureau. 米国保健社会福祉省 , 2004). www.mchb.hrsa.gov/mchirc/chusa_04/pages/ 0405iimr.htm.

49. Meyers and Gornick, "The European Model."

50. Martha Burk, *Cult of Power: Sex Discrimination in Corporate America and What Can Be Done About It* (New York: Scribner's, 2005) を参照.

51. Mona Harrington, *Care and Equality: Inventing a New Family Politics* (New York: Knopf, 1999) を参照. この中で，育児や介護が女性にどんなに余分な重荷を負わせているかが示され，米国民が抱える家庭のストレスを減らすためには，「家庭を大切にする」新たな政策が必要であると説明している. 他にもこのテーマに関する著書として，Shirley Burggraf, *The Feminine Economy and the Economic Man: Reviving the Role of Family in the Post-Industrial Age* (New York: Perseus Books, 1999) や，Anne Critterden, *The Price of Motherhood: Why the Most Important Job in the World Is Still the Least Valued* (New York: Metropolitan Books, 2001) がある.

52. 2000 年 10 月 17 日，国際貧困撲滅デーにコフィ・アナン国連事務総長が発表した「コフィ・アナン国連事務総長からの国際貧困撲滅デーのためのメッセージ」. www.oct17.org/archives/en/archiv_en/sout00e.htm を参照.

53. キャロル・ベラミーの声明. ユニセフの 10 番目の年次報告書「世界子供白書 2005：危機に晒され

page/Archived+Executive+Report を参照.

32. オンタリオ州のプログラムの詳細については以下を参照. www.health.gov.on.ca/english/public/program/child/child_mn.html.

33. 2001 年には, このサービスから最も恩恵を受けると思われた 14,378 世帯に対して, 31,479 件の正式な紹介が HBHC のスタッフによって行われた.

34. www.health.gov.on.ca/english/public/pub/ministry_reports/healthy_babies_report/hbabies_report.html を参照.

35. *The Economic Dimensions of Interpersonal Violence* (Geneva, Switzerland: Department of Injuries and Violence Prevention, World Health Organization, 2004). 2004 年に報告された "Violence Creates Huge Economic Cost for Countries," も参照. www.un.org/apps/news/story.asp?NewsID=11003&Cr=violence&Cr1=

36. Gordon Cleveland and Michael Krashinsky, *The Benefits and Costs of Good Child Care: The Economic Rationale for Public Investment in Young Children? A Policy Study* (Scarborough: University of Toronto, Department of Economics, Mar. 1998).

37. 研究によってこれほど恩恵が示されているにもかかわらず, 保育プログラムは激しい反対を受けてきた. たとえば, 2005 年の 12 月には全米経済研究所（U.S. based National Bureau of Economic Research）(NBER) から, 保育プログラムに対する痛烈な批判 "Universal Child Care, Maternal Labor Supply and Family Well-Being" が出された. これは, 保育プログラムは子供や家庭に悪影響を与えたと断言し, 特にケベックのプログラムを酷評した. NBER の報告書は, 公表後, カナダの学際的早期子供発育研究所である Human Early Learning Partnership のディレクターなど, 子供の発育専門家らによって厳しく批判された. NBER の報告書を受けて, ブリティッシュ・コロンビア大学のクライド・ヘルツマン教授, ヒレル・ゴールマン教授, ポール・カーショウ教授は, そもそもこの報告書は保育プログラムに登録された子供たちを実際に調査したものではないと指摘した. 教授たちは「報告書を注意深く読めば, ケベックの保育プログラムを受ける資格はあるがどの保育プログラムも受ける必要がまったくない子供たちに対して起こりうる効果を検証したことが明らかとなる」と書いている. ヘルツマン氏,ゴールマン氏, カーショウ氏は, 報告書の二つ目の大きな欠陥として,「著者たちは, 個々の子供について, 保育プログラムを受ける前, 受けている間, 受けた後の発育を検証する長期間の追跡を行っていないため, 保育がどの子供にどのような影響を与えるかを知る直接の手段がない」と批判している. さらに, この研究では,「子供の発育を最も力強く予想するのは保育のアレンジの質である」という一貫した調査結果が無視されており, 保育の質についてのデータが含まれていないと指摘する. 彼らは, 2006 年 2 月に NBER の報告書を大きく載せたカナダの新聞 *The Globe and Mail* に出した手紙の中で,「この記事には重大な不備があり, 誤った結論に導かれているため, 保育や家庭支援プログラムについての国中の論議に害を与えている」と書いた.

38. Cleveland and Krashinsky, *Benefits and Costs of Good Child Care.*

39. 経済学者ペーター・マイヤー=ドームが指摘するように, 米国よりも前にソ連がスプートニクを軌道に乗せた頃, 西欧で人的資本への投資の経済的重要性が最初に論議の題材となった. ここから経済学の新たな一部門——教育経済学——が発展し, より高度な教育と知識生産への重点的な投資につながった. マイヤー=ドームが言及するように, 教育経済学の主な関心は, 知的投資の費用と便益の比率である. しかし, 教育（費用）と収入によって計られる人的資本の質（便益）というのは, とても狭い考え方である（2006 年 8 月マイヤー=ドーム教授の私信）.

40. Burud and Tumolo, *Leveraging the New Human Capital.*

41. いくつかの州には, 幼児や親を重視したすぐれたプログラムがある. しかし, このようなプログラムの重

16. Christine Avery and Diane Zabel, *The Flexible Workplace: A Sourcebook of Information and Research* (Westport, Conn.: Quorum, 2000). 在宅勤務は，ライフ・ワーク・バランスに貢献するだけでなく，車から出る排気ガスを減らすという意味から，交通渋滞を緩和して環境にも貢献しているという点をここで補足しなければならない．
17. Burud and Tumolo, *Leveraging the New Human Capital.*
18. *The Most Important Work/Life-Related Studies.*
19. *The Most Important Work/Life-Related Studies.*
20. *The Most Important Work/Life-Related Studies.*
21. この銀行に関する一部始終は，Burud and Tumolo, *Leveraging the New Human Capital*を参照．
22. Burud and Tumolo, *Leveraging the New Human Capital.*
23. この統計データは，費用・便益調査に基づいている．
24. ポジティブ組織論は，1998 年に，当時のアメリカ心理学会長マーティン・セリグマン氏によって発表された概念「ポジティブ心理学」から生じている．ポジティブ心理学は，好ましい過程や状態を促進する組織の背景に着目する．ポジティブ組織論は，ジーン・ベーカー・ミラー教授らが創立した女性研究のためのストーンセンターでのいわゆる「関係性の心理学」を検証する研究を大きく取り入れている．たとえば以下を参照．Jean Baker Miller and Irene P. Stiver, *The Healing Connection: How Women Form Relationships in Therapy and in Life* (Boston: Beacon Press, 1997).
25. Kim Cameron, Jane Dutton, and Robert. E. Quinn (eds.), *Positive Organizational Scholarship* (San Francisco: Berrett-Koehler, 2003) の中から，Jane Dutton and Emily Heaphy, "The Power of High-Quality Connections at Work," .
26. Jane Dutton, *Energize Your Workplace* (San Francisco: Jossey-Bass, 2003).
27. Jane Dutton, Jacoba Lilius, and Jason Kanov, "The Transformative Potential of Compassion at Work." ジェーン・ダットン，ジャコバ・リリウス，ジェイソン・カノブ著『リーダーの「心配り」が問われる時』(ダイヤモンド社ハーバード･ビジネス･レビュー，2003 年)．2003 年 8 月，シンシナチ市のケース･ウェスタン・リザーブ大学ウェザーヘッド経営大学院で発表された論文．
28. 以下を参照．Daniel Goleman, Richard Boyatzis, and Annie McKee, *Primal Leadership: Realizing the Power of Emotional Intelligence* (Boston: Harvard Business School Press, 2002) ダニエル･ゴールマン，リチャード･ボヤツィス，アニー・マッキー著『EQ リーダーシップ――成功する人の「こころの知能指数」の活かし方』(土屋京子訳，日本経済新聞社，2002 年)，David L. Cooperrider and Suresh Srivastva, "Appreciative Inquiry in Organizational Life," *Research in Organizational Change and Development*, 1987, 1, 129?169; Ronald Fry, Frank Barrett, Jane Seiling, and Diana Whitney (eds.), *Appreciative Inquiry and Organizational Transformation: Reports from the Field* (Westport, Conn.: Quorum, 2001).
29. Alice Isen, "Positive Affect, Cognitive Processes and Social Behavior," *Advances in Experimental Social Psychology*, 1987, 20, 203-253; Cameron, Dutton, and Quinn, *Positive Organizational Scholarship* の中から，Barbara Fredrickson, "Positive Emotions and Upward Spirals in Organizations".
30. パートナーシップ志向の組織の利益を広く説明した本として，Peter M. Senge, *The Fifth Discipline: The Art & Practice of the Learning Organization*, rev. ed. (New York: Doubleday, 2006) ピーター・M・センゲ著『最強組織の法則――新時代のチームワークとは何か』(守部信之 訳，徳間書店，1995 年) [邦訳は改訂版でなくオリジナル版] を参照．
31. オンタリオ病院協会 (Ontario Hospital Association) の OHA エグゼクティブ・レポート (*OHA Executive Report*) 11(32). www.oha.com/client/OHA/OHA_LP4W_LND_WebStation.nsf/

第3章　思いやりは金銭的にも利益になる

1. SASの詳細については以下を参照. www.sas.com/jobs/USjobs/benefits.html
2. 詳細は以下を参照. Sandra Burud and Marie Tumolo, *Leveraging the New Human Capital: Adaptive Strategies, Results Achieved, and Stories of Transformation* (Mountain View, Calif.: Davies-Black Publishing, 2004).
3. 詳細は以下を参照. www.winningworkplaces.org/bestbossesaward/previouswin_2004_fnl.php
4. ヘイグループ社による "The Retention Dilemma" 2001年調査. www.haygroup.comを参照. 他の研究の見積もりでは, 離職による会社の損失は, 従業員1人につき1万ドルから, 従業員給与の200%程度にもなると見られている. 以下を参照. "The Real Cost of Turnover," Nov. 6, 2003. www.staffing.org.
5. Linda H. Clever and Gilbert S. Omenn, "Hazards for Health Care Workers," *Annual Review of Public Health*, 1988, 9, 273?303.
6. インターメディクス社に関する情報は, *Precious Time: Childcare That Works*から. http://ptcenters.com/employertestimonials.htmlを参照. バージニア・メイソン・メディカル・センターに関する情報は, www.virginiamason.org/body.cfm?id=317を参照. ジョンソン・エンド・ジョンソンに関する情報はhttp://govinfo.library.unt.edu/npr/library/reports/hrm07.htmlから.
7. www.circadian.com/media/Release-03Aug12.htmlを参照. サーカディアン・テクノロジーズ社の調査結果は, 既存文献と同社の年次調査を広範囲に洗い直した結果に基づいたものである. この年次調査は, 主な産業界全体から約15万人の従業員を代表して, 60社で働く10,500人の時間外労働をする従業員と1,000社を超える企業の経営者のデータを網羅している.
8. 詳細はwww.worklifelaw.org and www.pardc.orgを参照. 以下も参照. Joan C. Williams, *Unbending Gender: Why Family and Work Conflict and What to Do About It* (New York: Oxford University Press, 2000); Gornick and Meyers, Families That Work. この問題に関する世界的な見通しについては以下を参照. Jody Heymann, *Forgotten Families: Ending the Growing Crisis Confronting Children and Working Parents in the Global Economy* (New York: Oxford University Press, 2006). 確かに, ハーバード・ビジネス・スクールのリン・シャープ・ペイン教授が指摘するように, 多少利益が減るとしても少なくとも早いうちに倫理的で思いやりのある政策を成立させなければならない. 以下を参照. Lynn Sharpe Paine, Value Shift: *Why Companies Must Merge Social and Financial Imperatives to Achieve Superior Performance* (New York: McGraw-Hill, 2003) リン・シャープ・ペイン著『バリュー・シフト――企業倫理の新時代』(鈴木主税・塩原通緒訳, 毎日新聞社, 2004年)
9. *Radcliffe Public Policy Center and Harris Interactive, Inc. Life's Work: Generational Attitudes Toward Work and Life Integration* (Cambridge: Radcliffe Institute for Advanced Study, 2000). 以下を参照. www.Radcliffe.edu/research/pubpol/lifeswork.pdf.
10. *The Most Important Work/Life-Related Studies* (Minnetonka, Minn.: Work & Family Connection, 2005).
11. ファミリーズ・アンド・ワーク・インスティテュート (FWI) は, 変化する労働力, 家族, 地域社会に関する意思決定に対して情報を提供する非営利研究センターである. www.familiesandwork.org/.
12. Burud and Tumolo, *Leveraging the New Human Capital.*
13. *The Most Important Work/Life-Related Studies.*
14. *Bright Horizons Child Care Trends*, 2002. www.childcareinhealthcare.org/employer-sponsored-child-care.phpを参照.
15. 経済政策研究所. www.epinet.org/briefingpapers/1991_bp_new_policies.pdfを参照.

Contraception and Abortion: A Review of the Evidence," *International Family Planning Perspectives*, 2003, 29(1), 6-13. www.guttmacher.org/pubs/journals/2900603.html たとえば，ウルグアイの妊産婦死亡の 48% は危険な中絶が原因である. Lucia Rayas, Diane Catotti, and Ana Cortes, *Achieving ICPD Commitments for Abortion Care in Latin America: The Unfinished Agenda* (Chapel Hill, N.C.: Ipas, 2005), www.ipas.org/publications/en/LACICPD_E05_en.pdfを参照.

22. 純資産とは経済学者によって定義された語で，車や家庭用品といった耐久消費財を除いた，たとえば不動産，株式，債券などの市場性のある資産のことである．住宅ローンやクレジットカードなどの負債をすべて差し引いた結果が純資産である．金融資産は，純資産から所有する家屋の正味持分を引いたものと定義される．総合的な分析については以下を参照．G. William Domhoff, *Who Rules America? Power, Politics, & Social Change* (Annandale-on-Hudson, N.Y.: Levy Economics Institute, 1998) http://sociology.ucsc.edu/whorulesamerica/. 公平な経済のための連合（the United For A Fair Economy）のウェブサイト www.faireconomy.org/
23. G・ウィリアム・ドムホフ氏の許可のもとに転載．G. William Domhoff, "Wealth, Income, and Power," Feb. 2006; http://sociology.ucsc.edu/whorulesamerica/power/wealth.html
24. G・ウィリアム・ドムホフ氏の許可のもとに転載．G. William Domhoff, "Wealth, Income, and Power," Feb. 2006; http://sociology.ucsc.edu/whorulesamerica/power/wealth.html
25. 南部貧困法律センターのインテリジェンス・プロジェクトは，米国での扇動グループの増大を追跡調査している．詳細は www.tolerance.org/maps/hate/ を参照．サイモン・ウィーゼンタール・センターの Task Force Against Hate and Terrorism は，扇動グループについての情報を世界中に提供している．www.wiesenthal.com/ を参照．どちらも，容易なオンライン通信やウェブサイトを通じて，インターネットが扇動グループやテロリスト集団の増大に大きく貢献していることを示している．
26. 思いやることと世話をすることによる利益をすべて定量化することはできないが，第 4 章で検討するように，このような利益を経済的な指標に含めようとする動きはある．
27. 進歩的経済学者と保守的経済学者の提案については，第 8 章を参照．
28. アイスラーの *Tomorrow's Children* を参照．米国では平均的な子供は小学校卒業までに，スクリーン上で 8,000 件の殺人と 10 万件の暴力行為を見ることになり，10 代の終わりまでにはこの数字がさらに 2 倍になると推測される今日では，このような教育は特に急を要するものである．以下を参照．David S. Barry, "Growing Up Violent: Decades of Research Link Screen Mayhem with Increase in Aggressive Behavior," *Media and Values*, Summer 1993, 62, 8?11. ワシントン大学の疫学者ブランドン・センターウォール博士による暴力の伝染に関する研究では，米国ではテレビ導入以後の世代で 100% 近く暴力犯罪が増えていることが示されている．以下を参照．Brandon Centerwall, M.D., "Television and Violence: The Scale of the Problem and Where to Go from Here," *Journal of the American Medical Association*, June 1992, 267, 3059-3063;"A Tale of Three Countries: Homicide Rates Rise After Television's Arrival: An Interview with Brandon Centerwall, M.D.," *Media and Values*, Summer 1993, 62, 12-13. 特に注目すべきは，テレビを見ながら育った親は，子育てでも暴力を使う傾向が高いという発見である．成人が人を傷つけるような振る舞いをするかということにまで，マスメディアは影響を与えている．このことは，カリフォルニア大学ロサンゼルス校医学部の社会心理学者デヴィッド・ロイが指導する調査プロジェクトによって示されている．同様に，この研究のもう1つの発見，思いやりや援助をモデルにした番組を見た後では，人はより思いやりのある，他人を助ける振る舞いをしたという点も重要である．以下を参照．David Loye, Roderic Gorney, and Gary Steele, "Effects of Television," *Journal of Communication*, 1977, 27(3), 206-216.

www.un.org/esa/desa/ を参照.

10. 経済学のこのような定義は，百科事典や多くの大学や団体のウェブサイトで未だに見かける．アダム・スミスが提案したのは「生産,分配,交換の法に関する科学」という定義である.最近の定義の中には「モノとサービスの生産や分配や消費，またその管理を扱う社会科学の一部門である」というものもある.

11. たとえば，以下を参照. David Morris, *Measuring the Condition of the World's Poor* (New York: Pergamon Press, 1979).

12. *Human Development Report 1995*. United Nations Development Programme (New York: Oxford University Press, 1995)　国連開発計画『人間開発報告書 1995』（国際協力出版会，1996 年）.

13. このような試みに関する議論については，Jo Marie Griesgraber と Bernhard G. Gunter の編集による *The World Bank: Lending on a Global Scale: Rethinking Bretton Woods*, Vol. 2 (London: Pluto Press, 1996) の中の，ヘイゼル・ヘンダーソンの "Changing Paradigms and Indicators: Implementing Equitable, Sustainable and Participatory Development" を参照.

14. "Teure Haushaltproduktion"["Expensive Household Production"], *Neue Zurcher Zeitung*, Nov. 11, 2004.

15. たとえば，以下を参照. John Roach, "Greenland Glaciers Losing Ice Much Faster, Study Says," *National Geographic News*, February 16, 2006, and John Roach, "Global Warming Is Rapidly Raising Sea Levels, Studies Warn," *National Geographic News*, Mar. 23, 2006.

16. *The State of the World's Children 2005: Childhood Under Threat* (New York: UNICEF, Dec. 12, 2004) 『世界子供白書 2005　危機に晒される子供たち』（平野裕二・（財）日本ユニセフ協会広報室訳　2005 年）. 以下を参照. www.unicef.org/publications/index_24432.html.

17. *Household Food Security in the United States, 2004* (Washington, D.C.: Department of Agriculture).

18. 詳細は，全米高齢者問題協議会 (NCOA) のウェブサイト www.globalaging.org/health/us/2005/hungerus.htm を参照.

19. *Household Food Security in the United States, 2004* の全文コピーは以下のサイトで入手可． www.ers.usda.gov/publications/err11/.

20. たとえば，2006 年 8 月 29 日に発表された米国センサス局の報告によると，2005 年の収入は男性女性ともに 2004 年より減少している．一方，国内の家計収入の中央値はインフレーションよりわずかに速く上昇しているが，これは，センサス局関係者によれば，より多くの家族が家計をやりくりするために仕事を持ち，また，投資などによって収入を増やしている人がいるからである．さらに，2000 年から 2005 年の国勢調査の間にこの数値が $49,133 から $46,242 へと 5.9% も下がった事実は，家計収入中央値がわずか 1.1% 増加したことでは埋め合わせできなかった．以下を参照. Rick Lyman, "Census Reports Slight Increase in '05 Incomes," *New York Times*, Aug. 30, 2006, 並びに論説 "Downward Mobility," *New York Times*, Aug. 30, 2006. CEO 給与の天文学的上昇については，Holly Sklar, "Carving Up Our Economic Pie," *Knight Ridder/Tribune Information Services*, Nov. 22, 2005 を参照. この本の中で著者は，CEO と労働者の給料比率は 2004 年には 362 対 1 に拡大したと指摘している．女性のためのミズ財団（Ms Foundation For Women）のウェブサイト http://ms.foundation.org/wmspage.cfm?parm1=329 を参照.

21. 宗教的背景から家族計画の進まない中南米などの国では，中絶率が高いと同時に非合法な中絶が原因となった妊娠関連死亡率も高い．中絶率の最も高い国の中には，中絶が非合法となっている国が複数含まれている．以下を参照. Cicely Marston and John Cleland, "Relationship Between

22. Daniela Estrada, "The Challenge of Paying for Unremunerated Work," *Other News: Information That Markets Eliminate*, June 7, 2006 より．以下を参照．http://other-news. info/index.php?p=1510.
23. Jeffrey Kluger, "The Tipping Point," *Time*, Apr. 3, 2006 より．「ティッピングポイント」という言葉は，Malcolm Gladwell, *The Tipping Point: How Little Things Can Make a Big Difference* (Boston: Back Bay Books, 2002)　マルコム・グラッドウェル著『ティッピング・ポイント――いかにして「小さな変化」が「大きな変化」を生み出すか』（高橋啓訳，飛鳥新社，2000 年）によって世間に広まった．

第２章　視野を広げて見る経済システム

1. 再度説明するが，簡潔化のために，私は「経済」という語を，経済システムの省略表現として一般的な意味で用いている．経済システムを研究する研究分野を表すためだけではない．
2. Eisler, *The Chalice and The Blade*　アイスラー著『聖杯と剣』
3. Riane Eisler, *Sacred Pleasure: Sex, Myth, and The Politics of the Body* (San Francisco: HarperCollins, 1995)　リーアン・アイスラー著『聖なる快楽――性,神話,身体の政治』（浅野敏夫訳，法政大学出版局，1998 年）; Eisler, *The Power of Partnership*. 私は *Tomorrow's Children* の中で自分の研究を教育にも適用した (Riane Eisler, *Tomorrow's Children: A Blueprint for Partnership Education in the 21st Century* [Boulder, Colo.: Westview Press, 2000]).
4. Robert Ornstein, *The Psychology of Consciousness* (New York: Viking, 1972)　ロバート・オーンスタイン著『意識の心理――知性と直観の統合』（北村晴朗，加藤孝義訳，産業能率短期大学出版部，1976 年）．すなわち，アメリカ人心理学者のウィリアム・ジェームズが著書 *Principles of Psychology* (Mineola, N.Y.:Dover Publications, 1955 [originally published 1890]) の第 7 章で指摘しているように「名前のないものには注意を払えない」．
5. たとえば，ノルウェー，スウェーデン，フィンランド，アイスランド，デンマークなどの国は，国連の年次人間開発報告書の中で，寿命，乳児死亡率，識字率，環境保護，その他生活全般の質など基本的な指標で常に上位にランクされている．
6. 共産主義という語をソヴィエト式の体制に言及して使っているということを明確にしたい．ソヴィエト式の体制では，「プロレタリアの独裁制」こそが，19 世紀の哲学者が「共産主義」と呼んだ「より良い未来への道」を築くものだと考えられていた．私は共産主義という語を，世間一般で時々使われているような，社会主義の同義語としては使わない．また，共産主義者という語を，かつてのソヴィエト連邦や現在の中華人民共和国の共産党と同義語としても使わない．さらに，ほとんどの西欧諸国などのように，いくつかの社会主義的原理を受け入れている国では，民主主義や市民の自由が顕著であることも明確にしたい．このような国では，国家が供給者かつ規制者として一定の役割を持つ一方で，「純粋な」資本主義は，市場を通じた規制にのみ依存する．
7. 野蛮な行為，たとえば，はらわたを取って四つ裂きにしたり内臓を抜いたりする恐ろしい拷問は，英国のような文明化された土地でさえ，エリザベス女王時代でも当たり前のことであった．また，魔女の罪に問われた女性の公開火刑はヨーロッパやアメリカのコロニーで 18 世紀になっても行われていた．
8. たとえば以下を参照．Louisa Lim, "China Warns of Water Pollution," *BBC News Beijing*, Mar. 23, 2005. http://news.bbc.co.uk/2/hi/asia-pacific/4374383.stm.
9. たとえば，以下を参照．*Report on the World Social Situation: The Inequality Predicament* (New York: United Nations and Division for Social Policy and Development, U.N. Department of Economic and Social Affairs, 2005). この報告書は隔年ベースで作成され，政府間レベルで社会経済的事項を政策分析するのためのバックグラウンド的文書としての役目を果たす．詳細については

ルーグマン著『嘘つき大統領のデタラメ経済』(三上義一訳, 早川書房, 2004年); Amartya Sen, *Development as Freedom* (Oxford: Oxford University Press, 1999) アマルティア・セン著『自由と経済開発』(石塚雅彦訳,日本経済新聞社,2000年). 他にも以下のような人が経済学への新しいアプローチに貢献している. Shirley Burggraf, *The Feminine Economy and the Economic Man: Reviving the Role of Family in the Post-Industrial Age* (New York: Perseus Books, 1999); Mona Harrington, *Care and Equality: Inventing a New Family Politics* (New York: Knopf, 1999); Paul Hawken, Amory Lovins, L. Hunter Lovins, *Natural Capitalism: Creating the Next Industrial Revolution* (Boston: Back Bay Books, 2000)　ポール・ホーケン, エイモリ・ロビンス, L・ハンター・ロビンス著『自然資本の経済——「成長の限界」を突破する新産業革命』(佐和隆光, 小幡すぎ子訳, 日本経済新聞社, 2001年); Jody Heymann, *Forgotten Families: Ending the Growing Crisis Confronting Children and Working Parents in the Global Economy* (New York: Oxford University Press, 2006); Prue Hyman, *Women and Economics: A New Zealand Feminist Perspective* (Wellington, New Zealand: Bridget Williams Books, 1996); Joan C. Williams, *Unbending Gender: Why Family and Work Conflict and What to Do About It* (New York: Oxford University Press, 2000); Jeffrey Sachs, *The End of Poverty: Economic Possibilities for Our Time* (New York: Penguin, 2006)　ジェフリー・サックス著『貧困の終焉 ——2025年までに世界を変える』(鈴木主税, 野中邦子訳, 早川書房, 2006年).

15. GDPとは, ある国の国境内での経済的生産の総額である. GNPとは, その国の居住者によって行われる経済的生産量であり, その居住者がどこで労働しているかには関わらない. たとえば, 南カリフォルニアに拠点のあるホンダの工場からの利益は, 米国のGDP(米国の国境内での生産量)に加えられる一方, 日本のGNP(日本の居住者が持つ資産による生産量)に加えられる. GNPとGDPの大きな違いは, GNPがその国の居住者のための収入を生みだす生産量のみを含むのに対し, GDPは, その国の居住者であっても外国人投資家であっても, 収入を生みだすすべての生産量を含んでいる点である.

16. *The Occupational Handbook* (Washington, D.C.: U.S. Department of Labor, Bureau of Labor Statistics, Aug. 2006) の報告では, 時間給または給料制で保育の仕事をしている人の1時間当たりの収入の中央値は2004年5月時点で8.06ドルであった. 中間の50%は6.57ドルから10.01ドルを得ており, 最下層の10%の収入は5.90ドルより少なく, 最上層の10%は12.34ドルより多かった. 以下を参照. www.bls. gov/oco/ocos170.htm#earnings

17. Cahn, *No More Throwaway People*　カーン著『この世の中に役に立たない人はいない』

18. 国立早期教育研究所 (NIEER) によって実施されたアベセダリアン幼児期発達介入プロジェクトの便益・費用分析の詳細については以下を参照. http://nieer.org/docs/?DocID=57　研究者らによって, その子供たちや家族だけでなく学区にもかなり大きな恩恵があることが認められた. 参加者には特別な教育や補習がそれほど必要でなくなると考えられることから, 子供1人につき11,000ドルを超える出費を抑えることができると期待されている.

19. オンタリオ州保健省 www.health.gov.on.ca/english/public/pub/ministry_reports/healthy_babies_report/hbabies_report.html を参照.

20. 世界経済フォーラムの世界競争力報告書2006-2007年度版については, www.weforum.org/en/initiatives/gcp/Global%20Competitiveness%20Report/index.htm を参照.

21. Mom Salary Wizard のサイト http://swz.salary.com/momsalarywizard/htmls/mswl_momcenter.html を参照. 他での評価額はもっと低い. 4章で述べるように, GDPやGNPのサテライト勘定としてではあるが, 家事労働の金銭価値に関する情報を国の生産性の指標に組み込もうとする動きもある.

in Feminist Ethics (Boulder, Colo.: Westview Press, 1995).

8. ここでの経済の原則という語は，法的枠組みなど，経済構造や経済政策を管理する政治的・商業的原則を表している．経済学者によって使われるような，市場操作に固有と思われるダイナミクスを示す意味ではない．

9. アリストテレスにとって，経済には二つの面があった．一つ目の「オイコノミア」（家庭の切り盛り）は自然で望ましいものであるのに対し，二つ目の「クレマティスティケ」（市場）は，それ自体が目的である場合はお金の蓄積そのものへと導かれる不自然なものになり得た．したがって，アリストテレスにとって，富は正しく自然なものである（すなわち，役に立つ）一方で，見せかけだけのつまらないもの（たとえば抑圧の手段としての資本蓄積）であり，「お金は出発点であり目的地」であった．以下を参照．W. D. Ross 訳のアリストテレスの *Nicomachean Ethics* (350 B.C.E.)，特に IV と VIII．http://classics.mit.edu/Aristotle/nicomachaen.html

10. その他の人，たとえばヘイゼル・ヘンダーソン，タイス・コラル，エドガー・カーン，エリザベット・サトゥリスや私などは，「この仕事を経済手段や経済モデルの中で考慮すべきだ」と同じく譲らなかった．

11. 以後の章，特に第 4 章では，思いやることと世話をすることという仕事を定量化するためのさまざまなアプローチを考察する．経済学者ナンシー・フォルバーが指摘するように，これは単純な論点ではない．しかし，より多くの学者や国内外の関係者がこの論点について検証を行っているという事実こそが，今以上の思いやり経済へと向かう重要な道しるべである．

12. Marilyn Waring, *If Women Counted: A New Feminist Economics* (San Francisco: Harper & Row, 1988)　マリリン・ウォーリング著『新フェミニスト経済学』（篠塚英子訳，東洋経済新報社，1994 年）

13. Barbara Brandt, *Whole Life Economics: Revaluing Daily Life* (Philadelphia: New Society Publishers, 1995); Ann Crittenden, *The Price of Motherhood: Why the Most Important Job in the World Is Still the Least Valued* (New York: Metropolitan Books, 2001); Ferber and Nelson, *Beyond Economic Man*; Folbre, *The Invisible Heart*; Janet C. Gornick and Marcia K. Meyers, *Families That Work: Policies for Reconciling Parenthood and Employment* (New York: Russell Sage Foundation Publications, 2003); Heidi Hartmann, "Thirty Years from Today: Visions of Economic Justice," *Dollars & Sense*, Nov. 1, 2004; Hazel Henderson, *Beyond Globalization: Shaping a Sustainable Global Economy* (Bloomfield, Conn.: Kumarian Press, 1999); Julie A. Nelson, *Economics for Humans* (Chicago: University of Chicago Press, 2006); Hilkka Pietila, "Nordic Welfare Society — A Strategy to Eradicate Poverty and Build Up Equality: Finland as a Case Study," *Journal Cooperation South*, 2001, 2, 79-96; Genevieve Vaughan, *For-Giving: A Feminist Criticism of Exchange* (Austin, Tex.: Plain View Press, 1997).

14. たとえば以下を参照．Devaki Jain and Nirmala Banerjee (eds.), *The Tyranny of the Household: Women in Poverty, Investigative Essays on Women's Work* (New Delhi: Shakti Books, 1985); Edgar Cahn, *No More Throwaway People: The Co-Production Imperative* (Washington, D.C.: Essential Books, 2004) エドガー・カーン著『この世の中に役に立たない人はいない』（ヘロン久保田雅子，茂木愛一郎訳，創風社出版，2002 年）; Herman E. Daly and John B. Cobb, *For the Common Good: Redirecting the Economy Toward Community, the Environment, and a Sustainable Future*, 2nd ed. (Boston: Beacon Press, 1994); David C. Korten, *The Great Turning: From Empire to Earth Community* (San Francisco: Berrett-Koehler, 2006)　デヴィッド・C・コーテン著『大転換　帝国から地球共同体へ』（田村勝省訳，一灯舎，2009 年）; Paul Krugman, *The Great Unraveling: Losing Our Way in the New Century* (New York: Norton, 2004)　ポール・ク

アを翻訳・分析する独立した非営利団体である中東メディア研究所（MEMRI）によると，テロリストをスカウトする人たちや，メディア，そして多くの聖職者による宣伝と同様，多くの人の間で信じられているのは，殉教者は楽園で処女を与えられるという説である．MEMRI によって出版された記事が報じたところによると，パレスチナのテロ組織ハマスは，幼稚園から始まる自分たちの学校で子供たちを教育し，自爆テロを行った者には天国で処女が与えられると信じ込ませているという．www.memri.org. を参照．

4. たとえば以下を参照．Joseph Stiglitz, *Globalization and Its Discontents* (New York: Norton, 2003) ジョセフ・スティグリッツ著『世界を不幸にしたグローバリズムの正体』（鈴木主税，徳間書店，2002 年）
5. たとえば以下を参照．Nancy Folbre, *The Invisible Heart: Economics and Family Values* (New York: New Press, 2001)
6. 新古典派経済学の市場重視に対する批判については，Karl Polanyi, *The Great Transformation* (Boston: Beacon Press, 1941); Paul Elkins (ed.), *The Living Economy* (New York: Routledge & Kegan Paul, 1986); and Martinelli and Smelser, *Economy and Society* を参照．多くの社会主義論者も，古典派および新古典派の資本主義的経済理論を批判してきたし，フェミニズム論者も同様である．たとえば，Marianne Ferber and Julie Nelson (eds.), *Beyond Economic Man* (Chicago: University of Chicago Press, 1993) を参照．
7. 「思いやり」という語には，感覚や感情から活動や一連の動作まで多くの定義がある．ここでこの語はこれらすべての意味で使われている．このように広い定義の中で，私はキャロル・ギリガンやネル・ノディングズなど，思いやりの倫理に関して幅広い著述のあるフェミニズム哲学者の研究から考えを引いている．以下を参照．Carol Gilligan, *In a Different Voice: Psychological Theory and Women's Development* (Cambridge: Harvard University Press, 1982)　キャロル・ギリガン著『もうひとつの声――男女の道徳観のちがいと女性のアイデンティティ』（岩男寿美子訳，川島書店，1986 年）；Nel Noddings, *Caring, a Feminine Approach to Ethics & Moral Education* (Berkeley: University of California Press, 1984)　ネル・ノディングズ著『ケアリング――倫理と道徳の教育　女性の観点から』（立山善康・清水重樹・新茂之・林泰成・宮崎宏志訳，晃洋書房，1997 年）．ノディングズは *Starting at Home: Caring and Social Policy* (Berkeley: University of California Press, 2002) の中で，倫理的意思決定のもとになるのは思いやりでなければならないと論じている．なぜなら，思いやりは人の生命の基礎であり，人は皆思いやりを受けたいからである．ノディングズは，あの有名なイマニュエル・カントの，生まれながらの利己的衝動は理性によってのみ制御できる，という道徳理論に反論し，真の道徳性は思いやったり，思いやりを受けたりすることに対する私たちの生来的な要求や私たちの共感能力（または彼女の言う，同情能力）に基づいていると主張している．私の目的の一つは，いかにして，また，なぜ経済の原則や政策が人間の基本的要求を表現することを阻止してきたかを明らかにし，人類の生き残りと，たとえば，思いやること，志すこと，自己実現することに対する能力といった人間の能力の発展との両方を促進することを目的とした経済システムへ移行するには何が必要かを示すことである．以下も参照．Amartya Sen, *Development as Freedom* (Oxford: Oxford University Press, 1999)　アマルティア・セン著『自由と経済開発』（石塚雅彦訳，日本経済新聞社 2000 年）；Mona Harrington, *Care and Equality: Inventing a New Family Politics* (New York: Knopf, 1999); Martha Nussbaum, *Sex and Justice* (New York: Oxford University Press, 2000); Riane Eisler, *The Power of Partnership: Seven Relationships That Will Change Your Life* (Novato, Calif.: New World Library, 2002). その他，思いやりの倫理に関する著述については以下を参照．Rosemarie Tong, *Feminist Thought: A Comprehensive Introduction* (Boulder, Colo.: Westview Press, 1989); Alison M. Jaggar (ed.), *Living with Contradictions: Controversies in Feminist Social Ethics* (Boulder: Westview Press, 1994); Virginia Held (ed.), *Justice and Care: Essential Readings*

序章　より良い世界のための経済学

1. たとえば，私はGeneral Evolution Research Group (GERG) の共同設立者である．これは，進化論の最新の視点を発展させ，世界的な問題に適応することに関心のある，天文学，化学，物理学から生物学，歴史学，社会学までさまざまな学問分野の学者による多国籍のグループである．GERGの歴史については，David Loye (ed.), *The Great Adventure:Toward a Fully Human Theory of Evolution* (Albany, N.Y.: State University of New York Press, 2004), appendix C を参照．
2. たとえば以下を参照．Riane Eisler, "Technology, Gender, and History: Toward a Nonlinear Model of Social Evolution," in Ervin Laszlo, Ignazio Masulli, Robert Artigiani, and Vilmos Csanyi (eds.), *The Evolution of Cognitive Maps: New Paradigms for the Twenty-First Century* (Langhorne, Penn.: Gordon and Breach Science Publishers, 1993); Riane Eisler, "Cultural Transformation Theory: A New Paradigm for History," in Johan Galtung and Sohail Inayatullah (eds.), *Macrohistory and Macrohistorians* (Westport, Conn.: Praeger, 1997); Riane Eisler and Daniel S. Levine, "Nature, Nurture, and Caring: We Are Not Prisoners of Our Genes," *Brain and Mind*, Apr. 2002, 3(1), 9?52.
3. たとえば，Riane Eisler, *The Chalice and The Blade: Our History, Our Future* (San Francisco: Harper & Row, 1987) リーアン・アイスラー著『聖杯と剣――われらの歴史，われらの未来』（野島秀勝訳，法政大学出版局，1991年）を参照．この本やそれ以前の本の中で，パートナーシップと支配者の「モデル」と,パートナーシップと支配の「システム」について,交互に書いてきた．本書では，「モデル」という言葉ではなく「システム」という言葉を用いている．なぜなら,経済用語では「モデル」には特定の専門的な意味があり,「システム」のほうがあまり学問的ではなく，一般の読者には適切であるからだ．
4. 本書で後述するように，他の人も指摘しているが，スミスは実際には，その前著 *Theory of Moral Sentiments*『道徳感情論』（水田洋訳，岩波文庫，2003年）に即して，すべての人にとってのより大きな利益のために機能する経済学を望んでいた．たとえば，以下を参照．Alberto Martinelli and Neil J.Smelser (eds.), *Economy and Society* (Newbury Park, Calif.: Sage, 1990); Kenneth Lux, *Adam Smith's Mistake: How a Moral Philosopher Invented Economics and Ended Morality* (Boston: Shambhala, 1990) ケネス・ラックス著『アダム・スミスの失敗――なぜ経済学にはモラルがないのか』（田中秀臣訳，草思社，1996年）

第１章　新しい経済学が必要だ

1. 推定によると，サウジアラビアの失業率は1999年以来着実に増加を続け，非公式なものでは35%という推定もある．若者の失業率が高い原因は，窃盗犯に対しては手首を切り落とすなどの厳罰を課すシャリア法典があるにもかかわらず，犯罪率が大きく増加したことにあるとされている．たとえば，以下を参照．"Downward Spiral of Unemployment and Juvenile Delinquency," *Asia News*, Apr. 17, 2004. See www.asianews.it/view.php?l=en&art=637
2. ワシントンDCを本拠とするシンクタンクであるPopulation Reference Bureauによると，中東地域の人口増加率は世界で最も大きくなった．以下を参照．Hassan Fattah, "The Middle East Baby Boom," *American Demographics*, Sept. 1, 2002
3. 学者の中には，コーランには天国での「殉教者」の性行為のことは何も書かれておらず，この一節は単に,男性信仰者はすべて72人の妻を娶れると記しているだけだと論じる人もいる．だが,中東のメディ

［著者］リーアン・アイスラー　Riane Eisler
社会科学者、弁護士、社会活動家。オーストリアのウィーンで生まれ、ナチスの迫害を逃れてキューバへ亡命、後に米国に移住。カリフォルニア大学で社会学と法学の学位を取得し、同ロサンゼルス校（UCLA）で教鞭をとる。「思いやりの経済のための同盟」創設メンバー、世界芸術科学アカデミーおよびワールド・ビジネス・アカデミーの特別研究員。ダライ・ラマやデズモンド・ツツ大司教らとともに「グローバル・コンシャスネスとスピリチュアリティに関する世界委員会」の委員を務める。Macrohistory and Macrohistorians（Praeger Publishers, 1997. 未邦訳）において、ヘーゲル、アダム・スミス、マルクス、トインビーらとともに「偉大な思想家20人」に女性としてただ一人選出された。世界各地で講演活動を行うほか、企業や政府の顧問も務める。著書『聖杯と剣――われらの歴史、われらの未来』（法政大学出版局、1991年）は世界22カ国で翻訳されベストセラーとなった。

［訳者］中小路佳代子　Kayoko Nakakoji
津田塾大学学芸学部英文学科卒。ビジネス・経済分野の翻訳から、現在は主に環境分野の翻訳を手がける。主な訳書には、シンシア・イニオンス著『ザ・ストレージ・ブック』（河出書房新社）、ジュリー・モーゲンスターン著『ワーキングウーマンのための超整理法』（角川書店）、デヴィッド・スズキ著『グッド・ニュース――持続可能な社会はもう始まっている』（ナチュラル・スピリット）などがある。

ゼロから考える経済学
未来のために考えておきたいこと

発行日	2009年11月15日　第1版　第1刷
著者	リーアン・アイスラー
訳者	中小路佳代子（なかこうじ・かよこ）
発行人	原田英治
発行	英治出版株式会社 〒150-0022 東京都渋谷区恵比寿南1-9-12 ピトレスクビル4F 電話　03-5773-0193　　FAX　03-5773-0194 http://www.eijipress.co.jp/
プロデューサー	高野達成
スタッフ	原田涼子　鬼頭穣　大西美穂　岩田大志　藤竹賢一郎 デビッド・スターン　山下智也　杉崎真名 百瀬沙穂　渡邉美紀　仁科絵利子　垣内麻由美
印刷・製本	シナノ書籍印刷
装丁	長嶋真理

ISBN978-4-86276-057-9　C0034　Printed in Japan